누구에게 역사인가

어느 은둔 유자의 도통 이야기

이창선

지식산업사

이창선李昌善

1958년 서울생.

20여 년 군 생활 기간 국내외 대학과 교육기관에서 학문의 기쁨을 잃었다. 캘리포니아 빅베어 산에 들어가 동양 고전을 공부하며 학문의 기쁨을 얻었다. 《한국인 탈레반》(2004), 《물속의 섬》(2009), 《죽간손자논변》(2015), 《韓詩內傳》(2016) 등의 저서가 있다.

누구에게 역사인가
어느 은둔 유자의 도통 이야기

초판 1쇄 인쇄   2021. 1. 5.
초판 1쇄 발행   2021. 1. 12.

지은이   이창선
펴낸이   김경희
펴낸곳   (주)지식산업사
본사 ● 10881, 경기도 파주시 광인사길 53(문발동)
전화 031－955－4226~7 팩스 031－955－4228
서울사무소 ● 03044, 서울시 종로구 자하문로6길 18－7
전화 02－734－1978, 1958 팩스 02－720－7900
영문문패 www.jisik.co.kr
전자우편 jsp@jisik.co.kr
등록번호 1－363
등록날짜 1969. 5. 8.

이 책에 대한 문의는
지식산업사로 연락해 주시길 바랍니다.

Dao-Tong iCloud

To my father, defending confucian

And my wife Yon, My children

머리말

　이 책은 이국에서 성장한 나의 자식과 대화하며 틈틈이 쓴 단상을 모은 에세이이다. 경계인 가족의 관심이 모이는 곳은 의당 정체성이고, 정체성은 결국 역사의 정통, 즉 "도통"의 면면함과 순수성을 관찰해야 찾을 수 있다. 그것은 나의 역사인지 남의 역사인지 아니면 모두의 것인지 다투지 않는 것이 역사 도통이었다. 망국과 망명 사이에 국경을 넘을 수 없는 것은 제기祭器이지만 "도통의 신주"는 경계를 넘나들었다.

　역사 도통은 동아시아에서 천 년이 넘는 화두였다. 폭력과 유혈, 권력이 장악한 역사에서보다 평화를 사랑하는 힘없는 자의 눈으로 보는 역사에서 도통은 선명했다. 나는 아이들에게 도통을 설명하기 어려웠다. 결국 "Dao(道) Tong(統) i cloud"라는 단어를 만들어 공역이 없는 역사 도통을 찾는 방법에 그치고 말았다. "아이클라우드"는 물론 데이타의 저장소이지만 인공지능(AI)의 유전자를 계승할 수 있는 곳이어서 적절한 표현일 수 있다고 생각했다. 한국 역사는 물화物化된 중국사나, 신화화한 일본사와 달라 엄연한 역사 정통을 주변과 구분할 수 있기 때문이었다.

　최근에 서구의 중국사를 보는 새로운 경향들은 중화제국의 힘을 기초로 한 역사, 지리서에 대한 의심에서 출발한다. 패권 역사 의식은 한국에도 자학적 역사관이나 망상적 영역 논쟁의 역사론으로 나타나기도 한다. 역사가 힘 있는 자의 주장이라면, 패권 속에는 분명 부인할 수 없는 은폐된 자료들이 있었다. 이런 것들은 미래에 해결할 문제이지만, 추상같은 춘추필법의 한국사에 오히려 다행스럽고 순결한 부지의 영역이다.

유학儒學과 역사는 분리가 불가능한 공통 영역에 경전을 남겨 두었다. 울타리 없는 "가치 전승"을 공부하도록 시공을 초월한 제현諸賢의 말씀이 도처에 있다. 이를 표현한 매체 동방문자[漢子]는 독학이 가능하여 자파子派 권력에 해방된 유자들을 생산했다. 학문으로 진영을 만드는 못된 버릇을 고치도록 유학은 늘 자기 변화의 학문이었다.

이 책의 주제는 김경희 선생님이 짚어 주셨다. "한국인은 어떤 생각을 하며 살아온 사람인가? 한국 문명의 한 흐름인 조선 성리학은 오늘날 한국인의 사고와 행동을 어떻게 규제하는가?"와 같은 통념統念으로 이 글을 일관할 수 있도록 도와주셨다. 그것은 1919년 이후 지금까지 100년의 시국을 깊이 통찰한 가르침이었다. 또한 강숙자 선생님의 성리학 속에 발견된 여성의 이해도 사색의 결을 다듬는 데 큰 도움이었다. 표지에 《山山水水》의 멋진 그림을 허락하여 주신 조동일 교수님께도 고마운 말씀 전하며, "거리두기"의 어려움에도 글의 문맥을 다듬고 편집에 애써 주신 김시열 선생님과 김연주 선생님, 편집진에 깊은 감사를 드린다.

2020년 한가위
대웅산(大熊山, Big Bear) 마가리에서
시골 궁유窮儒 이창선 삼가 씀

차 례

때때로 익히며 時習

꽃 하나로 세상에 봄이 왔음에   一花天下春

온 산의 풀 나무가 알고   萬山草木知

촛불 하나로 세상을 밝히니   一燭天下爀

뭇 새가 나는 법 익히네   萬鳥時習飛

들어가기 전

1919년 4월 10일 늦은 저녁, 상하이 프랑스 조계租界 친선보루(金神父路, 지금의 瑞金一路로 추정)의[1] 가로등 빛이 스미는 어스름한 창가를 바라보며 소집된 29명이 서 있었다. 밤새 계속된 회의 끝에 다음날 11일 오전 10시, 내각과 의회를 구성하고 대한민국 임시정부를 탄생시켰다. 공화국의 시작이었으며 왕정의 종식이었다. 왕가의 유민은 바다를 건너지 않았고 망국의 주체적 선언에 고개를 돌렸다. 역사 도통을 잇기 위한 부름은 장엄하며 숭고했으나, 모인 사람들의 생각은 달랐다. 부름에 응답한 민족주의자, 사회주의자, 국가주의자, 제국주의에 호의를 가진 자, 무정부주의자, 허무주의자 … 그들이 입고 온 외투는 여기저기 걸려 있었고 누구든 옷을 바꿔 입고 나가도 상관없을 만큼 남루했다.

이제 바다 건너 건국 백 년의 나라를 본다. 백 년의 도통道統을 이은 것은 무엇인가? 개화와 동란, 변혁의 뒤에 숨었던 까맣게 잊힌 몽매夢寐 속 그림자가 보였다. 공부가 게으른 시대에 그저 유학儒學이라는 관습을 가진 유생이었다. 사람들은 숨 막히는 도포 자락 속에 감춰진 위선을 떠올린다. 저 멀리 수평선을 보며 언덕을 오르면 유학을 갱멸坑滅

---

[1] 金神父路의 현재 위치는 연구자마다 주장이 달라 아직 미궁이다.

한 곳에 무너진 비석이 비스듬히 서 있다. 길어진 사양斜陽에 새긴 글자는 이미 화석으로 남아 재생의 여지가 없다고 생각한다. 서원은 유적지가 되었고 경전을 가둔 장각藏閣에 사람의 발길은 드물다. 불온한 사색의 경로에 경經에서 쫓겨난 언어가 꽃잎처럼 흩어져 있다. 길을 잘못 들었다. 결국 안이한 유유遺儒들은 미로에 빠지고 만다. 시대마다 새롭게 인간을 변화시키며 변덕스러운 자아에 대한 무한한 사랑과 신뢰에서 출발한 유학은 서구사상에 의탁한 언어에 형해화形骸化하거나 고전 속에 박제되어 우리 앞에 서 있다. 이미 숙성된 생각을 왜 행동으로 옮기지 않았는지 그리하여 한국인이 변화에 적응하지 못해 무시당한 역사가 반복될 수밖에 없었는지 스승이 없는 빈 서원의 문지방에는 여전히 망국의 그림자가 남아 있다.

오리엔탈리즘으로 채색된 유학은 불투명한 규칙이 제어하는 위계 인간관계 속에 사회를 엘리트 카르텔로 가게 했는지 모른다. 이에 근거한 한국사회의 부패에 그 책임이 있는지 그리고 유학이 새로운 사람에 낯을 가렸는지 살필 필요가 있다. 여성은 가족 안에 유폐된 가부장의 소유였는가? 독립된 자아관의 서구사상에서 혹시 여성을 바라본 복시復視 현상은 없었는가? 일원一元 중심의 세계관에서, 익숙하지 않으면 문명이 아니라는 화이관華夷觀은 편견인가? 서세동점의 시대였던 지난 세기에 유자들의 적막하고 고독한 기분이 자학적으로 나타난 사례도 찾아보아야 한다. 유자들의 낡고 오래된 역사는 경經을 거슬러 갈수록 오히려 우리에게 더 가깝다는 아이러니는 왜일까? 바다 건너 요원한 백 년의 망국은 아직 끝이 아닌가?

이런 시대에 제멋대로 나타난 궁향부유窮鄕腐儒들이 찬개竄改한 고전의 해석에서 "유학의 행복관"은 상처를 받았다. "행복"은 지금 인간이 추구하는 최고의 가치 자리에 앉아 있다. 그러나 출생지가 없고 소화할 수 없는 이 위험한 체증의 단어를 유학은 설명하지 못했다. 유학적 행복인 적연부동寂然不動의 경지 "충허沖虛"는 기억에서 사라지고 행복의 개방성에 굴복하고 말았다. 그러나 행복이라는 언어의 어원語源이 수상하고 물화物化한 욕망을 제어하는 유학의 가르침이 이런 표현의 문제를 해결해 줄지 의문이다. 이미 유통 기한이 지난 유학의 언어들이 해체되어 번역어로 사용되었고, 경經 속에 저장된 언어들이 앞으로도 가공될 게 분명하다. 끝없는 물질적 욕망에 고단한 성공 만능 사회에서 우리의 문 앞에 배달된 "행복 메시지는" 아직도 수취인 불명이다. 유학의 근본주의에 대한 의심은 어쩌면 "행복"을 해체했을 때 남게 될 공허를 초연히 받아들일 수 있는 개인으로 풀릴지 모른다.

유학의 역사에 대한 사적私的 접근에도 역시 질문이 있다. 공자는 춘추春秋가 사사私史임을 증언한다. 통치의 정통성에서 시간적 연결인 도통道統은 이미 공간을 점거한 힘인 치통治統에 저항하고 때로는 순응했다. 정치적 이질성을 문화로 극복하면서 유학은 오히려 그 본래의 모습으로 돌아갔다. 하늘이 부끄러워 쓴 삿갓 속의 어두운 얼굴에 뜻밖에도 유자의 개인주의가 서서히 드러난 것이다. 그러나 유학의 순결은 배타성으로 오인되기 쉬웠다. 문화가 혼합되어 특징들이 사라지면서 망국은 그저 제국諸國의 일부가 되었다. 국가에 보루를 둔 유학의 항거에 국가주의가 있다는 오해는 인의仁義와 배치된다. 유자는 늘 소속감으로 이치를 흐리는 겹겹의 내부 국가(內朝, Deep State)에 저항했다. 유학이 국가를 위해 소비되는 일은 없었다. 유가의 이념은 법가와 달리 부국강병에 있지 않고 인덕감화仁德感化에 있었다. 이것이 유자의 공화주의였다.

유자는 망국을 개인의 품에 안고 살았다. 그의 '개인청구권'은 그렇게 살아 있었다. 나라가 망했어도 산하는 여전했다. 돌이켜 보아 문질文質의 변증법적 순환에서 지난 한 세기가 "실질과 통합"을 지향한 질質의 시대였다면 다음 시대는 문文을 창달하는 분열의 세상일 수 있다. 지고한 문명과 최악의 야만을 경험한 유자는 문야지별文野之別이 더는 대척하지 않는다고 여긴다. 1919년 이후 상해와 중경에서 도통을 이은 망국 유자에게는 시간의 유구한 반복 순환 역시 고통스런 현재 점에 머물러 있다. 두 개의 Deep State는 여전히 견고하다. 도통은 결코 나누어 가질 수 없다. 그러나 힘과 결별하여 공역 없이 역사 도통을 잇기에 시간은 공간에서 계측한 통로通路를 따라가지 않고 되돌아 왔다. 조선왕조의 멸망이 외세에 의하지 않고 스스로 공화국을 선포한 1919년인 것은 유자의 주체역사 도통관이다. 역사의 매듭이 문질의 템포로 제어되면서 왕정을 부정했던 유자는 정원을 가꾸고 자연을 걱정한다. 1910년 병탄併呑이 불법不法이었기에 그런 근심은 법비일본法匪日本에 있다. 키우던 분란盆蘭은 뒤집히며 망국의 난蘭은 뿌리가 없다. 무근란根蘭을 그리며 도통을 회수한 도성都城에서 멀리 떨어진다. 주민증을 불태우고 민적民籍없이 살면서 유자의 공간 영역이 정해지면 그는 감화의 범위에 민감해진다.

스스로 존엄을 지키며 살아온 삶이지만, 인간을 사랑하여 과인過仁의 지나친 공감 능력은 비난받는다. 그 순간 다양한 형태의 은둔이 진행되고 있었다. 독선獨善과 겸선兼善의 착란에서 유자는 위선에 몰린다. 그는 이미 심각한 내상을 입어 은둔지는 안개 속에 가려 있다. "사회적 거리 두기" 이전에 벌어진 일이었다. 흐르는 시간 속 문질文質이 교대하는 방향은 불가역이다. 망국은 어느 시대나 있었고 그 한은 끝이 없었다. 바다 건너의 망국은 한 개인의 책임일 수도 있었다. 망국을 희롱한 사람들의 말이 귓전에 맴돌았다. 현실에서 개인의 환상은 죽음을 넘어서지 않지만 해답은 없다. 이는 평등하게 무효가 된 무가치한 삶이 아니다. 그리하여 침묵으로 시간을 견디며 시국을 응시한다. 지난 100년 간 세상은 무도하고 인간은 형편없었다. 누각樓閣에 올라 더 한 층 오를 것 없이 수평선 너머 바라본 인간은 서로 관계망關係網을 끊었다. 사랑이 없다고 한다. 사랑하지 말자고들 한다. 그래도 우리는 사랑할 수 있는가?

김구(1876~1949 독립운동가)

" … 식민 제국주의 폭력과 야만을 피해 작은
싯줄단지로 남았던 도통이 무시당한 것은 해방 뒤
부정한 권력에 의해서였다. 이승만의 식민유신植民遺臣
통치와 박정희의 군사 파쇼는 통치권의 불온한 계승
으로 가까스로 이어온 도통을 파괴했다 … "

망국 유자의 삶

1906년 대마도에서 마지막 가을을 보낸 최익현(崔益鉉, 1833~1907)의 손에는 《춘추 春秋》가 들려 있었다. 섬의 이즈하라嚴原 서쪽 끝 이름 모를 거무스레한 산 너머로 겨울의 짧은 해가 지자 그는 단식으로 쇠해진 몸을 바로 세우고 국왕 계신 북쪽을 향해 배를 올렸다. 지난 7월 초부터 단식 사절死節하기로 한 뒤 이상한 환상에 시달렸다. 풍증風症이 이미 몸을 점령한지라 단식은 무의미했다. 《춘추》의 가르침인지, 일본

최익현(1833~1907 유학자)

이 미구未久에 망하리라는 것은 터무니없는 예언 같았지만, 함께 끌려온 임병찬林炳璨은 이를 유소遺疏로 받아 적었다. 이항로의 심전설心專說을 계승한 선생이 문적文籍을 남긴다는 것은 탐탁지 않았다. 이미 언어는 망국이라는 현실에 실천의 힘을 잃었다. 예禮로써 대할 수 없는 일본인 틈에서나,[1] 군신君臣의 의리가 끝난 세도정치의 파행에 병든 조선 사회에 대한 절망감에서 유자가 할 수 있는 것은 저항과 그것이 다하

---

[1] 조선 성리학 유림의 일본에 대한 태도는 퇴계 이황의 島夷蛇梁之變을 성토한 상소문 甲辰乞勿絶倭使疏에 잘 나타나 있다. 퇴계집의 갑진은 오기된 것으로 실제 상소일은 퇴계의 45세 때인 을사년 1545년 7월이다.

면 결절決絶뿐이었다. 오직 행동으로, 승산 없는 무력 투쟁인 줄 알면서 그는 적의 포로가 된 군유軍儒로[2] 죽길 원했다.

제국주의와 대결에서 최익현의 언어 부정은 앞으로 이 글에 자주 등장할 명제인 "군유軍儒"와 관계가 있다. 군유의 마음속 병법은 무도 잔인하나, 인의仁義의 오의奧意가 있다. 적을 향해 온전溫戰을[3] 일으킬 수도 형세形勢를 무자비하게 몰아갈 수도 있었다. 세계 조류를 못 읽은 것도 아니었다. 한반도가 일본 열도 면적의 육할六割이나 조선 유자의 머릿속에 일본은 흩어져 연기 나는 화산섬일 뿐, 그저 얼굴에 칼자국이 많은 섬오랑캐[島夷]가 사는 왕자불치王者不治 지역[4] 가운데 하나였다. 그들에게 왕도 정치의 이상을 기대하지 않았고 폭력의 무가武家가 사회를 나누어 가져 도리道理를 물을 곳도 없었다. 조선 통신사는 근세 이후 에도江戸 막부의 물질 성공을 파악했으나, 절용애인節用愛人의 성리학이 물질과 자본의 기교를 용납할 수 없었고 먼 미래를 바라본 깊은 통찰을 일본과 공유할 수 없다고 판단했다. 그러나 러일전쟁 뒤 당연히 국력 비교에서 이웃을 대국으로 대접해야 함은 틀리지 않았다. 결국 도의와 명분에 어긋나 예禮로 대할 수 없는 일본의 태도에 한국인의 문화우월감은 설명할 수 없는 슬픔으로 변해 있었다. 분노는 슬픔의 다른 모습이었다.[5] 면암은 그의 주변에 모여든 사람들의 분노를 알았다. 격문檄文이 사방에 나부꼈지만 그는 언어를 찾지 않았다. 남을 배제할 힘을 가진 상징성을 유학에서 찾으려 하였으나 이미 제국주의 언어가 유학의

---

2 軍儒는 民軍相同이라는 조선 특유의 의병운동에서 갑옷을 입은 儒者를 말한다. 선비가 하나의 전역(戰役, Campaign)에서 병마사가 되는 군에 대한 문민 우위의 사상적 기저에 군유가 있다. 제5장 儒者有終 3. 군유, 비국가의 무장력.
3 《손자병법》〈火攻〉篇 "노여움으로 군을 일으키는 것, 溫而戰民"
4 王道의 실현이 불가능한 오랑캐 영역, 《춘추》에 "王者不治夷狄論"이 보인다.
5 《禮記》, 〈檀弓〉 "분노는 슬픔의 다른 모습이다. 慍, 哀之變也"

경經들을 찬탈하고 있었다. 오로지 행동으로 유자의 신념을 증거하려 했다. 거병하여 싸우는 일 역시 군신의 의리에 맞는지 혼란스러웠고 면암勉菴은 병법에 능하지 않았다. 《춘추》를 손에 들고 있어 전쟁이 속임수인 것(兵者詭道)을 잘 알면서도 의義로써 적을 타이르려 했으니, 싸움은 제대로 정합正合이 이루어지지 않았다. 그러므로 분개한 의병의 월등한 기세를 이용치 못했고 '토벌군'인 관군과 왜병倭兵의 정보활동을 알고도 대처하지 않았다. 반면 왜병은 사전에 "잠입도측潛入盜測"하여 측량한 정밀지도와 조선군의 기동계획, 그리고 미리 정탐한 의병의 내부 상황을 세밀히 알고 작전을 시행했다.

1872년 일본공사 하나부사 요시모토(花房義質, 1842~1917)의 조선 파견에는 젊은 정보장교들이 수행했다.[6] 검은 밤바다를 건너온 그들의 소매 안에 《정한론》이 감추어져 있었다. 속 깊은 조선 유자의 눈에 이들 료닌浪人들은 양복을 입은 부랑자였다. 선비는 시골에 흩어져 "심전心專주체"에 따라 건설한 리理의 세계에 각자 '쇄국의 문'을 굳게 닫았다. 때는 바야흐로 기질氣質이 팽창하는 시대였다. 주체 없는 개화開化는 몸 없이 옷을 짓는 행시(行尸 좀비) 같았다. 도성都城에 도적들의 게다 소리는 골목을 누비고, 견장에 금술을 단 간신들이 조정에 들끓었다. 신식 군대의 훈련 교관으로 초빙된 일본 장교들은 조선군의 군사 편제, 수영水營과 산성山城의 배치를 파악해 당시 히로시마 대본영에 보고했다. 1894년 6월 오오시마 요시마사大島義昌 소장이 이끄는 일본 혼성 제9여단의 서울 주둔을 시작으로 조선군에 더는 군사 비밀이란 게 없

---

6 黑龍會, 《西南記傳》 상권 1908, 중권 1909, 제2편 征韓論 제5장 정한론 분열의 여파. 하나부사를 따라온 정보장교 육군소좌 벳푸 신스케(別府晋介, 1847~1877)와 육군중좌 기타무라 시게요리(北村重賴, 1845~1878)는 조선인으로 변장하여 2개월 동안 내륙을 정찰했다.

게 되었다. 9여단의 선발 대대장인 후쿠시마 야스마사 중좌(福島安正, 1852~1919)는 육해군 정보 보좌관을 대동 용산과 만리동, 애오개 지역에 부대를 배치 서울을 장악했다. 일본의 반도 침략 교두보인 부산 초량의 일본 공관에는 "조선어학소"를 마련하여 청일전쟁 뒤 여기서 선발한 어학생들이 전국을 샅샅이 정탐했다. 어학소 출신으로 뒤에 한국어 학자가 된 대표적인 공작 요원인 마에마 교사쿠(前間恭作, 1868~1941)는 군사정보 수집은 말할 것도 없고 한국의 고서를 닥치는 대로 수집하여 무단으로 유출했다.[7] 이렇게 준비된 의병 전역戰役은 전투가 아닌 학살이었다. 결과는 싸우기 전에도 알 수 있었다. 관군과 의병의 분리는 유림儒林의 큰 고민거리였으니, 관군의 외세 의존성이 계속 학습되어 온이래 군유의 거병은 군신의 의리가 없으면 정당했다. 그러나 면암에게는 반군과 의병의 차이를 말하기 구차스러웠다. 800여 명의 죽창과 쇠스랑을 든 의병을 이끌고 정읍의 무성서원武城書院을 나오며 최익현은 말한다.

> "나도 성공하지 못할 것을 안다. 그러나 국가에서 선비를 기른 지 오백 년, 힘을 써 적을 토벌하고 국권을 회복하려는 것을 의義로 삼는 사람이 한 사람도 없다면 얼마나 부끄러운가?"
>
> (임병찬,《遯軒問答記》)

유자儒者 없는 유학儒學은 허망하다. 망국 유자에는 삶 자체가 허구였다. 그래서 선택한 자살이나 양광佯狂(미친 척하는 것)은 완전한 취소 불능은 아니다. 결절決絕의 해소이고 유자의 경건한 종신終身 행위였다. 최익현에게 결절의 삶은 황음광가 조차할 수 없었던 엄중한 시대에 그

---

[7] 白井 順,《前間恭作の學問と生涯》, 日韓協約の通訳官, 朝鮮書誌学の開拓者, 風響社.

저 《춘추》를 읽거나 문인과 은자들의 시문에 주註를 다는 삶이었다. 그러나 경전의 어떤 언어도 시국을 지지하지 못했다. 결국, 무장 투쟁이나 자살로 종신하였으니 그들의 유자논변은 단순하고 깨끗했다. 무모했지만 할 수 없는 줄 알면서 해야 하는 것이 유학의 가르침이었다. 그러나 유학은 유자를 필요로 한다. 인간이 없으면 아무것도 아니었고 삶의 주체를 세우지 않으면 허무조차 말할 수 없었다.

오래전 망국이었던 명청 교체기에도 대체로 유유遺儒의 삶은 결절決絕, 평온平穩, 통달通達, 매예賣藝로 나뉘었다.[8] 살아도 산 것이 아니므로 염치를 세울 수 없어 혼돈과 모순이 살아온 자취의 뒤를 밟았다. 흔적을 남기지 않으려 길을 지웠으므로 망국 유자의 삶은 추적이 어렵다. 어떤 이는 갈림길에서 변절의 푯말을 세워 두었고 어떤 이는 통달에서 결절로 퇴행하기도 했다. 면암에게는 주어진 시간이 짧아 결절에 머물렀다. 어쩌면 초절(Transcendence)이란 표현이 맞을 것이다. 인간의 삶을 하나의 틀에 넣으려면 당연히 오류가 따른다. 망국 유자에 대한 관찰에서도 역시 이중으로 보이는 복시復視 현상이 있게 마련이다.

"7월 초 10일 새벽에 선생님이 말씀하신다. '내 이제 죽을 것이다. 한 마디 소疎를 올릴 말이 있으니 그대는 모름지기 비밀히 감추어 두었다가 본국으로 돌아가는 날을 기다려 갖고 있다가 올리는 것이 옳다.' 이에 행리行李(여행 짐) 중에 종이와 붓을 찾아서 받들어 썼다. 상소문을 쓴 다음날 저녁, 최익현은 단식을 끝내고 죽을 먹었다. 그로부터 3개월 뒤 발병하여 한 달간 앓다가 세상을 떠났다. 음력 11월 17일(양력 1907년 1월 1일) 경술, 갬, 인시寅時에 선생님께서 돌아가셨다."

(임병찬, 《대마도 일기》)

---

8 楊念群, 〈何處是江南?〉.

이상한 일이었다. 임병찬은 10년 전인 을미해의 태양력 침공을 회상한다. 11월 16일 다음 날이 바로 갑작스레 병신년(1896) 1월 1일이 된 것이다. 달력은 황제가 아닌 서양인으로부터 받았다. 그리고 그 10년 동안 선생님의 싸움은 이 정체를 알 수 없는 그레고리력으로 기록되었다. 시간의 순환은 멈추었고 돌아가신 11월 17일은 그가 기념할 수 있는 새해가 아니었다. 사변과 단발령을 계기로 조직한 의병은 지난 10년 구름 같았다. 이미 통감부의 괴뢰인 조정은 제국帝國의 탈을 쓰고 썩은 유생들이 자리를 나누어 앉았으니 천하의 웃음거리였다.

바다 건너 망국이 보였다. 바다는 방향이 없고 수평선 너머가 고국이었다. 히노마루(日の丸) 깃발이 펄럭이는 군함에서 경박한 피리 소리가 들린다. 러일전쟁 승전 일주년 기념행사로 여름 내내 시끄러웠다. 술취한 수병들이 이리 떼처럼 거리를 쏘다녔다. 토라자키虎崎와 야라자키野狼崎의 두 곳이 만든 물굽이는 고요했다. 사양斜陽에 핏빛으로 물든 이즈하라 남단의 해안 절벽을 보러 슈젠지修善寺 앞의 돌계단에 서 보았으나 면암은 이미 세상 사람이 아니었다. 그의 그림자만 길게 보였을 뿐이었다. 유소를 손에 든 임병찬의 눈에 하얀 학이 바다를 건너는 것이 보였다. 그는 부대자루처럼 쓰러져 엎드렸다. 흐르는 눈물이 땅에 닿지 않게 소매로 거두었다. 면암의 유해는 1907년 1월 4일 저녁 이즈하라 대마對馬 경비대대의 위수병원을 떠나 밤바다를 항해해 이튿날인 5일 아침 동래부 초량草梁에 도착했다. 겨울의 현해탄은 검고 뱃길은 매끄러웠다. 이미 망한 나라의 부두에 수많은 유자들이 하얀 띠를 두르고 모여 있었다.

어려운 시국에서 삶은 고통이었으니 현실적 부유腐儒들은 저항할 수 없는 폭력에 부역附逆했다. 변절자로 알려진 윤치호(尹致昊, 1865~1945)[9]의 삶은 흥미롭다. 전통을 "미개"로 보고 의리義理에서 "힘의 정의"로 유인誘引된 그의 행적은 지금 보기 처량하나, 서재 필과 같이 "미개한 동포"를 멸시하는 괴물은 아니었다. 그가 동족의 비참함 을 연민하고 삶을 개선하고자 재주를

윤치호(1865~1945 사상가)

파는 매예賣藝의 주인공이었다는 증거는 여기저기 보이지만,[10] 누추한 변절을 논변해 주진 못한다. 그가 망국 유자로서 거쳤을 결절과 평온은 환멸이었던 증거가 있다. 갑신정변(1884) 실패 후 망명하여 1880년대 중반 상하이上海의 탕자蕩者였고, 기독교를 편력하나 미국 유학 기간 경험한 인종차별과 백인에 대한 분노에서 여타 한국 기독교도와 같이 뼛속 깊은 유교 정신에서 벗어나지 못했다. 특히 "영적인 백인 보스들"을 섬겨야 하는 황색 원주민에 불과한 신자가 되면서, 속에 숨어 있던 유학적 화이변별華夷辨別 의식은 훗날 백인에 대항하는 일본의 역할을 찬양하는 기형으로 나타난다.

　윤치호의 이중성은 총명한 그가 현실과 충돌하여 얻은 상처에서 궤

---

9 윤치호는 유교 전통을 이어받은 개화사상가로, 뒤에 변절했지만, 그의 일기를 통해 망국 유자의 고민을 엿볼 수 있다.

10 《尹致昊日記 1883~1943》, 조선 말에서 일제 강점기까지 각종 사건과 행적을 일자별로 담았다. 잘 알려진 영문일기는 1889년 12월 8일부터 1943년 12월 7일까지이다. 그의 변절은 1912년 '105인 사건'으로 투옥돼 1915년 석방된 뒤 마음에서 서서히 발원한다. 망국 유자의 섬세한 심적 갈등에서 노골적인 친일의 직접적 계기는 1938년 흥업 구락부 사건이었는데, 동양인과 앵글로 색슨 백인과 인종적 갈등에서 백인의 오만과 인종 편견에 맞서는 일본의 역할에 기대한 결과였다.

적이 뚜렷하다. 서얼 출신이라는 열등감과 바람나 가정을 파탄시킨 처, 격동기의 불안한 사회에서, 내면에서 끊임없이 확장된 것은 어려서 배운 유학의 가르침이었다. 윤택한 집 문밖에는 떼를 지어 유랑하는 걸인乞人들이 밥 달라고 떼거리로 몰려오고, 자고 나면 개천에 시체들이 떠내려 왔다. 그는 유학의 위선과 새로운 시대에 낯을 가리는 무능함에 절망하면서도, 일본에서 만난 후쿠자와 유키치福澤諭吉처럼 유학을 개화의 자물쇠로 가두지 않았다. 이런 깊이 내화된 지식으로서 유학은 "미개한 원주민"으로 백인들의 기독교에서 얼마나 먼 거리에 낯설게 있는지 깨닫게 했다.

> "1899년 Underwood 박사와 부인이 원산에 잠시 들렸다. 나의 사랑하는 아버지가 그 부인을 방문했다. 그러나 그들이 1주일 뒤에 원산을 떠날 때 우리 집 바로 옆을 지나면서도 우리에게 인사조차 하지 않았다. 자신들끼리 예의를 정확히 지키는 데다 우리에게도 자신들의 예의 지키기를 강하게 요구하는 그들이기에, 그러한 행실은 도저히 납득이 안 간다. 우리에게 인류 평등의 원칙이 명백히 적혀 있는 성경을 가르치면서, 이처럼 그 원칙을 자신들이 위반하는 것이다. 그들의 오만한 태도 때문에 나는 손해를 불지라도 그들과 되도록 사교하지 않으려 한다."
>
> 《윤치호 일기》, 1903년 1월 15일)

위 일기는 윤치호의 다중적 심리를 반영하고 있다. 조정은 악마 같고 중국은 더러웠으며 미국은 차별의 나라였다. "예의를 세울 주체 없는 문명화"의 파멸을 예감했는지 그의 예禮는 기독교의 예가 아니고 분명 유학의 예였다. 체면을 상한 불편한 심기에서, 지켜온 "예의禮儀"는 강력한 힘을 가진 서구 기독교에서 합리적이지 않은 유교적 허식일 수 있다. 망국은 예정되어 있고 곧 지도에서 사라질 나라에서 예를 담을 주체가 없는 사람들은 그저 걸어 다니는 좀비(行尸)였다. 주체가 없다면

"바이블" 안의 원칙을 천국의 그릇에만 담을 수 있을 것이므로 부식해 가는 현실에선 소용에 닿지 않았다. 그러나 하느님은 지상의 경전 어디에나 있었다. 윤치호는 김구나 안중근의 행동에서 들리는 소식이 "복음"이라는 사실을 애써 외면하며 아큐(阿Q)처럼[11] "정신승리"의 일기를 계속 써 간다.

정신에 승산을 두는 것은 유학적이지 않다. 예禮가 규제한 것은 행동과 규범이었다. 유자는 오히려 정신의 패배와 죽음을 관찰해 왔다. 담장 밖 죽은 나라의 사직社稷에는 공시公尸만이 부복해 있었다. 대궐 주변은 낭인浪人들의 게다 소리만 요란했다. 구한말의 망국은 "나라가 망했는데 어찌 저리 조용한가?"라는 루쉰魯迅의 조롱을 받았을 정도로 대다수 조선 유자들의 침묵 속에 진행되었다. 조선 유자들에게 "지독한 냄새나는 청국淸國"에 이미 중화의 정신은 없었으므로 "중국의 충고"는 귀에 들리지 않았다. 망국은 조용히 진행되었다. 그러므로 남모르게 산으로 들어간 수많은 "결절"들을 설명할 길이 없고 그 침묵은 참을 수 없는 역사에 대한 춘추필법春秋筆法의 항거일 수 있다. 망국 유신遺臣들의 다양한 저항은 구한말과 명말 청초를 산 사람들에서 찾아볼 수 있다. 그 시대의 엄숙함과 간절함 그리고 비장했던 그들의 삶에 여러 모습의 결절이 나타난다. 구례×광양에 매화꽃이 비처럼 내리는 날이었다.

황현(黃玹, 1855~1910)은 혼이 나간 듯 섬진강가를 배회하고 있었다. 실의한 젊은 시절 시골로 내려와 1890년부터[12] 칩거한 만수동 구안실苟安室은 실화失火로 사라졌다. 사방 의병전쟁의 불길이 번지는 터라 화재

---

11 루쉰의 소설 《阿Q정전》의 주인공, 서구 열강의 침략에 무기력하게 당하면서 정신은 우월하다는 자존심만 갖고 있었던 당시의 중국인을 비판했다.
12 매천의 구안실 칩거는 1886년과 그가 36세가 된 1890년설이 양존한다.

는 의심스러웠다. 세상은 어지러워 구차苟且하지만 그런대로 편안히 지낼 수 있는(苟且偸安)[13] 소박한 칩거마저 어려웠다. 유자는 이런 불인不仁한 촌락에 거처할 수 없었다. 조선 유학의 동학에 대한 이해는 가지런하지 않았다. '동학난'으로 인해 외세를 끌어들였다는 인식이 사림에 자리 잡고 있었다.[14] 매천에게 유자의 거병, 즉 군유였다면 그것은 의병이겠으나 이를 노변奴變으로 본 그는 '동비東匪'라 규탄하며 같은 자리에 서 있지 않았다. 이미 임금에게서 도통을 회수한 그는 1898년 성균관박사시에 응하라는 지역 군수의 권고를 받자 단호히 거절한다.

"그대들은 어찌해 나를 귀신같은 나라의 미친놈(鬼國狂人) 족속 틈에 들어가 같이 미치광이가 되게 하려는가?"

황현(1855~1910 문장가)

시국을 바라보는 논의는 분열되어 을사년 망국에 이르러 선비된 자로 살아온 것이 얼마나 부끄러웠나. 진창에 일부러 더럽힌 도포 소맷자락에 아편을 감추고 늘 안개를 몸에 두르고 있는 백운산 허리에 숨어 지냈지만 점점 격화되는 자학감에 미칠 지경이었다. 청매靑梅가 홍매紅梅로 보이고, 개천가에 흩어진 꽃잎은 화전花煎처럼 눌러 붙어 서울의 매국노들 얼굴처럼 번지르르했다. 자

---

[13] 구차투안, 대개 苟且偸生으로 군신과의 의리가 끝난 난세에 사인들의 입에 오르내렸다.
[14] 황현이 죽은 1910년에 태어난 정암 이태현(1910~1942)의 《精菴私稿》에는 구한말 왜적 침노의 전개과정이 기술되어 있다. 동학도의 상당수가 후에 일진회에 가담하여 이른바 "土倭"로 일컬을 것으로 보아 당시의 동학에 대한 유림의 정서를 알 수 있다. 황현의 《매천야록》 제6권 〈1908년 의병의 투서〉에도 통역관(譯舌者)을 "토왜"라 칭한 문장이 보인다.

책갑에 스스로의 뻔뻔한 얼굴도 보고 싶었다. 1909년 10월 26일의 안중근 의거를 듣고 서울로 상경한 매천은 천연당 사진관에서[15] 영정사진을 찍었다. 삐뚤어진 세상을 삐딱이 보아야 하는 사시斜視가 맘에 들었다. 결절을 결심한 이후 사진을 보고 자신에게 묻는다.

"물건대 그대는 일생 몸속에 그토록 불만만 품고 살았는가?(問汝一生腎中有何魂礧)"

스스로를 참배하며 찾아낸 성정은 "외뢰魂礧"였다.[16] 이 모습은 후에 일경에 잡혀 온 김창숙의 "뇌락한 나의 일생 백일하에 분명한데(磊落平生如白日)"와 거울처럼 닮았다. 구례 광양을 오가며 오동나무 아래 사람을 모았다. 오동나무 그늘에서 세상 돌아가는 이야기 듣고 천 권의 책을 모아 닥치는 대로 읽었다. 망국의 독서인이 깨달은 것은 책의 사실이 아니라, 책과 나 사이에 놓인 도의였다. 오래전 성균관의 문턱을 걸어 나오며 이미 군신의 의리를 버렸다. 술 냄새 찌들은 반촌거리에서 자학으로 비틀거리는 유생들을 보기 역겨웠다. 의義가 사라진 다음 경經의 뜻은 깊어진다. 풍문으로 듣는 이야기는 허황했으나 비통함과 분노를 전한다면 그것이 진실이었다.

"내가 죽어야 할 의리는 없다. 다만 나라에서 선비를 기른 지 오백 년, 나라가 망하는 날에 한 사람도 나라 위해 죽는 사람이 없다면 어찌 통탄치 않으랴."

(황현, 《梧下記聞》)

---

15 천연당 사진관, 1907년 설립, 서울 石井洞(지금의 중구 소공동) 소재.
16 魂礧는 삐죽이 나온 울퉁불퉁한 돌의 모습으로 평범치 않은 성정을 말한다. 평시에는 잘 보이지 않으나 난세에는 뚜렷하다. 磊와 礧, 礧는 같은 의미로 杜甫의 시 〈白沙渡〉 "물이 맑아 돌은 더욱 삐죽하고 흰 모래에 여울은 더 질펀하다. 水清石礧礧 沙白灘漫漫"에서 인용되곤 한다.

황현의 부끄러움은 최익현과 같았고 그의 유학적 변별은 분명하다. 그러나 칼날 같은 위정척사와는 어느 정도 거리를 두며 양명학과 서양학에도 몰두했던 것은 구안실에 모아 둔 장서 덕분이었다. 보름에는 둥근달 아래 모인 친구들이 좁은 방안에 둘러앉아 시국을 논의했다. 명말 청초의 망국 유신인 여유량呂留良이나 장이상張履祥처럼 만월과 그믐날〔횟날晦〕모임에는 가지 않고 풀과 진흙으로 지은 삿갓 모양의 작은 일립정一笠亭에 지인을 불렀다. 이름 알리기 좋아하는 자들과 어울리지 않았다. 그믐의 어둠에는 서로 다르게 보여 예禮를 물었고, 만월 일색一色의 날에 더욱 친해 경敬을 논했다. 마음속에 담긴 수많은 역사, 이론들이 진술되었지만 시간이 조금 지나면 그냥 머리를 스쳐 버린다. 과거 담론은 화려했으나 자리를 파하면 모두들 침울해졌다.

맘에 있는 여러 자파의 이론들 마땅히 털어 놓아도　　諸子論懷宜有述
좋은 시간의 생각은 고개 돌리면 이미 지난 것　　良辰回首易輕過

(황현, 〈苟安室夜話〉 부분)

그러므로 역사의 기록을 생각하지 않을 수 없었다. 대궐은 사악한 기운이 스며 침침해 보였고, 서울 거리는 평온했으나 시국은 이미 글렀다. 이제 조상의 뼈다귀를 우려내 행악하는 세도 문벌들과 을사오적들, 군신의 의리가 없는 왕과도 결별이었다. 운현궁이 마주 보이는 떡집에 앉아 술떡에 취한 어린아이를 보며 생각한다. 《춘추》가 사사私史이듯이 지극히 개인적인 그의 춘추 《매천야록》은 이제 망국으로 끝나는 비극이다. 그의 이야기는 시시콜콜한 증명을 필요로 하는 서구식 필법의 윤치호와는 달리 철저한 춘추필법이다. 이야기를 "맹글〔作〕지" 않으며 듣는 것을 적을〔述〕 뿐이다. 사실보다는 도의가 중요하니 시간이 지나 되새겨야 뜻을 아는 유자의 마음이 담겼다. 매국노에 대한 저주는 입에 담기 힘든 "놈의 행적"을 끌어들이지 않고, 세간에서 일어나는 민중의 마음을 담았다.

> "이완용가의 장독 여섯 개가 일시에 깨졌다. 얼마 지나지 않아 신대新臺의 소란이 있었다.(李完用家醬甕六 一時俱裂 未幾有新臺之喧)"
>
> (황현, 《梅泉野錄》 권5, 1907년 4월)

신대新臺의 소란이란 《시경》[17]에서 가져온 말로, 이완용이 그의 며느리와 불륜했다는 구설을 말한다. "말할 수 있어도, 말하면 추해지는 所以道也 言之醜也" 콩가루 집안이라 장독이 깨진 것이다. 문장에서 육六과 열렬이 대비된 것은 이완용이 육시랄(六身割) 놈이기 때문이다. 장독이 우연히 동시에 깨진 것은 사실이 아닐 수 있으나, 난신적자亂臣賊者를 준열히 꾸짖는 것이 춘추필법이며 유자의 역사관이다. 봄에 매화꽃이 흩날리는 백운산의 북사면에 서서 보는 강의 여울은 눈부시다. 다시 가까이 보이는 푸른 대나무 숲을 건너 "흰 모래에 여울은 더욱 질펀하다." 북향하여 눈을 들어 바라본 서울 하늘은 공허하기만 했다. 매천은 1910년의 무덥고 후덥지근한 여름을 가까스로 넘겼다. 섬진강을 뛰어 오르던 은어도 모두 하구로 내려갔다. 그렇게 맛있게 먹던 강굴의 따닥이는 소리가 가까워지는 9월 7일 마침내 아편 덩어리를 소주에 풀어 마셨다.

가을 등잔 앞에 책 덮고 천고를 생각하니   秋燈掩卷懷千古

---

[17] 《시경》 國風, 邶風, 新臺 3章, "새 누대는 선명하고(新臺有泚) 황하 물은 출렁출렁(河水瀰瀰) 고운님을 구했는데(燕婉之求) 이 못난이 웬 말인가(蘧篨不鮮)" 衛나라 宣公이 아들 급及의 며느리 선강宣姜을 빼앗은 고사.

지식인으로 이 세상 살기 어려워   難作人間識字人

(황현, 《梅泉野錄》〈絶命詩〉 부분)

숨은 바로 넘어가지 않고 다음 날 아침까지 붙어 있었다. 망국 유자에게 죽음이 대수는 아닐 것이다. 결절의 방법에 망명과 양광佯狂이 있으나 끝까지 사태를 응시하다 목숨을 끊은 강인한 정신은 아주 오랜 수련을 통해서만 견지할 수 있다. 매천의 자살은 나약하고 소극적인 저항이 아니라, 성리학의 최고 목표인 "적연부동寂然不動"의 경지에 도달해 나타난 비범非凡이었다.

백범白凡을 이해하려면 그의 영웅적 생애 전체를 관통하는 하나의 명제를 먼저 풀어야 한다. 그가 보편적이며 철저한 유자儒者였다는 것은 소홀히 하거나 지나칠 수 없다. 젊은 시절 동학도이며 잠깐 불교 승려였고, 뒤에 개신교와 관계하고 천주교 세례명도 있는 것은 덧칠한 외연일 뿐이다. 그의 생애를 통해 전체를 관철하는 망국 유자의 전통적 인생 경로를 모두 설명할 수 있다. 이로써 한국 사람이라면 공감할 수 있는 "비전"이 《백범일지》의 〈나의 소원〉에 제시되었다. 스스로 천격賤格이라 여긴 자학감, 강렬한 자아의식, 도피와 결절로 점철되는 고단한 삶을 인도한 것은 유학의 가르침이었다. 그러나 배움의 길은 과거시험이 틀어쥐고 비슷한 모습으로 가장하고 있었다. 배움의 방법과 목적에 사람차별이 있다면 이미 배움이 아니었다. 한미한 가문을 일으킬 수 있는 과거시험은 총체적 부정이 장악하고 있었다. 3년마다 치르는 대과大科도 세도가 자제의 나이에 따라 연기되거나 앞당겨졌다. 임진년(1892) 그가 17세에 응시한 해주에서 과시〔慶科〕는 그야말로 입시 비리의 백화점 같았다. 과시 비용을 준비하지 못한 김구는 과장科場에 입장하는 문을 막아서서 자리를 잡아 주는 폭력배 이른바 선접군先接軍을 고용하지

못했다.[18]

과거제를 망국의 원인으로 보기는 어렵다. 19세기까지 이른바 문명국
(Civilized Country)에서도 관리 채용 시험이 있던 나라는 드물었고 인
재를 가르치고 선발하는 방법에 과거제와 유사한 제도가 있었음을 아랍
과 유럽의 대학 발전사에서 발견할 수 있다.[19] 망국의 조짐은 이런 제
도의 타락과 비합리적 운용에 있었다. 김구가 만난 시대의 유자가 접하
는 문文은 고도의 수준으로 전승되었으나, 변화에 맞는 질적 대응을 하
지 못한 퇴행의 시대였다. 문질文質의 정체停滯는 유학의 가르침이 아니
다. 조선말의 야바위 놀이 같은 해이解弛한 과거시험 분위기는 이미 영
정조 시대에 그 분위기가 싹트고 권문 세도의 헤게모니를 위해 묵인되
고 조장되었다. 실제 유교적 인재 선발기준에 과거제는 부합하지 않는
다. 시험으로 인간을 규제하는 것은 법가法家의 이론에 가깝다.[20] 오히
려 한 개인의 품성을 평가하는 데 그의 덕德과 재才를 보기보다는 논문
과 시문을 작성하는 암기력에 의존하는 것은 유학적 이상에 맞지 않는
다고 생각해 왔다. 11세기 장재(張載, 1020~1077)는 북송의 과거제를
비난하며, 통치자의 친속 관계에 바탕을 둔 음보蔭補 특권이야말로 군
신의 의리에 맞는다고 논했다.[21]

---

18 도진순 주해《백범일지》2002년 개정판, 돌베개, 28~35쪽. 조선의 과거시험은 1894년
갑오경장으로 폐지되었다. 김구의 과시는 나라에 경사가 있어 여는 비정기적 과거 慶
科였다.

19 S.M. Ikram, *A History of Muslim Civilization*, Education, 6thedition, Lahore: Maktaba
Jadid Press, 1994, pp.217~221.

20 Joseph Levenson, *Confucian China and it's Modern Fate: A Trilogy*, 1968, UC
Berkeley Press.

21 John W. Chaffe, *The Thorny Gates of Learning in Sung China-A Social History of
Examinations*, 1995; 양종국 역,《송대 중국인의 과거생활》, 신서원, 2001.

해주의 과시장에서 김구는 매관매직의 타락상을 보고 낙심했으나 새삼스레 의분을 느낀다거나 부조리에 저항하려는 심정을 내보이지는 않았다. 이미 과거에서 개인의 품성이 선발을 위한 진지한 고려 대상이 아닌 터였다. 그는 과시에서 대리 문장을 지어 주는 거벽巨擘이나 글씨를 대신 써 주는 사수寫手를 비정상이며 적폐라고 하지 않는다. 김삿갓(김병연金炳淵, 1807~1864) 역시 과시장을 돌며 고가의 돈을 받고 문장을 파는 유명 거벽이었던 점을 생각하면, 이것은 이미 더러워진 무도한 세상에 매예賣藝로 대응하는 냉담한 유자 행동이었다. 언제부터인지 과거는 비유교적인 사람들을 배양하고 있었다. 김병연의 활동은 마치 명말 청초의 망국 유자인 여유량呂留良이 체제를 모멸하려고 과시 모범답안인 "시문詩文"을 판 행위와 비슷하다.[22]

김구는 공정하지 못한 과거시험에 매달리지 않았다. 20세인 1895년 의병에 가담하다 쫓겨 황해도 신천 청계동 안태훈의 집에 몸을 의탁하고 망국을 관망하고 있는 은유隱儒 고능선高能善[23]을 만나 가르침을 받는다. 눈물을 흘리며 배움을 청하는 그의 서러운 마음속에는 망국으로 가는 시국의 비탄과 사람차별에 대한 분노, 배움에 대한 열망이 가득했다. 《백범일지》에 김구는 이 부분을 감격적으로 기술하고 있다. 고능선은 위정척사의 정신 원류인 이항로李恒老의 학통을 이어받았다. 김구를 가르치면서 이항로의 저서인 《화서아언華西雅言》의 구절을 자주 인용하며 특히 행동의 과단성을 강조했다.

"가지 잡고 나무를 오르는 것은 기이한 일이 아니나, 벼랑에 매달려 잡은

---

22 제1장 2. 오래된 망국.
23 高能善(생몰연대 미상) 高錫魯 또는 高錫圭로 불린다.

손을 놓는 것이 가히 장부로다. (得樹攀枝無足奇 懸崖撒手丈夫兒)"**24**

고능선은 유자의 망국관과 역사 속 흥망의 의미를 김구에게 전해 준다. 유불儒佛을 통합하여 참선의 경지에 오른 그가 화두話頭와 호흡, 의심疑心과 망상妄想이 한 덩어리가 된 선禪 수행의 백척간두百尺竿頭에서 김구와 어떤 대화를 나누었는지는 잘 알려지지 않았다. 《백범일지》에 신비한 인물로 묘사되어 있으나, 위정척사衛正斥邪의 맥락에 그를 놓으면 분명해진다. 역사 도통에 대한 그의 가르침과 해석에서, 왕조의 교체와 망국이 더는 등가치가 아니라는 것이다. 고능선은 이미 조선 말임금의 도통道統을 소환했다. 그는 명말의 황종희나 고염무와 같이 망국 유자의 평온不穩과 통달通達을 체득했으나, 실상 걱정은 백성과 토지를 모두 강탈하는 왜적을 돕는 매국노들에 향해 있었다. 김구의 결절決絶은 아마도 무술년(1898) 3월 인천 감옥을 탈옥하며 나타낸 행로에서 보인다. 그해 7월 동학 교주 최시형이 체포되어 교수형을 당했다. 이제 동학은 하늘로 돌아가고 현실적이지 않았다. 최익현마저 "동비東匪"라고 규탄한 동학은 지상에서 연민으로 남았다. 그의 유자적 자질은 끊임없이 배워서 자신을 변화시키려는 노력으로 충분했다. 그러므로 신분 상승의 사다리가 부서진 어둡고 희망이 없는 사회임에도 자신의 변화를 기획하고 향상심을 갖고 노력한다. 스스로 다독이길 "백정白丁이란 부역을 지고 있는 평민인 정인丁人이 아니다."라며 "백범白凡"은 범인임을 부정한다. 과거를 하얗게[白] 지우고 새로운 세상에 "민적民籍도 없는 놈[凡]"으로 다시 태어나, "천한 백정과 무식한 범부까지 나만 한 애국

---

24 도진순 주해, 《백범일지》 64쪽.
　"물은 차고 밤은 싸늘해 고기 찾기 어려워, 빈 배에 달빛만 싣고 돌아오네. 水寒夜冷魚難覓 留得空船載月歸"의 부분, 이 구절은 禪家에서 자주 언급되는 말로 《金鋼經》에서 기원한다 하나 다양한 판각본으로 확인할 수 없다.

심을 가진 사람이 되게 하자"는 결의에서 전통적 유자의 새 모습을 부여했다. 존비尊卑로 뒤틀렸던 유학을 바로잡으려는 유자의 각성이었다.

백범이 망국 노예가 되었다고 통탄한 시대에 문질文質 변화의 특징은 중국과 조선이 다르다. 무술변법(1898)에서 신해혁명(1911)까지 중국 지성에서 망국 유자의 특징이 보이지 않는다. 오히려 이민족인 청의 지배를 벗어나 새로운 문화, 질에서 문의 시대로 역사가 흐른다고 관망했다. 양계초梁啓超는 이것을 명말 사림에서 명의 복권을 꿈꾸는 복사復社의 취지로 설명한다. 그가 문을 수축으로 보지 않고 질과 같은 팽창으로 이해한 듯한 발언은 뒤에 이 책에서 설명하는 문질교대와는 결이 같지 않다. 중화의 정통관正統觀은 한족과 오랑캐의 큰 구분〔夷夏大防〕으로 왕조 교체기에 확연했다. 그러나 청조 300년을 망국 기간으로 보는 것은 타당하지 않으므로, 문화의 우월에서 열등으로 흐르는 서로 간의 침투 동화로 보았다. 중국이 가장 무시당한 시기에, '한화漢化 모델'의 반만주反滿洲 중화민국을 위한 급진적 민족주의에서, 청의 멸망이 망국으로 생각되지 않은 것은 당연하다. 그러나 만일 양계초가 청을 종친으로 구성한 중국 안의 '내부국가 Deep State'[25]로 이해했다면 도통의 흐름을 더 순결한 모습으로 파악할 수 있었을 것이다. 변법의 실패 이후 양계초는 반동 세력의 본원인 서태후에 대한 증오감으로 '청의 부족 통치'를 비판하며 한족 문

양계초(1873~1910 개혁가)

25 제5장 망국 너머 보이는 시간, 내부국가Deep State.

화에 의한 도통道統의 계승을 주장한다. 중국 공산당 창당 멤버인 진독수陳獨秀는 문화가 도통 회수의 패권을 갖고 있다고 생각했는지 "문학혁명론"을 주장했고 루쉰魯迅도 동조했다.

그러나 조선의 유자들은 소중화의 자부심에 《춘추春秋》의 가르침인 존왕양이尊王攘夷 정치 세계관을 포기하지 않았다. 청일전쟁 결과 섬오랑캐 일본의 사직 점거가 가져온 충격이 얼마나 큰지, 더구나 문화적 우월감에 버려둔 왜인이 서구 문명을 등에 업고 나타났을 때, 조선 사림에 벌어진 긴장과 갈등은 유학적 해결인 중용의 중간선을 넘어 계속된 내홍으로 이어졌다. 상황에 따라 외세를 들이거나 막는 쇄국은 미봉책이었고, 결국 섬오랑캐는 내부와 결탁해 칼을 차고 임금 앞에 서 있었다. 망국의 한은 끝을 알 수 없이 조선 유자의 마음에 사무쳤다. 무참하게 무너진 자존심은 어쩌면 백범 시대의 자각과 변화로 올라서는 기축 동력이었다. 동포 모두가 노예의 천격賤格이 된 것이다. 따라서 조선 유자인 안중근, 강우규, 김구, 윤봉길, 김창숙과 같은 실천적 저항의 인물이 자연스레 나타났다. 안중근이 이토 히로부미伊藤博文를 사살하자 중국의 지사들은 망국 유자의 삶을 새삼스레 상기하면서 다른 차원의 화이관華夷觀을 표방했는데 이 의거를 기념하는 쑨원孫文의 시에 잘 나타나 있다.

공은 삼한을 덮고 이름은 만국에 떨쳐	功蓋三韓名萬國
백 세를 못 사는 삶 죽어 천년을 가오니	生無百歲死千秋
강대국엔 재상감이 약소국이라 죄인	弱國罪人强國相
처지를 바꾸면 이토가 죄인이라.	縱然易地亦藤候

안중근을 찬양한 이와 비슷한 시가 위안스카이袁世凱, 장제스蔣介石의

안중근(1879~1910, 독립운동가)

것에도 보인다. 모두 조선을 분열된 제후국 '삼한三韓'으로 일컫고 있다. 이는 조선이 중외의 유일한 문명국임을 인정한 듯하나 '속국의 추억'을 버리지 못했다. 또한, 사마천의 "삼진三晉(韓, 魏, 趙)은 권모술수에 능하고 사람들은 절조가 없다."는 말을 심중에 담고 조선(삼한)을 혼란하고 약한 나라 삼진에 빗대었다.

어쨌든 의거에 감동하며 의혈義血의 갈증을 느낀 장제스가 안중근을 추모하며 "장열천추壯烈千秋"를 써 보내고, 이어서 윤봉길의 거사를 보며 "백만 대군도 못한 일을 조선의 한 청년이 했다."[26]고 찬양하면서 "왜 4억 중국인에게는 이 같은 용기가 없었는지"[27] 개탄한 이야기는 인구에 회자하고 있다. 이것은 유자의 의기義氣가 조선에만 있고 중국에는 없다는 이야기가 아니다. 중국 권력자들의 위의 이색적 화이관을 논할 필요 없이, 조선에서는 망국이 선언된 후 유자의 정신세계는 결절로 가는 매우 개인적인 사고 과정을 각자의 힘으로 통과한다. 이것은 조선 성리학이 문질의 교대에서 질의 팽창에 문의 수축을 성리性理로 보았기 때문이다. 그리하여 공동체와 유기적 관계가 끊긴 것이다. 결국, 혼자 남았다. 여기에서 "도마 안중근"을 유자의 틀거지에 넣을 수는 없다. 그가 유학의 결절로 떨어져 나온 천주교인임을 부인하지 않을 때, 오히려 유학적 설명이 가능하다. 그는 곧 하늘과 대화하게 된다.

---

26 "中国100萬大軍都没能做到事 結果却由一名朝鮮青年完成了 真令人感动"
27 "很慚愧, 4億 中国人没能做到的事"

"만일 하늘이 주는 것을 받지 않으면 도리어 벌을 받게 된다.(天與不受 反受其殃耳)"[28]

안중근의 유필묵遺筆墨에 보이는 위 문장은 천주天主가 내린 사명에 적극 부응하는 심정을 표현한 것이다. 문장의 기원은 양한 시대에 유자들의 논박 명제인 "천인감응론天人感應論"에서 비롯한다. 하늘이 인간사에 깊이 관여한다면 역시 전통의 법에 의거할 수밖에 없다. 조선 유자는 변형되지 않은 의미로 법의 근간을 장악하는 "법법法法"에 충실하여 유교 근본주의로 회귀한다. 중국에서 부는 "변법變法" 바람과의 차이였다. 중국 황제들이 통치의 수단으로 사용한 유학을 국가의 소비재가 아닌 것으로 이룩한 건 조선의 업적이다. 지금의 신중국에서 유학의 회복이 더딘 것도 이 맥락에서 설명된다. 국가의 지원 없이 혼자 싸우는 유자儒者 안중근, 강우규, 김구는 이렇게 등장했다. 그러나 중국의 오래된 망국은 설명을 달리해야 한다.

---

28 사마천 《사기》, 〈越王勾踐世家〉 "하늘이 주는 것을 갖지 않으면 도리어 벌을 받는다. 天與弗取 反受其咎"의 연변演變이다.

오래된 망국

"질이 문을 능가하면 야비하여 거칠며, 문이 질을 능가하면 글쟁이(史)처럼 번쇄하다. 문과 질이 균형 있게 반반 조화를 이루면 군자이다.(勝文則野 文勝質則史 文質彬彬 然後君子)

《論語》〈雍也〉

문질의 대비를 생생하게 증언한 《논어》의 "문질빈빈文質彬彬"[29]은 개인의 인품 안에서 발기하는 내면의 균형을 말하고 있다. 문질을 시간 속의 '트렌드'로 이해하려면 아마도 '시대정신'을 말하지 않을 수 없다. 공동체의 성향이 너무 한쪽으로 치우치면 그 사회는 조직화한 폭력으로 가곤 했다. 질質로 매진한 산업화 사회가 예악禮樂의 붕괴에 직접적 원인이었는지 알기 위해서는 시간이 더 필요하다. 어쩌면 예와 악의 완전한 소멸로 근거조차 찾지 못한다면, 이 급한 문제는 역사 속에서도 해결을 찾아내지 못할 것이다. 어찌하여 "촛불을 들었는가?" 알지 못한다면 조화가 깨진 사회의 불행한 문제는 눈에 보이지 않는다. 이를 이해할 수 있는 시간은 필요하나 시간을 기다릴 수는 없다. 촛불이 국가주의로 가는 위기에 처했다면 문질의 역사 교대를 찾아 바다 건너 오래된 망국을 보아야 한다. 중국에서 망국 유자의 삶을 쉽게 찾아볼 수 있

---

29 "빈빈彬彬" 물건이 서로 섞여 균형을 이룬 모양.

는 때는 명청 교체기이다.

　조선 선비 사이에 잘 알려진 왕부지(王夫之, 1619~1692)[30]는 골수에 깊은 화이지변華夷之辨 사상가였다. 이족夷族인 조선을 경멸한 왕부지를 조선 사람이 존경한 것은 역설적이다. 왕부지의 저술은 청대淸代에 대부분 금서禁書여서 강남 지역에 은닉되어, 뒤에 증국번曾國藩에 의해 1865년 금릉(난징)에서 발간되기까지, 대중이 알지 못했으나 명청지제明淸之際에 강남에서 남해안에 표류한 명明 유민들이 반입하여 오히려 조선에 더 잘 알려졌다. 그는 반청反淸 무력투쟁이 어려워지자 결국 산에 숨어 세상과 결절決絕한다. 왕부지는 오랑캐와 한족을 변별해야 함은 "기질도 다르고 풍속이 다른〔氣異而習異〕" 오랑캐와 문화 민족인 한족이 섞일 수 없는 이유라고 주장한다. 또한, 문질지변文質之辨에 따라 군자라면 질質을 잘 꾸미고 다듬어 생활을 개선하고 문文으로 승화하나, 짐승 같은 오랑캐는 질의 편리함과 양적 확대만 추구하여 사람의 기강을 무너뜨린다 생각했다. 그의 변별辨別이 인종차별이 아닌 것으로 여겨지는 것은 '소탈하고 자유로운 생활, 신자유주의'에 대한 평가에 새로운 사유를 주기 때문이다. 질質이라는 프래그머티즘이 세상을 정복한 지난 20세기에 문文의 유자는 부지불식간에 피정복자였다.

　왕부지의 결절은 변별에 따른 외래인의 혐오만은 아니었다. 망국을 설명할 이론이 필요했다. "한 번 질이면 한 번 문하는 일질일문一質一文"의 변증법이 발전인지는 제시하기 어려웠고, 《주역》의 "천지간 문명이 행해지지 않는 땅은 그곳의 덕德 역시 황폐하다."[31]는 원리로 세상을

30　왕부지는 衡陽 石船山에 숨어 세상과 결절하며 저술에 몰두했다. 청조에 끝까지 저항하여 그의 저서는 대부분 禁書로 지목되었다. 經, 史, 文에 통달했다.
31　《思問錄》, 〈船山遺書全集〉 二十二册, 臺北船山學會重印, 1971.

왕부지(1619~1692 명말청초 사상가)

규정하려면 이원론적 대립을 끌어오지 않으면 안 되었다. 그러므로 중화와 오랑캐는 장소의 문제가 아니었다. 종년終年 들어서는 명의 멸망과 청의 흥기를 담담히 바라보며 역사 발전에 순응한다. 소위 문명지라고 하는 명나라 왕조에서 일어난 탐욕과 빈번한 군주의 시해弑害, 금위군과 결탁하여 국정을 농단한 환관의 그림자를 회상하지 않을 수 없었을 것이다. 문질의 교대는 중화와 오랑캐의 틀거지를 넘어 있었다. 결국 그의 결절은 운명적으로 그 시대를 살아야 하는 최종적 선택지로 보인다. 그리고 그곳은 폭풍에 떠내려온 배들이 모인 지역[船山]처럼 어수선하다.

명말 청초의 사인士人들에게 문文이라고 하는 보수의 가치는 비장한 것이었다. 왕부지는 역사적으로 중화문명의 근거인 하북河北 지역이 군웅에 의해 할거되고(5호16국, 수, 당) 예의와 부끄러움을 모르는 지역으로 변화했던 역사를 회고하며 예붕락괴禮崩樂壞의 원인이 이민족의 발호와 이동에 있다고 단정한다. 결국은 그의 민족주의는 종족 우열이 문화 우열이라고 하는 편협한 중화 문화 인식으로 연연演衍하여, 후세에 학인들이 중화 문명을 평가함에 당唐의 위대한 제국성은 부인되었고 북방 이족夷族들이 이룬 세계주의와 원심력 문화는 설명이 어려워졌다. 그러나 한족漢族으로의 구심력만 강조한 왕부지의 결절을 그 시대의 공기 속에서 이해한다면, 어쩌면 폭력에 무기력한 문화인의 분노를 세련되게 언어화한 유자의 모습으로 볼 수도 있겠다. 그는 문명과 야만의 합병을 다음과 같이 격렬히 성토했다. "음식이 달라지면 혈기穴氣가 바뀌고 옷이 달라지면 모습이 바뀌니 다시 복희伏羲씨의 가르침 이전으로 돌아가 혼돈 상태로 되는 것이다."[32]

세상과의 결절은 다시 강호에 몸을 숨기는 소극적 은둔인 소은小隱처럼 여겨진다. 망국으로 풍습이 정돈되지 않은 때에 거짓 도학자들이 강학을 열어 과도한 금전을 챙기고 속되고 비루한 행동을 보이자 사인士人들은 입으로 도道를 언급하지 않았다. 행동과 뜻이 일치하지 않으니 세상과 결절할 수밖에 없었다. 녹색 운하와 은빛 수풀로 가려진 도성과 시골 사이에서 출사와 은거의 어려움은 이런 위선으로 더욱 복잡해졌다. 나라가 망했는데 이상하게 생활은 어제와 똑같았다. 생명이 움트고 꽃잎이 흩날리는 봄에도 누군 미치고 누군 자결했다. 유자는 여러 가지 심리적 방어기제를 찾을 수밖에 없다. 구차한 삶이 이어지는 것이 부끄럽지만, 시간은 가차 없이 시국을 노화老化시켰다. 어느새 생계의 방편은 어려운 것이 아니었다. 넘어야 할 장애는 의례儀禮의 파탄과 오랑캐의 월등한 물질력, 뒷골목 거리(위항委巷)를 장악한 천박한 리듬의 북방 음악이었다.

고염무(顧炎武, 1613~1682)의 평온平穩은 염치에 근거한다. 본래 공자의 말을 다시 확인하며 세상의 기울어진 마당을 가늠해 보는 것이다. 엄연하고 준열한 선택 가운데 염치가 드러난다. 출사와 은거인 출처出處, 버리고 취하는 거취去就, 거절하거나 받아들이는 사수辭受, 받는 것과 주는 것인 취여取與를 구별하여 염치를 바로 세우고, 심경을 결절에

---

[32] 위의 주.

서 평온으로 발전시켰다.

고염무(1613~1682, 명말청초 학자)

이를 위해 스스로 혼자되는 것의 어려움을 고백하곤 했다. 고립으로 차단하려 한 것은 불필요한 교제, 격변기의 흥분, 점점 구조화하는 몸부림치는 허명이었다. 망국임에도 가까스로 평온에 도달하지만, 평온 속에는 사나운 광풍이 저기압에 눌려 있다. 결절에서 평온으로 옮겨지면서 저항의 힘이 배가된 것일까? 서구인에게도 평온은 늘 긴장을 동반한다. 암중모색이 막간에 드리워졌다. 셰익스피어의 마지막 작품 《템페스트》33에서 주인공 프로스페로Prospero는 밀라노 공국의 공위公位를 찬탈당하고 지중해의 어느 마법의 섬에서 "완전한 자기 자신, Man was His own"이 된다. 망국의 상황에서도 그의 내공內功의 힘은 평온에서 얻은 것이다. 평온은 통달通達로 이어지는 필수 관문이었다. 엘리자베스 시대에 셰익스피어의 무대에서 망국이란 통치의 영속성이 중단되었을 뿐 "백성의 나라"는 지상에 존재하지 않는 듯하다. 서구인에게는 설명할 수 있는 염치가 없었기에 17세기 유럽에서 민주주의는 형용 모순이었다.

그러나 동아시아에서 주권쟁의主權爭義는 처절했다. 망국에서도 몸은 살아 있다. 절개를 지킴에 무작정 죽을 수는 없다. 고염무는 염치로 평

---

33 *Tempest*, 1611.

온을 배양하고 생사를 초월한 과격한 행동을 배격한다. 이로써 권력으로부터 산수山水 사이에 지낼 수 있도록 허락받는다. 강호의 아름다움은 계절마다 옷을 달리 입고 장강長江은 하늘에 닿아 있다. 난세에 백발의 노인이 솔방울 떨어지는 구름 위의 산에서 지내니 사람마다 생각함에 옷깃을 여미게 하고, 비록 은둔을 선동하여 정치적 반동의 기미가 있어도 용납되었다. 이는 시골구석에서도 교화가 이루어지고 "기층 시민"의 중세적 출현이 가능했음을 뜻한다. 그의 《일지록》에 "세상의 보존에는 필부와 같이 비천해도 더불어 책임이 있다. 保天下者, 匹夫之賤, 與有責焉耳矣"라고 하여 풍습을 바로잡는 것은 하층에서부터 자각하여 일어난다고 주장하고, "그러므로 인륜이 있어야 풍습이 있고, 풍습이 있어야 정사가 있고, 정사가 있어야 국가가 있다."[34]고 했다. 사림의 조직화가 가정에서부터 시작한다는 고염무의 이런 생각은 군주와 주권쟁의에서 그가 하층 인민에 서 있었기 때문보다는, 그가 논의를 확장할 계층이 필요했기 때문이었다. 그러기에 군주의 독재에 반대[35]하는 무엄한 발언 역시 생각의 깊이에서 나온 것이었다. 그러나 만년에 이르러 고염무는 이른바 "기층 인민"의 안이함과 타락을 목격하고 명조 부활의 기대를 접는다. 건륭제乾隆帝는 이런 분열된 사림의 사안을 지켜보며 청조의 정통을 방어할 논리를 찾곤 했다. 결국 사림의 권력분담은 문벌文閥을 일으켜 문호門戶를 치켜세우는 풍조가 되어 명 멸망의 주요 원인이라고 냉소한다. 전조前朝를 부정해야 하는 황제의 핑계였으나, 실제 조선 말에 나타난 사림의 타락을 건륭제가 예견한 듯 보이기도 한다.

시간이 지나며 망국의 슬픔은 무디어져 갔다. 장강이 맑게 흐르든 탁

---

34 《顧亭林詩文集》, 〈華陰王氏宗祠記〉, 109쪽.
35 趙劍敏(1955~), 《竹林七賢》.

하게 흐르든 하늘에 닿아 있다. 사라진 전조前朝의 부패와 모순, 타락과 사치 그리고 문약文弱의 기억에 만주족의 강대한 군사력이 겹치며 고염무는 담담히 청 풍속의 건강함과 군신의 격의 없음을 부러워한다. 이는 곧 문질론文質論의 변형을 가져왔다. 실질을 숭상하고 실학을 강습하면서 질質의 위치는 조악함에서 빈티지(낡고 오래된)한 멋으로 상승한다. 후세에 고염무를 평가하기를 "강남 출신인 그가 배를 못 타고 쌀은 못 먹으나 분식과 말타기를 좋아했다."[36]고 하여 태생적으로 질박한 동북인에 가깝다고 실망했지만, 청조의 황제들은 그의 질박을 "근본을 모르며 사치만 추구하는 타락한 강남인이 비길 바 못 된다."고 칭찬했다. 실상고염무가 말을 탄 것은, 명말에 이르러 사치가 극에 달해 무인武人들마저 가마를 타고 기강을 어지럽힌 명의 사회상을 꾸짖기 위함이었다. 그래도 강남의 사인들은 만주족의 누린내가 소항小巷(작은 골목길)에 진동하면 화이변별華夷辨別을 생각하지 않을 수 없었다. 습성이 화려한 강남인은 북방의 단순미에 쉽게 싫증났기에 질박의 철리哲理와 정론政論은 오래가지 않았다.

만년에 고염무는 명의 멸망에 사무치는 감정을 편지로 남긴다. 노년에 이르러도 통한을 누를 길 없어 마음의 병이 되었는데, 망국 유자의 도리는 이제 오로지 바른 역사를 기술하거나 그 근거를 남기는 것이라 말한다. "나는 이미 늙었다. 15세에 역사책을 보고 관보를 열람해 세상사에 모르는 것이 없었다. 지난 50년도 흥망성쇠의 원인을 가슴에 품고 살아 언제나 잊을 수 없었다. … 사서의 편찬은 과거를 거울삼아 현재에 교훈을 주는 것"[37]이라 하고, "어지럽고 더러운 것을 없애고 옛것을

---

36 《清顧亭林先生炎武年譜》, 臺灣 商務印書館, 1980, 92쪽.
37 《顧亭林詩文集》, 中華書局, 1959, 138, 139쪽.

본받아 중국 고유의 것으로 후학들이 후대의 통치를 기대하게 한다."고 《일지록日知錄》을 쓴 이유를 말했다.

명청지제明清之際의 질박質樸으로 향하는 시대에 화이지변 사상으로 격분한 사람들과는 달리 그저 망국의 유민遺民으로 시와 술을 빌려 자신의 정서를 표현하며 이로써 "죽지 않고도 절개를 지키는" 일단의 사람들이 있었다. "작은 개천가에서 목매어 죽기보다 미친 척 희롱하고 욕설로 난신적자를 두렵게 한다면 죽어도 한이 없겠다. 하여, 시를 지어 뜻을 내보이거나, 사물에 마음을 의탁하고, 밤중에 딱딱이를 두드리고 긴 밤 방울을 흔들어 위험한 곳에서도 자신의 행적을 숨기지 않는 것은,38 모두 이 세상을 깨우려는 것이며 인간이 짐승과 다르게 하려 함이다."39라고 말하며 명나라가 망할 때 운명을 같이하지 않은 핑계를 댔지만 그저 어수룩한 자학감으로 보였다. 그러나 시와 술의 영역이 번지는 것을 막을 수는 없었다. 이런 이들이 두근거리는 가슴을 누르고 주막과 배 위에 모여들었다. 술에 취해 심장을 토하고 피를 흘리는 언사(吐心滴血)가 오고 갔다. 그리고 이 가운데 반청 조직이 서서히 생겨나기 시작했다. 당시 유민인 섭상고(葉尙皋, 1607~1647)는 조직을 뿌리 깊게 내리기 위해 고염무의 핵심 사상인 "천하의 흥망은 필부에도 책임이 있다. 天下興亡, 匹夫有責"는 참여 의식을 북돋았으며 사사士社의 다른 모습들을 응집시켰다. 이들 가운데 황종희(黃宗羲, 1610~1695)가40 결사結社의 중심에 있었다.

---

38 《禮記》, 〈玉藻〉, "그러므로 군자는 수레를 타면 난화鸞和 방울 소리 듣고 걸어가면 패옥 소리를 울린다. 故君子 在車則聞鸞和之聲 行則鳴佩玉"

39 葉尙皋, 《獄中自述》, 《明淸之際溫州史料集》, 上海社會科學院出版社, 2005.

40 黃宗羲는 동림당의 주요 멤버 浙江의 黃尊素의 아들이다. 양명학자인 劉宗周의 제자가 되었으나 양명좌파의 급진성을 경계하고 주자학과 고증학의 절충에 서 있었다.

황종희의 문학 결사結社인 복사復社와 학파의 정치적 모임인 동림당東林黨 활동은 은미하고 비밀스러워 잘 알려지지 않았다. 1644년 3월 이자성李自成이 북경을 점령하고 숭정제가 자살하자 황종희는 의병을 일으킨 스승 유종주(劉宗周, 1578~1645)를 따라 종군했다. 분조分朝로 잔명을 이은 계왕桂王이 운남에서 오삼계吳三桂에게 죽고 명의 명운이 완전히 끝난 1662년 그는 반청 투쟁을 접는다. 이후 명 유민들의 시어詩語에는 침울하고 황폐한 산하를 뜻하는 잔산잉수殘山剩水라는 말이 빈번했다. 사인士人은 말을 타야 하나 일부러 흙탕길을 걸어 옷을 더럽히며 자신의 쇠락한 모습과 풍광을 경멸하는 부정의 말이 잔산잉수였다. 금과 몽골의 침공 동란기에 생성된 용어인 잔산잉수는 북방 영토를 잃고 남쪽에 안주한 남송을 빗대는 은어로도 사용되었다. 강남 사인의 저항 문학에 산은 무너지고 물은 넘쳐 휩쓸었다. 느낌의 주체는 숨겨져 있었으니 지역을 감찰하는 순무巡撫들이 산과 물을 연행할 수는 없었다. 영책另冊

황종희(1610~1695, 명말청초 사상가)

(블랙리스트, 청조에 지방 관청에서 발행한 호적부의 별책으로 탐탁하지 않은 자와 불령자, 범죄자 연명부)에 오른 문학은 반항하는 민중들에게 준열하며 청아해 보인다. 강남의 사인들은 은연중 자신의 이름이 순무의 블랙리스트에 오르기를 바랐다. 그러면 그의 이름은 강남의 운하를 오가는 배에 실린 누에고치처럼 비단실에 감겨 숨어 있다 실을 뽑는 자리마다 삽시간에 퍼졌다. 망국의 시간, 파국으로 치닫는 마지막에서 시는 통곡하는 인

간을 장엄한 카타르시스의 평온平穩으로 이끈다. 과거를 추억하는 장소
나 망국의 탄식이 길어지는 때인 가을에 읊는 시는 그 어떤 저항보다
강력했다.

망국이 어느 왕조건 없었겠냐만   亡國何代無
이 한은 진정 끝이 없구나!   此恨眞無窮

(황종희, 〈宋六陵〉 일부)

언어는 곧 정치화한다. 청조의 멸망을 바라며 빗대고 저주하는 복사
의 멤버들 주변에 평온은 마치 물러간 조수를 바라보는 빈 바다 같았
다. 아침에 다시 변함없이 떠오르는 해를 보러 등루登樓할 것이다. 실무
와 문장에 통달通達한 황종희는 평온을 바탕으로 문학적 결사의 불안함
을 벗어난다. 체념처럼 보이지만 반청 사상이 철수한 것은 아니다. 명
청 교체에 몰락한 사인들은 생계를 잇는 능력을 찾아 안정을 추구했다.
황종희에게도 청나라 초기 사상계의 질박함을 숭상한 담론이 보인다.
문을 추구하는 것은 어렵고 질을 따르는 것은 자연스러우니 문에서 질
로 가는 시대적 과업에 적응하고자 심리적 기형을 인정한 것이다. 그러
면서 세상일에 번거로이 대응할 일이 많아 애증이 분분해지면 이를 피
하려 의도적으로 인간 교제를 줄여야 했기에, "쓸데없는 교제는 청빈淸
貧으로 피할 수 있다"고[41] 통달의 길을 터 준다.

망국 유자들의 평온에서 통달로 전이되는 마음의 변화는 농사일과
친근한 일상을 만나며 일어났다. 일각에서는 "곤경에서 벗어나기가 불
가능했다는 것을 생존의 근거로 삼았다."며 이 증오의 시대를 비판한

---

41 《황종희 전집》 제11책, 28쪽.

다.[42] 인욕을 절제해야 하는 입장의 양명 우파의 주요 학자인 유종주는 "연약한 부녀들 사이에도 주먹다짐이 생기고, 관리들을 시장거리에서 평가하며, 헛소문이 노변에 횡행하는" 세태를 한탄했다. 그러나 심경心竟의 세계는 복잡하지 않다. 번쇄한 생각은 "전란으로 자신을 스스로 자학하며 입 닥치고 용모를 추하게 해서 속세에 섞여 칭찬과 비난을 잊는다."라고 황종희의 복사 동료이자 제자인 장이상(張履祥, 1611~1674)은 말하고 있다. 이들은 산과 바다, 호수가 어우러진 잔산잉수殘山剩水의 도피처 저장浙江의 영안호永安湖(지금의 하이옌海鹽 남북호南北湖)에 자주 모여 시국을 슬퍼했다. 어느 날, 장이상은 북쪽 호수의 만창산萬蒼山 아래 장서루藏書樓에 모인 친구들에게 처량한 심정을 나누고 떠나면서, 눈에 막혀 항저우의 운하 옆 노가老家에 배를 묶고 이렇게 읊었다. 이런 시들은 훗날 억누르기 힘든 격정을 일으켜 반청反淸 반역 사건의 불쏘시개가 된다.

말술 먹는다고 장한 뜻 이루기 어렵고	斗酒難將壯志酬
병법과 검술 이야기로는 그칠 수 없어	談兵說劍不能休[43]
어부 나무꾼 주제에 흥망사 논하지 말라	漁樵莫議興亡事
이 장군도 마침내 백발 되었으니	故李將軍竟白頭

(《楊圓先生全集》五十四卷 卷之一, 〈同趙中阻雪宿邵家灣邱老家〉)

이 시는 다분히 체념과 항거의 이중성이 있다. 얼핏 보아 과거지사를 돌릴 수 없다고 자학하며 말하는 것 같으나, 이미 세상을 점령한 질폭質暴이 강남의 문명을 중단할 수 없다는 결의가 숨어 있다. 남북호湖의

---

[42] 趙園,《明淸之際士大夫硏究》, 북경대학출판사, 1999; 홍상훈 역,《증오의 시대》·《생존의 시대》, 글항아리, 2017.

[43] 說劍은《莊子》雜篇의 "설검" 이야기를 빗대어 청의 武暴이 중화 문화를 그칠 수 없음으로 해석되나, 체념으로 위장하여 이중적이다.

남호는 1921년 7월 중국 공산당 1차 전국 대표대회가 열려 제국주의 침략에 반대를 다짐한 곳이다. 세월이 지나 호수의 모습도 변하고 이름도 바뀌었다. 망국 때마다 사직社稷이 이 작은 호수에 떠 있었다. 호수 주변에는 1932년 의거[44] 이후 김구金九가 반 년 동안 도피한 농막 재청별서載靑別墅가 있다. 그의 피신을 도운 상해上海 명망가인 주푸청楮輔成의 며느리 친정집이어서 농막이라고 하기에는 단아하고 아름다운 별장이었다. 꺼져 가는 도통道統을 홀로 지니고 김구는 그곳에서 망국의 한을 달래며 호수를 감싸고 나지막이 잘린 산들[殘山]과 동쪽 멀리 푸르러 넘치는 항저우만杭州灣[剩水]을 바라보았을 것이다.

"천하는 백성이 주主이고 군주는 객客이다"라는[45] 황종희나 고염무의 군주 전제제도에 대한 비판은 곧 폭력적 권력으로부터 자신을 해방하여 얻은 자신감에서 왔다. 강남은 도통의 피난처였고 아주 작은 노력으로도 생계가 유지되는 낙원이었다. 약속된 풍요는 짧은 시간에 부활했다. 황폐한 산수를 복구하고 무너진 생업을 재건한 것은 농사였다. 노동으로 평온이 초빙되었다. 어느덧 여유로운 좌통우달左通右達의 경지에서 궁향窮鄕의 유자들은 도시를 차갑게 바라본다. 점령된 도시는 정돈되지 않았다. 사람이 모인 곳에 어지러운 사인士人들이 일어나 "세상을 속이고 명예를 훔치는" 강학講學이 창궐하고 있었다. 이런 비판은 예禮의 가르침에 근거하니 그 시대의 풍조를 경經이 지지하는가는 늘 유자들의 관심이었다.[46] 망국의 유민들이 과거를 반성하려면 내적 영역의 확장이

---

44 윤봉길의 상해 홍구 공원 일본군 총사령관 시라카와 요시노리 폭살 의거.
45 황종희, 《明夷待訪錄》, 1663, "君客民主"
46 《禮記》〈學記〉 "오늘날 가르친다는 것은 부질없이 읽기만 되풀이하고, 의혹을 일으켜 쓸데없는 말만 많다. 서둘러 벼슬에 나아가려고만 하고 학문이 안정되었는지 돌아보지 않는다. 공부를 시키되 정성스러움에 기인하지 못하고, 사람을 가르치되 그 재능을 다 하지 못하게 한다. 그 베풀어짐이 어긋나고 그 구함에 무리가 있다. 그리하여 그 배운

필요했다. 그래서 내부를 향한 평온과 통달이 구축돼야 한다. 그러나 떠도는 외부의 소리가 다급해졌다면 사람들은 편향되고 단편화한 소식인 프래그미디어(frag-Media)에 빠지게 된다. 황종희 역시 명의 멸망 원인을 오랑캐와 중국의 변별이 약해지고 예를 상실함에 따라 풍조가 괴이해져 의견이 분분한 강학(강연)이 만연해 외부의 침공을 불러왔다고 여겼다. 너도나도 가르치겠다고 강단에 서면, 예의 지위가 흔들리고, 강학을 중심으로 패거리 지어 정치를 그르치게 된다고 본 것이다.

황종희가 흔들린 것은 역사서[明史]의 편찬에 참여해 달라고 부탁한 저장浙江의 순무巡撫 이본성李本晟의 편지 때문이었다. 편지는 망국 유자의 반성에 편승하여 명나라의 부패와 사치, 강학의 폐단을 지적하고 있었다. 관권의 위압적인 서식은 없고 편안하고 논리적이었다. "지금의 왕조인 청淸은 하늘의 뜻을 따르고 인간의 요구에 순하니, 걸桀의 개가 요堯임금을 보고 짖듯이 나쁜 주인에 맹목으로 충성하는 이들에 대해 선생의 식견으로 포폄褒貶을 가한 모범적인 사서史書를 만드는 …"[47] 이렇게 정치성을 넘어 의표를 찌르는 말은 망국 유자들의 심리를 자극하고 유혹했다. 올바른 사서를 만들어 후세를 훈계한다는 문화적 명분은 역시 정치적 후원을 받아 실현되니, 마침내 건륭 40년 이후 연간에 청의 위대한 업적의 하나인 《사고전서四庫全書》가 편찬되었다.

1663년(강희 2), 황종희는 친구이며 후배인 여유량(呂留良, 1629~1683)[48]

것이 떳떳치 못하여 스승을 미워하고 학문을 닦는 것을 어렵고 고통스러워하니 그 이로움을 알지 못한다. 비록 학업을 마쳐도 바로 배운 것을 버리니 교육이 바로 서지 못한 것은 곧 이런 이유 때문인가! 今之敎者 呻其佔畢 多其訊 言及于數 進而不顧其安 使人不由其誠 敎人不盡其材 其施之也 悖 求求之也 佛 夫然故 隱其學而疾其師 苦其難而不知其益也 雖終其業 其去之必速 敎之不刑 其此之由乎"

[47] 《黃宗羲全集》〈交遊尺牘 李本晟〉 11책, 383쪽.

의 집에 가정교사로 드나들었는데, 당
시 34세인 젊은 여유량은 비밀 결사
의 연락망을 물려받아 활발한 활동을
시작할 무렵이었다. 활동의 외연은 송
시宋詩를 선별하여 감상하고 품평하는
것이나, 송말원초宋末元初의 정서에 빗
대어 고통스러운 성찰을 통한 반청反
淸 활동이었다. 분위기는 술에 취해
호방했으나 파할 때는 언제나 의기소
침했다. 이들은 시와 그림으로 옛 강
산을 회복하고자 하였으니, 산수의 황

여유량(1629~1683 명말청초 한족 학자)

폐함을 슬픈 심정으로 풀어 강남 사
인들의 화답을 받아 마음을 분발시켰다.

　여유량의 생애는 극적이며 행적은 기이했다. 그의 가족과 친지는 청
조정의 박해와 형벌로 지리멸렬했고, 집안 전체에 노변奴變의 피해가
있었다. 하인과 부랑자가 공모하여 섬기던 주인을 괴롭힌 것은, 의당
이를 방조한 청의 권력이 배후에 있기 때문이었다. 왕조의 멸망과 교체,
권력의 공백기에는 노예의 반란이나 하층계급의 폭동이 있게 마련이다.
세상이 바뀌는 날의 흥분에 편승해 이익을 좇는 혁명난류革命亂類에 그
동안 베풀었던 감화와 덕은 온데간데없었다. 하층민에게는 착취의 기억
만이 남아 있었다. 결국 사인士人들은 노동의 가치를 이해하고 "질質의

---

48 呂留良(崇禎 2~康熙 22) 浙江 嘉興府 사람. 의학, 역학 등에 박학다예했다. 절묘한 反
　淸詩와 출판업으로 반청복명의 실질적 행동을 모색했다. 詩文의 판매망을 구축하고 반
　청 사상을 전파해 이민족이 중원의 대통을 계승하려는 청나라 초기의 정권 정통성에
　심한 타격을 주었다.

형성"을 위한 고통과 연민을 사색하면서 노변의 교훈을 얻었다. 망국 유자들이 생계를 잇는 일이 급해지면서, 정신세계에 머물렀던 "통달通達"에서 사업을 일으켜 물질적 조달로 가문과 결사를 안정시키는 매예賣藝로 탈출구를 연다.

1668년(강희 7), 37세의 여유량은 고향인 저장浙江에서 농사지으며 가끔 물소 위에 앉아 시를 짓고 사무치는 감정을 토로했다. 과거시험에 응시치 않았으므로 생활은 궁핍했다. 그리고 친구를 사귀지 않아 고독했다. 마음이 통하는 친구들은 바람이 바뀌는 날을 기다려 배로 보름을 가야 만날 수 있었다. 나이 들어가면서 그는 젊은 시절 경솔히 사귀었던 이른바 "명사名士"라는 치들은 식별하기 어려운 변종變種이라고 이해한다. 그들이 강학에서 말하는 도道와 양지良知는 세상에 대한 아첨이었고 벼슬자리 찾는 광고였다. 이러한 난류亂類를 여유량이 간파하지 못한 것은 아니었다. 그는 명말 도시에서 일어난 "위선적 강학"이 당파를 만들고 정사를 어지럽혀 나라가 무너진 사실에 주목한다. 강학의 사회적 난맥을 조심한다면 장이상張履祥처럼 강학할 때 "청강객과 인사하지 않고 끝나고 연회에 참석지 않으며 초하루와 보름의 모임에는 가지 않는 것"으로 대응할 수 있을 것이었다.

거짓 군자의 세상에서 친구가 없는 사람은 고독을 견뎌야 할 뿐 아니라 괴팍하고 편벽한 성격이라는 사람들의 오해도 들어야 한다. 그런 과정에서 부채를 만들고 서화를 그리며 도장을 새겨 파는 여유량의 매예 행위는 기이하게 보였다. 이로써 생계에 충분한 돈을 벌 수 있는 것도 아니었다. 그러므로 그의 매예는 생계를 위함이 아님을 알 수 있다. 그의 행위 모순은 〈반매예문反賣藝文〉에 "한 해가 지나도 사는 사람이 하나 없었으나 그래도 팔았다."라고 쓴 것을 보아 팔리지 않는 것을 파는 매예 행위에서 "후세에 전하는 것이지 파는 것이 아닌" 예술적 신념을 보여 준다.⁴⁹

여유량의 매예는 "도시와 사이에 커다란 돌 병풍을 세우고" 깨끗한 향촌에서 재주를 파는 것인데, 시골에서는 은거하고 있는 늙은 유유遺儒들이 제자를 모아 성현의 책을 공부하고 오랑캐가 점령군으로 들어온 시끄러운 도시에서 사라진 예의 전통을 다시 세우려는 것이었다. 결절과 평온, 통달을 넘어선 망국 유자의 초월 행위인 매예는 사숙私塾을 열거나, 서화書畵의 출판, 민보民報의 발행과 같은 방법을 이용했다. 여유량의 시문평선詩文評選은 이율배반적이고 모순이라는 비난을 받았는데, 과거시험을 부정한 그가 과거시험용 모의 시험지와 같은 시문詩文을⁵⁰ 편집하고 팔았기 때문이었다. 그러나 체제를 부정하며 체제에 들어간 그의 속셈은 다른 것이었다. 그의 위선적 행동을 보며 지인들은 시문 비평을 저급한 학문으로 입에 올리기를 꺼렸고 친구인 황종희조차 그에게서 학문적 성과를 발견할 수 없다고 조심스레 평했다. 관리가 되기 위한 학문은 학문이 아니었다. 양명학陽明學도 아니고 주자학도 아닌 이상하게 교조화한 관학이 성현을 모욕한다고 여겼으니, 그를 만나 본 적이 없는 왕부지의 비난은 더 혹독했다.

---

49 《呂晚村先生古文》賣藝文, 反賣藝文: 四庫禁毁書叢刊, 36, 77, 78쪽.
50 詩文, 과시에 지정된 답안 작성 문체로 八股文을 말한다. 팔고문은 宋의 왕안석에 의해 처음 고안되었다. 明, 淸과 월남(지금의 베트남) 阮朝의 과거 시험 답안을 규정했다. 팔고문의 구성은 모두에 두 문장으로 된 破題, 다섯 문장으로 주제를 명시하는 承題, 간단한 서두인 起講, 넷, 다섯, 여섯, 여덟 또는 아홉의 대구 문장으로 논제를 전개하는 起股, 문장의 제한 없이 논제의 중점을 말하는 中股, 논제를 문장의 제한 없이 이어 나가되 현실적 증거를 제시하는 後股, 다시 논점을 정리하여 2, 3행이나 4, 5행으로 묶는 束股, 마지막에 좀더 자유롭고 창의로운 관점으로 바라보는 大結로 이루어졌다.

왕부지는 그를 학문을 돈벌이에 이용하는 모리배로 규탄하며, "주자 내다팔다께서 經경을 주註한 것은 생계를 위함도, 명예를 바라고 한 것도 아니었다. 그런데 시문을 편집하고 내다 팔아 사람들에게 출세의 지름길을 가르치고 이익을 꾀하는 자를 어떻게 봐줘야 하나?"[51] 이런 차에 여유량은 친구에게 보내는 편지에서 과거제도를 비판한다. 과거시험 모범답안인 시문을 팔아먹는 사람이 과거제를 비난하는 이상한 아이러니는, 훗날 1775년(건륭 40), 《사고전서》 편찬에 몰두하던 황제가 몰래 여유량의 저서 가운데 《사서강의四書講義》를 골라 정독하며 여유량의 실체를 파악하고 이해하게 된다. 건륭제는 처음 이 이상한 인물의 글이 천박하고 모순된다고 가볍게 여겼다. 그러나 《사서강의》에서 군주와 사인, 신하의 관계를 논하는 글을 보며 그 숨어 있는 불온한 의도에 격노한다.

망국 유유遺儒 여유량은 오랑캐의 천하에서 經경을 분리했다. 경의 의미를 의도적으로 왜곡시키며 복사復社에 응집력을 주었다. 그는 과거시험의 응시 동기가 출사하여 임금을 섬기며 "세상을 구하는 겸선兼善에" 있지 않고 "오로지 자식을 키우고 토지와 재산을 축적하는 사적 욕망에서 왔다"고 능청스레 말한다. 군주에 충성하는 것은 그 다음이라는 것이다. 그러므로 경의 해석이 무엇이든 어떤 잡설을 말하든 망국의 비상사태에서는 무의미했다. 게다가 이러한 발칙한 글들은 표면적인 것이고 숨은 의도는 복명반청復明反淸의 네트워크인 복사의 조직망을 유지하고 확대하기 위해서였다. 조직은 서적의 출판과 유통으로 관리되었다. 베이징北京의 성 안팎에는 전문적인 책방이 있었다.[52] 성 밖에는 서점

---

51 《船山遺書》, 북경출판사, 3889쪽.
52 Benjamin A. Elman, *On Their own Terms, Science in China 1550~1900*, Harvard University Press, prologue "Liulichang琉璃廠", p.19.

노점상이 법원사法源寺길 주변에 늘어섰고, 성안에는 유리창琉璃廠을 중심으로 서적의 판매, 복사가 활발히 이루어졌다. 유리창은 조선, 일본에서 온 외교사절과 강남의 사인들이 시문을 통해 교류하는 장소이기도 했다.[53] 여유량은 친히 서점을 경영하고자 난징南京의 소매상인 문시서방門市書坊과 승은사承恩寺에 위치한 도매상 태객서방兌客書坊을 방문하여 전문 중개상과 계약을 맺기도 했다. 복사의 조직은 이런 물리적 장소에 세밀히 스며들어 있었다. "사社"란 과거시험 공부를 위해 유자들이 모인 단체를 말하니, 사의 결성은 체제의 감시를 받지 않았다. "복사"는 사실 용어혼란 전술에 지나지 않는다. "복復"은 주역의 지뢰복地雷復 괘卦로 어둠에서 밝음[明]으로의 전환점이다. 또한, 본래의 중화 문명으로 돌아가는 "Return to Base"이며 예禮로 귀환하는[復禮] 동사이다. 그러므로 사社와 합쳐 사직의 복원을 뜻했다. 명나라의 부활이었다.

복사가 처음 생긴 것은 명말 여유량이 한 살 때였다. 그가 처음 복사의 활동에 참여한 것은 12살인 1641년(숭정 14)이다. 나라가 망해가는 우울한 분위기에서 각종 결사의 활동도 지리멸렬했다. 신분의 동요로 자고 일어나면 "장사하던 자도, 돼지 치던 자도 강학을 하며 경을 논하는"시대였다. 경박하고 험악한 사회 분위기를 겪으며 사社의 시국을 감시하는 능력은 사라졌다. 여유량은 복사의 본래 기능을 버리고 청의 조정에 반청분자를 침투시키는 조직의 허브로 이용하고자 했다. 여전히 망국의 은자로 "조정에 숨는"은어隱於朝의 은미한 상태에서 체제에 부식하면서 기회를 엿보는 것이었다. 그 행동 강령은 여유량의 머릿속에 늘 있었던 송宋의 도통道統과의 랑데부, 군주와 신하가 정치를

53 Benjamin A. Elman艾尔曼, 《朝鲜鸿儒金正喜与清朝乾嘉学术》, World Sinology Article, January 2015.

함께 다스리는〔君臣兼治〕 주권 분립이었다. 이런 송나라 사림의 이상을 이념화한 관리들이 조정에 포진하면 주권의 쟁의가 생기고 황제의 권력은 약화될 것이었다. 만주족과의 권력 분립은 화이변별華夷辨別을 당연한 이치〔理之當然〕로 몰아갈 것이기에, 이는 의義에 반하여 반역 전선은 합당했다. 군신 간에 의가 없으면 떠나는 것이 유학의 가르침 아닌가?

게다가 여유량은 청나라의 국시인 "하늘을 공경하고 조상을 본받는 경천법조敬天法祖"는 천하를 집으로 삼는 나쁜 가산주의 정치라고 비난한다.[54] 한 혈통의 사적인 사업을 통치라고 할 수 없었다. 군주와 백성이 부자 관계라면 그 친함이란 밀실에서 일어나 비선적이고 사사로운 일이 간섭하는 것을 용인하게 된다. 미국의 신청사新清史(New Ching History) 학파는 이를 청조가 종족宗族 조직을 확장 발전시키고자 의도한 정책 강령이라고 말한다. 이로써 명나라로부터 내려온 전통적 횡적 집단인 사社를 약화시키고 정치의 주도권을 잡을 수 있었기 때문이었다. 청의 종친 세력 확장은 실제로 사림士林의 정치 참여에 타격을 주었다. "불온서적"인 《사서강의》를 읽던 건륭제는 45년 전인 1729년(옹정 7년), 분노에 찬 선제先帝가 무덤에 누운 여유량을 부관참시한 연유를 이해했다. 이 사건의 직접적 원인은 후난성 창사長沙에 사는 증정(曾靜, 1679~1735)의 모반 편지 사건 때문이었다. 증정은 지역 향유鄉儒들과 함께 여유량의 시문詩文을 읽고 그의 사상에 빠져들었다. 마침내 마음이 격동하여 천섬川陝 도독 악종기岳鍾琪에게 청조 타도를 권하는 서신을 보낸다.

"그대는 저 송나라 무목왕 악비의 후예로 지금 요충지에서 막강한 군

---

54 《呂晩村先生四書講義》29卷, 《續修四庫全書》 經部 四書類, 560쪽.

사를 장악하고 있으니 때를 틈타 오랑캐를 쳐버고 송과 명을 회복합
시다.(且謂臣系宋武穆王岳飛後裔 今握重兵 居要地 當乘時反叛 為宋明復仇)"

(《淸史稿》)

악종기가 이 편지를 받고 어떤 태도를 취했는지 상상하기 어렵다. 청
조에 출사한 명망 있는 강남인이 이 회오리의 중심에 선 것은 음모의
냄새가 난다. 어쨌든 증정은 오히려 이를 고발한 악종기에 의해 1729
년 4월 베이징으로 압송되었다. 무더운 베이징의 여름을 감옥에서 보내
며 그는 죽을 각오가 되어 있었다. 그 무렵 증정은 뜻밖에도 옹정제가
직접 쓴 어필御筆 칙명을 받게 된다. 증정은 최고 권력의 직접 접촉에
알 수 없는 황홀감을 느낀다. 그는 감화되어 잘못을 자복했다.[55]

증정 사건을 처리하는 옹정제의 비상함은 감탄할 만하다. 그는 강남
의 자존심인 송나라 명장 악비의 21대 후손인 악종기를 끌어들여 여론
을 조성한다. 황제가 찾은 것은 사상의 배후였다. 그 사상이 의외로 세
상과 결절하여 반청복명을 노골화하고 화이변별이 골수에 사무친 왕부
지로부터는 아무런 영향이 없었다는 데 옹정제는 놀란다. 더욱 놀란 것
은, 증정이 사는 시골구석까지 퍼져 있는 여유량이 주를 달고 편집하여
팔았던 "족집게 과거 답안서"인 팔고문 시문이었고 그 은근한 반청 사
상은 강력한 전파력이 있었다. 이는 쉽게 사라질 수 없는 거대한 문화
적 우월감이었다. 황제는 증정을 풀어 준 반면 여유량과 아들 여보중呂
葆中의 무덤을 파쇄하고 살아 있는 다른 아들 여의중呂毅中을 참수했다.

---

55 이 사건은 후세에 "曾靜의 文字獄"으로 알려져 있다. 편지를 받은 악종기가 증정을 베
    이징에 고발한 것에 대한 정황은 "공작적 프레임"이라는 의심이 간다. 옹정제의 논리에
    말려 증정이 반성케 한 과정은 《大義覺迷錄》이라는 책으로 발간되어 관리와 과거를 준
    비하는 사인들의 필독서가 되었다가, 후에 그 배경을 깊이 간파한 건륭제가 폐기하고
    금서로 정했다.

옹정제가 여유량의 저서를 살피며 치도합일治道合一의 위기危機를 느낀 것은 당연하다. 여유량은 망국 유자의 가장 강력한 저항 사례를 보여 준다. 결국, 그의 매예賣藝는 폭력 아래에서 모두 각 개인의 도덕적 자각과 자아 훈련에 그치고 만다. 청 황실 권력의 감시와 통제에서 새 시대의 거대한 패러다임을 넘을 수 없었고, 사색의 사회적 교류에 따른 자극과 발전은 가능하지 않았다.

옹산인은 말한다. 나라가 망했는가? 창문을 열고 보아라. 문門만 있고 울타리가 없는 지키기 어려운 예의는 잊어야 하는가? 망국에 이르러 정치 패륜이 발호하고 거짓 인문이 창궐한다면, 이런 패악의 시대에 유자는 어떻게 살아야 하는가? 구한말의 최익현, 윤치호, 김구와 명말 청초의 왕부지, 고염무, 황종희, 여유량의 삶을 살펴보며 결절決絶, 평온平穩, 통달通達, 매예賣藝를 명제로 유자를 논변해 보았다. 결절의 삶은 은둔과 자살, 광인 행세 등으로 마음을 컴컴하고 텅 비게 한다. 평온은 쓰라린 상처 뒤에 찾아온 달관의 세계 같다. 통달은 달관을 넘어 되돌아온 초월로 서자반逝者反(죽은 사람이 되살아난)의 경지이다. 매예는 거기에다 익살이 더해져 삶을 유희하며 생계를 돌본 듯하나 집요한 저항 의식을 숨기고 있었다. 프로이트의 《신경 정신학》의 글에 사용된 말인 "방어기제"로 이를 나누면, 이것은 유자들이 망국의 스트레스를 방어하기 위해, 상황을 거부하는 부정, 망각을 유지하려는 억압, 다른 이나 상황의 탓으로 돌리는 투쟁 그리고 상황이 허용하는 방식을 따르는 승화로 풀이할 수 있다.

구한말과 명청지제明淸之際 망국 유자들을 살펴보며 중국과 조선의 시대 상황은 달랐으나 망국 사인士人의 감정이 비슷했음을 알 수 있다.

화이관華夷觀의 종말점에서 "뿌리 깊은 문화적 우월감"이 받은 돌이킬 수 없는 상처를 핥으며 통증의 유사함을 서로 느꼈다. 만주족滿州族과 왜구倭寇라는 교화가 불가해 내버려 둔 오랑캐의 통치를 받아야 하는 치욕은 견디기 어려웠다. 소중화小中華를 자처하는 조선은 명의 멸망으로 문명의 중심이 조선에만 유일하게 남았다고 생각한다. 중화 문명의 하나뿐인 계승자로서 조선은 유교 근본의 모습을 살피고 이를 복원하려 노력했으나 정치화한 유교 언어는 오히려 제국주의에 복무하며 본래의 모습에 멀어졌다.

제국주의와 유학 언어의 잔멸殘滅

후쿠자와 유키치(1835~1901 일본의 계몽가)

유학 언어가 난삽하다는 누명을 쓰게 된 것은, 아마도 19세기 동아시아에 찾아온 새로운 문물에 대한 명명命名에서 정명正名의 자리를 빼앗겼기 때문이었다. 같은 시기 일본은 초조한 탈아입구脫亞入歐 기치 아래 "말"을 찾는 데 여념이 없었다. 그들의 근대화는 한학漢學에 반발한 후쿠자와 유키치(福澤諭吉, 1835~1901)[56]나 변화의 기회를 틈탄 메이지 시대 난신亂臣들이 서구 문물의 이름과 용어를 찾는 데서 시작했다. 그러나 그 언어는 유학 사상과 구조를 왜곡했다. 메이지 유신의 이론적 토대인 화혼양재和魂洋才를 격문으로 내건, 양복을 입고 된장국을 젓가락으로 휘젓는 '키 작은 일본인'에게 유키치가 내화內化시키려 한 '문화文化',

---

56 후쿠자와 유키치는 어려서부터 성리학에 조예가 깊었으나 寒微한 하급무사 집안 출신으로 차별과 신분의 벽을 넘을 수 없어 문벌에 대한 반발에서 유학의 폐단을 겨냥하게 된다. 후에 유학–난학–영어로 학문의 방향을 바꾸면서 "아시아의 나쁜 친구는 사절"해야 하는 일본의 서구화에 대한 신념을 굳혔다.

'자유自由'라는 단어는 이미 사망 선고된 유학에서 빼낸 것이지만, 후학들에게 유학의 보편성을 전승하는 데 큰 걸림돌이 된다.

조선의 서구화를 희구했던 유키치는 갑신정변을 배후에서 물심으로 도왔다고 알려졌다. 그러나 정변의 실패에 크게 실망하고 이어지는 동학 농민군을 "조선의 인민은 개돼지 같다."고 성토한다. 후쿠자와의 불온한 아시아 멸시는 유학의 전통적인 인간관마저 왜곡한다. 언어의 제국화를 위해 메이지明治의 흉사凶士들이 경전에서 빌린 언어들은 한 세기 동안 동아시아에서 격물格物의 이치를 흐리고 다시 유학으로 복귀하는 데 번쇄한 어학적 검증이 필요하게 만들었다. 뒤에 계속 논의하겠지만, 일본인들이 "한자漢字(동방문자)"의 기호학적 상징과 문자를 혼동한 건 거의 비극적이라 할 만큼 유학을 파괴했다. 물론 "경전經傳"에 깃들어 있는 한자의 애매한 표상성과 표음성에 일차적 문제가 있다. 문명의 발전 속에서 한자 안의 상형성은 이미 사라진 지 오래되었으나, 특히 번역의 틀 안에서 한자를 상형 문자화한 선입견과 더불어 늘 중화 문명에 대해 정체성과 후진성을 동반한 태도가 일인日人 학자들의 머리에 자리 잡고 있었다. 이렇게 한자를 "퇴행한 중국적 사고"의 틀 안에 몰아넣으면서 유학의 언어를 피상적이고 단편적인 표현물로 격하시켰다.

일본 덕분에 조선이 개화하고 발전했다는 식민지 근대화론은 일본이 서양물 번역 과정에서 유학 언어를 선점한 것과 관련 있다. 번역과 소개의 틀 안에 재단된 언어로는 경經에서 도피한 다른 언어, 다시 말해 번역물로 의미가 굳어진 단어의 어원을 차단하고 거기서 추방된 뜻을 다만 불온하게 볼 뿐이다. 근대화가 조건 없이 좋은 것인지 주체적 판단 없이 새로운 언어로 표현한 것은 불경不敬스럽다. 그 덕분에 조선이 시행착오의 반복을 거치지 않을 수 있었다는 재조지은再造之恩의 감정은 착란이었다. 경經의 의미를 납치하여 유자의 정신세계를 인질로 삼은 근대화의 의미가 정상적인 뜻을 가질 수 없을 것이다. 중국은 중체서용中體西用, 조선은 동도서기東道西器와 같은 깊이 사고되지 않은 언어 유용이 번역의 틈새를 메웠다. 그사이 어물어물 일본 근대화의 재인용이 이루어졌고, 이는 거의 표절, 겉핥기식의 연구로 껍데기 사회 건설, 조급한 선진화 의식에 지름길만 찾는 속성주의로 사회를 병들게 했다. 이 과정에서 유학이 오랜 세월 건설한 아름답고 인간다운 삶은 죽고 "좀비와 부끄러운 귀신이 활개 쳤다[行尸媿神雄]"[57] 근대 한국의 서구 문명 표절과 모방은 이런 혼란에서 이해된다. 한국의 문화 표절이 다양한 심층과 고통을 가졌다는 점은 잘 알려진 사실이다. 결국 자학적 한국인의 성립을 부추긴 일본의 집요한 한국 문화 파괴나 특정 문화의 우월주의 비판에서 경전을 통한 시간의 회귀를 보게 된다.

그러나 웅산인은 말한다. 이 글을 통해 나 스스로 배우며 경經의 연구가 진전되리라 기대할 수 없다. 다만 시대마다 경이 지지했던 언어들을 오늘의 사회과학이 발현한 실천적 흔적에서 발견할 수 있다면 유학의 언어를 서서히 복구할 수 있을 것이다. 과거의 제국주의는 이제 하나의 낭만적 삽화처럼 보이지만, 그 여백에는 아직도 오리엔탈리즘의 그림자가 짙게 남아 있다.

유학의 '이상국가론'은 근대 이전으로 돌아가려는 강한 복기력이었다는 접근으로는 이해할 수 없다. 중국의 중원에 중화 문명이 없을 때 조선은 문명의 적자로 자부했다.[58] 이상국가理想國家는 그리운 지난 시간

---

57 梁啓超의 詩〈朝鮮哀詞〉19수.

에만 체류하지 않고 엄연히 주실周室을 세우면 현재 그 공간에 존재했다. 동양 삼국(한, 중, 일)이 유럽과 같은 시민 혁명 과정을 거치지 않았다고 하는 건, 아마도 귀족사회의 성채 둘레가 견고하지 않았던 동아시아 유교 사회에서는 시민 계급 형성이 응집하는 구조력이 발생하지 않았기 때문이었다. 궁향窮鄕 깊이 서원이 세워져 반상 간의 소통이 활발해지면서, 오히려 '인문적 시민의 본뜻이 무엇인가?'라는 질문은 부단히 제기되었다. 서원 주변에서 성찰과 토론이 끊임없이 이어져 천명天命을 천리天理로 바꾼 '인문적 시민'이 천민에서 군주까지 태어나고 사라졌다. 스스로 변화하면서 천박한 임금이 있는가 하면 고상한 서얼, 노비가 성리학을 사색하기도 했다. 이 '인문의 시대'는 아주 오랜 시간을 소비하며 문질의 새로운 변화를 예고할 수 있었다. 그러나 세계의 조류는 이를 기다려 주지 않았다. 안타깝게도 서세동점의 위기감과 근대화의 조급함은 이렇게 '인문적 시민 언어'의 사용 절차를 무시하고 고전을 파괴함으로 경經의 언어들은 찾기 어려운 곳으로 도피해 버렸다. 오늘날 유학 언어의 부정합不定合은 현재의 담론에서 잘 성찰하지 못한 단어들로 곧 유학적 언어의 붕괴, 유교의 표현물 상실의 원인이 되고, 우리는 그 부서진 파편으로부터 초월한 의미들을 따라잡지 못하고 말았다.

식민주의가 당시 글로벌 스탠더드였다면 이에 대한 윤리적 자각이 없지 않았을 것이다. 그러나 그 윤리의 근거마저 서구 언어가 차지하자 그 구속력을 유자는 뿌리칠 수 없었다. 이미 디폴트되어 있는 서구 유래 번역 언어들에 의해 경經이 해체되고 재조립된 마당에 유교 문명은 제국주의에 저항할 수 없었다. 유자는 아큐阿Q처럼 '정신승리'를 꿈꾸는

---

58 정옥자, 《조선후기 조선중화사상 연구》, 일지사, 1998.

몽유병자였고 유학은 혼수[코마COMA] 상태에 빠졌다. 그러므로 근대를 건설한 유럽인들이 가져온 '미개'라는 용어가 수시로 필요했다. 서구 중심의 언어 번역에 유학 언어가 도용될 수밖에 없었던 것은, 아무도 그 언어를 감시할 수 없었기 때문이 아니라 유교 문명의 정신세계를 유지하고 있는 질료(언어와 문자)에 거부할 수 없이 녹아들었기 때문이었다.[59]

그때까지 유자들이 들어보지 못한 애국愛國이라는 용어의 불온함은 아마도 "Patriotism"의 번역에서 나타난 민족주의의 혼란 때문이었다. 1867년 후쿠자와의 "보국報國"이라는 번역과 1870년 니시 아마네(西周, 1829~1897)의 "애국愛國"이라는 번역은 모두 본능적 혈연 공동체의 귀속감에서 빚어진 와오訛誤였다.[60] 시민적 자유 속에서 주관적 확신이 가져온 애국심을 이 단어가 수용하지 못했다. 인간은 자기입법이 가능한 존재(칸트)라면, 이런 자율성이 공동체와 관계에서 최소한의 합리적 근거에 객관적으로 나타나야 그런 연대감에서 애국심은 정명正名을 갖게 된다. 유학의 공화주의는 주권자(천명과 민의)가 존중의 대상을 흐리게 하는 타율적이거나 맹목적 헌신을 거부한다. 그러므로 애국이라는 단어보다 수신을 통해 충忠과 의義라는 각성한 내면의 신념에 공동체와 관계를 규정한다. 유학 언어 재사용의 난맥은 일본 사상사의 흐름에서 보면 조선과는 성리학의 결을 달리했기 때문이기도 하다. 오규 소라이(荻生徂徠, 1666~1728)가 퇴계의 영향을 받았을 거라는 생각은 더 면밀한 검증이 필요하나, 임란 이후 조선 성리학이 약탈물掠奪物로 일본 유가에 퍼진 것은 사실이다. 거친 표현이지만 소라이의 제자인 다자이 슌다이

<hr />

59 친웨이핑陳衛平의 강연 비디오 클립에 위 주장이 자주 보인다. 한국에 소개된 텍스트는 陳衛平, 고재욱 옮김, 《일곱 주제로 만나는 동서비교철학》, 예문서원, 1999.
60 곽준혁, 네이버 열린 연단 강의 "애국심, 개인윤리, 보편윤리" 2016년 8월.

(太宰春臺, 1680~1747)는 리理의 구별을 물리物理와 도리道理로 하였는데, 아마도 조선 유학의 이기론理氣論의 변형처럼 보인다. 형이상과 형이하를 도道와 물物로 구별함으로써 아예 기氣철학의 근거를 제거해 버렸다. 슌다이의 학통은 니시 아마네로 이어져 그의 계몽 저서인 《백일신론百一新論》에서 서구의 "Physics"를 "물리物理"로 번역했다. 도리道理의 상대 영역으로 본 것인데, "격물格物"이라는 용어로 엄격히 리理와 구별하고, 보다 정밀한 사고 체계를 가진 조선 이학의 입장에서는 황무하다 하지 않을 수 없다. 이 점은 조선 성리학의 이기관과 비론比論하여 설명된다. 이언적(李彦迪, 1491~1553)으로부터 퇴계로 이어지는 이기론의 학통이 뒤에 이항로의 주체적 주리론에 의한 위정척사의 면면한 근거가 되었다. 망국 유자들의 흥망의 관찰은 한 번 질이면 한 번 문〔一質一文〕인 변화를 토대로 이기理氣의 대립 속에서 권력의 역사 도통 파악에 주안을 두었다. 그러나 조선에서 청의 도통을 부정하기 위한 주리론主理論이 세워진 시기에 일본 유학은 의도적으로 "리理"를 분리하여 주자학에 타격을 가한다. 힘의 질서가 배경인 주기론主氣論은 아마도 일본 무가武家의 폭력적 사회 장악을 파악하는 통로가 되므로 꺼렸을 것이다.

19세기 연간 난학蘭學,[61] 양학洋學의 번역어— 애국, 학교, 문명, 교육, 학습, 종교, 유교, 정치, 법률, 철학, 사회, 문화, 심리, 시민, 민주, 공화 … 전쟁, 평화, 해방, 토인, 원시, 야만, 개인, 주권, 자유 … 신경, 안과, 내과

---

[61] 일본의 네덜란드 학문인 蘭學은 스기모토 쓰토무(杉本つとむ)의 《서양문화 기원 십강(西洋文化事始め十講)》에 잘 소개되어 있다. 도쿠가와 막부는 1811년 和蘭書籍和解御用이라는 부서를 설치해 당시 어학 천재인 바바 사다요시(馬場貞由, 1787~1822), 일명 바바 사주로(馬場佐十郎)로 하여금 유럽 문헌을 번역하게 하였다. 대표적인 것은 프랑스 Nol Chomel의 백과사전을 번역한 《厚生新編》과 영어, 네덜란드어, 일본어 3국 통역 관용 회화집인 《譯司必用厄利亞語集成》이 있다.

등 수많은 민용民用 문자[62]들이 퍼져 나갔고, 대중이 되돌아본 텍스트 안의 유학 언어는 추방되었다. 사회 계층을 차별화하는 "민도民度"라는 말은 쉽게 만들어도 사회 구성원의 존엄과 권리인 "인권과 민권"을 번역하기 어려웠던 난학자들의 지식구조에 유학의 경천애인 같은 근본적 사고는 결핍되어 있었다. "민도"를 "지역력地域力" 등으로 패권적 해석을 하는 일본인들이 주도한 동아시아의 번역 언어에는 그리스에서 해협을 건너 바라본 작은 아시아(Asia Minor)의 추억이 묻어 있다. 전제주의 소아시아 대륙을 점거한 페르시아나 오스만 튀르크의 노예적 삶의 얼룩이 번져 있다. 서구 문명과 물질의 언어화에 따른 폐단은 개념사 측면에서 연구해야 할 큰 분야이지만, 유학 언어가 가진 상호성을 잘 이해한다면 유학이 서구의 공해에 의해 부식되면서 생겨난 기형 유자奇形儒者들을 관찰 관리할 수 있다.

서구문물에 광적인 집착을 보였던 제국 군대의 군의관이며 문인이었던 모리 오가이(森 鷗外, 1862-1922)는 독일 문학에 심취, 마음을 상실했는지 《파우스트》(1913)의 번역을 마무리 지으며 자식의 이름도 서양식으로 지었다. 오토(於菟 Otto), 마리(茉莉 Marie), 루이(類 Louis), 안느(あんぬ Anne) 등, 한자음에서 끌어낸 음운적 기형은 다채로웠다. 이건 취미로 봐줄 수 있으나, 그전에는 아예 "영어를 국어로 하자."는 주장이 이토 히로부미 내각의 초대 문부대신을 지낸 모리 아리노리(森有禮, 1847~1889)에 의해 제기되기도 했다.[63] 이는 곧 상류와 하층 계급이 서로 소통할 수 없는 사태에 이를 것이라는 거센 반발에[64] 직면했다.

---

62 石田雄, 《日本近代思想史における法と政治》. 岩波書店, 1976, 첨부도표
63 森有禮, *Education in Japan*, D. Appleton 출판사, NY, 1873. 1. 서문.
64 바바 다쓰이(馬場辰猪, 1850~1888)의 영문 기초 일본어 문법*Elementary Grammer of the Japanese Language, with Easy Progressive Excises*, Tribuner and Company, London,

기실 제국주의에 따른 유학 언어의 파괴는 일본 최초의 네덜란드 유학생 니시 아마네에 의해 가속되었고 이렇게 급조된 언어들은 조선과 중국으로 퍼져 가 소비되었다. 메이지 일본인들의 분열된 정체성과 망상이 선린국들에 준 피해는 아직도 제국주의 사고의 잔류성을 갖고 있다. 이런 과정에서 사물을 보는 복시현상이 생겨 그를 표상表象하는 방법을 잘못 전승하였다. 서양 문물의 번역이 거의 완성된 시점인 다이쇼 시대에 발간한 《간지링廣辭林》에는 수많은 급조 언어들을 찾아볼 수 있다.

전통을 상고하지 못한 속성 번역의 습성은 에도 시대 난학의 주도자들이 시작하였다. 스기타 겐파쿠(杉田玄白, 1733~1817)는 1774년 "난학의 바이블"이라는 해부학 서적 《해체신서解體新書》를 사전도 없이 3년 만에 번역해 냈는데, 정상적인 난일蘭日 사전인 《나가사키 하루마》가 편찬된 해가 1812년이니 그 오류가 어느 정도인지 짐작할 만하다. 한 예를 든다면 "이자(Pancreas, 膵)"를 표현한 글자가 중국 의학에 없다고 여긴 난의학자蘭醫學者 우타가와 겐신은 새로운 글자 췌膵를 만들었다.[65] 그러나 사실은 췌장의 광의적 의미인 이자(胰臟)는 동아시아 전통 의학에서 오래전부터 존재하고 있었다. 췌의 사상적 배경에는 《주역》의 "택지췌澤地萃"괘卦가 자리 잡고 있다. 중국인이라면 "모여들어 전체를 이루는 형상인 췌"보다는 깊숙이 등뼈에 붙어 잘 보이지 않는 장기의 기능적 측면을 통찰한 "이胰"가 더 정확한 표현이라 생각할 것이다. 생명이 형形(실체)인지 기氣(에너지)인지는 논외로 하더라도, 번역과정에서 전통의 무시와 무지가 드러났다. 이처럼 하늘 아래 새로운 것이 없는 인문의 세계에 "있다고 말하기는 쉬워도, 없다고 말하기는 어렵다. 說有

1873 서문에 모리 아리노리의 영어채용론에 대한 반박을 실었다.
65 우타가와 겐신(宇田川玄眞, 1768~1834), 《和蘭內景醫範提綱》, 1805; 津山洋學資料館, www.tsuyama-yougaku.jp/Vol9

易說无難"는 고증의 기본에서 벗어났다. 더구나 이런 사례는 한자에서 차지하고 있는 "표음적" 기능을 무시하고 그저 회의자에 있는 상징의 조합으로 의미 체계를 확립코자 하여 후에 한적漢籍 해석의 왜곡 기반이 된다. 그러나 결국은 한자에 입힌 애매한 음운의 옷은 앞으로도 언제든지 새로운 것으로 갈아입을 것이다. 반성해야 할 것은, "한자의 운명"에 관한 걱정이 아니라 "진리를 담은 글자"의 절대화가 번역과정에서 진행된 것이다. 한문의 큰 장점인 상대적이고 상황 유동적인 연계성에 타격을 가해 글자가 고립되면 해석이 교조적이 되기 마련이다.

일본의 근대 의식의 형성 과정을 오규 소라이 연구를 통해 파헤친 마루야마 마사오(丸山眞男, 1914~1996)는 번역 언어의 문제를 좀 더 광범위하게 다루었다. 특히 선교사들이 《바이블》을 번역하면서 라틴어 지식의 전파는 의도적으로 회피하여 어원의 논리성에 혼돈을 가져왔다고 마루야마는 말한다. 한 예로 항간에는 "자유"라는 단어가 현재의 의미로 동아시아 지역에서 상용된 것은 유키치에 의해서라지만, 자유가 자自와 유由의 결합인지는 불명확하다. 오히려 훨씬 앞선 시기인 1810년 나가쓰 번中律藩의 번주인 오쿠다이라 마사타카(奧平昌高, 1781~1855)의 이름으로 편찬한 《和名和蘭語譯撰》에 독일어 "Freiheit", 네덜란드어 "Vrijheid"를 "자유"로 번역한 것이 보인다. 그보다 앞서 조선에서는 1706년에서 1727년 사이 장장 20여 년 동안 집필한 이형상(李衡祥, 1653~1733)의 《자학字學》에 자유를 "제쥬변"이라고 뜻을 풀이했다.[66] "제쥬변"은 스스로 일을 주선하거나 변통함을 뜻한다. 18세기 이전에 조선에 자유라는 단어가 존재했음을 말한다. 유자에는 그렇다면 자유란 억압으로부터 해방이 아니라 보다 적극적인 자기 의지의 구현이란 뜻이

---

66 김언종 역주, 《字學》, 국립국어원, 푸른역사, 2008.

담겨 있다. 마루야마가 정밀하게 지적하지는 않았지만, 중국에 온 유럽의 선교사들이 17세기에 "성경"을 한자화할 때, 자유의 의미는 분명 노예에서 해방의 뜻이 강하다. 그러나 동아시아에서 '자'와 '유'는 노유老儒 사상에서 빼놓을 수 없는 주요 언어이고, 인생에 대한 철학적 통찰의 최고점에서 발견되는 말이었다. 이것을 오류라고 말할 수는 없으나 유학에 깊은 상처를 주었다. 자유의 획득과정에서 노선이 바뀐 것이다. 내적 성찰에 따른 "자신의 변화"를 기반으로 사회적 자유, 겸선兼善에 도달하는 데 교육적, 개념적 혼동은 지금 고치기 어려워졌다. 《바이블》에서 보이는 "하나님"은 최초 번역이 "상제上帝"였으나 황제의 지칭을 피하는 피휘避諱 문제로 "상주上主"로 바뀐다. 그러나 민국 이후에 대중적 인기가 있는 전설의 단어 "상제"로 되돌린 것은 정확한 뜻의 번역이라기보다는 선교의 영향력을 가하기 위해서였다.

은총은 지식의 문제가 아니라 "복음"을 통해 받는다는 생각은 번역 언어의 선택을 검열했다. 제국주의 맞춤형 용어는 에도 시대에 축적된 정교한 인쇄 기술에 힘입어 세상에 퍼져 나갔다. 번역으로 탈바꿈하려는 문명의 문지방에서 언어의 한계를 넘은 것은 좋으나, 전통 학문의 소양 없이 지식의 전승에 혼란을 가져온 폐단은 이뿐만이 아니다. 이들 화제한자和製漢字는 동물이명同物異名의 번쇄함을 더하여 이치를 흐렸다. 더구나 범유학적(Pan-Confucianism) 사고의 파괴를 가져온 플랫폼이 되었다. 물론 이런 사태는 어쩌면 급하게 해결을 찾는 과정의 우연이었다고 할 수도 있다. 에도 중기 고문사학의 창시자라 할 수 있는 오규 소라이는 고문古文의 번역에서 파생하는 문제점을 간파하고 있었다.[67] 그는 고대 중국인의 언어 표기인 한자의 경학적經學的 의미에 주의를 기

---

67 오규 소라이의 《역문전제譯文筌蹄》의 서문에 보이는 발상.

울였다. 그러므로 추적한 한적漢籍의 본래 의미가 번역으로 망실된 점을 의심했다. 이는 중국어를 외국어로 인식하는 중요한 계기가 되었지만, 뒤에 세계정세에 대한 위기감과 변화에 기민한 반응을 보이려는 조카마치城下町의[68] 샐러리맨 사무라이들에게는 전승되지 않았다.

잔멸된 유학 언어의 부스러기는 식민지 한반도에서 "미신과의 공범화"로 엮은 조선 총독부의 집요하고 정밀한 정책으로 바람에 겨처럼 날려갔다. 번역 언어의 난립에 설익은 정신문화 연구도 조선 유학을 공격한다. 최초로 한국학을 체계적으로 학문화한 이능화(李能和, 1869~1943)가 무속 연구에서 사회 과학에 근거한 애정의 시선으로 바라본 조선의 영매와 정령은[69] 총독부 어용 연구자 무라야마 지준村山智順의 《조선의 귀신》(1929)에서 "비이성적인 조선인 감정 작용의 미숙한 발현"으로 규정된다. "조선인의 소극적 생활을 유지하려는 욕구"에서 정령精靈과 귀신鬼神이 조선인의 행위와 감정을 지배했고, 유학자들이 이를 조장했다고 왜곡한다.[70] 이능화가 무격신앙을 종교적 문제로 끌어 올린 "공동체 지성"을 저급한 미신으로 다시 비하했다. 1911년에서 1927년까지 네 차례 조선을 방문해 이능화와 면담한 프레데릭 스타 (Frederick Starr, 시카고대 인류학 교수)는 조선의 무속 신앙을 차원 높은 종교 문제로 이해했다. 당시 총독부가 겨냥했던 것은 이미 길든 무격巫覡 연합체가[71] 아니라 견고하고 심오한 조선 유학이었다. 일본의 조선 동화정책에서 가장 큰 걸림돌은 깊이를 알 수 없는 유학과 망국 유자

---

68 城下町, 다이묘의 성곽을 중심으로 형성된 거리로 무사들의 거주지
69 李能和, 《朝鮮巫俗考》(1927)에 조선 귀신의 종류를 天神, 地示, 人鬼, 物彪로 구분
70 村山智順, 《朝鮮の鬼神》; 노성환 번역, 《조선의 귀신》, 민음사, 1990, 14, 94쪽 "김시습의 귀신설"
71 무라야마 지준의 연구를 토대로 조선 총독부는 숭신조합崇神組合, 경신회敬信會와 같은 무격 모임을 조직하여 관리했음을 알 수 있다.

의 은미한 저항이었다. 뿌리 깊은 문화적 우월감을 가진 조선에서 오랑캐 왜倭와 소중화小中華인 조선의 병합된 미래는 알 수 없었다. 일본의 초조하고 고식적姑息的인 조선 정책은 그러므로 조선 유학을 쇄국주의의 배후로 가두어 망국의 책임을 전가하고, 식민지 근대화론을 전개하여 유학을 퇴행과 정체의 그늘에 두었다. 1918년 이광수(李光洙, 1892~1950)가 매일신보에 〈신생활론〉이라는 제목으로 기고한 글은 시점은 이르지만 뒷날 조선총독부의 유학 공격을 통한 조선 식민화의 정당한 근거가 된다.

"유교儒敎가 이렇게 과학을 천히 여기므로 다만 과학이 발생, 발달치 못하였을 뿐더러, 인민의 생활 방식이 전혀 비과학적이 되고, 인민의 사상이 전혀 비과학적이 되어, 그 사회에는 과학적 조직이 없고, 그 생활과 사업에는 과학적 근기와 경륜이 없이 오직 황당한 미신과, 무계한 상상과, 일시적 생념에만 의지하게 되었습니다."

(이광수, 〈신생활론〉, 《매일신보》, 1918)

제국 일본은 조선의 근대화에 정신 개조론을 내세우며 무격과 주술을 유학이 지지했다고 엮어 낸다. 민속 신앙을 조선 미신의 야만성으로 지적하고,[72] 장의 절차나, 성황당 풍습에 스며든 유교적 의례儀禮를 추방의 대상으로 사람들로부터 분리하기 시작했다. 일경은 이를 폭력적으로 관리했는데, "부유무축腐儒巫呪 무리의 망탄허설妄誕虛說이 세속世俗의 미신迷信을 끌어들인다"(警務總監部衛生課, 1915, 2쪽)는 논리로 유자 공동체의 정신세계를 교란했다. 이렇게 지식[73]이 와오訛誤되고 잘못된 생각을 전승하면서 "가부장", "권위", "봉건"과 같은 언어들이 유학 안에 부

---

72 전경수, 《무속 연구 백년의 대강과 굴곡—이능화 이후》, 18쪽.
73 위의 주.

정적이고 부당하게 서식되었다. 복합적 그늘에 드리운 식민지 경험이 가져다준 회복하기 어려운 사회적 신뢰의 파괴는 아직도 한국사회가 해결해야 할 큰 과제이다. 이는 제국과 유자 사이에 장기간 탐색 과정이 결여된 일제 강점기가 한국민에게 주사한 잔류성 질환疾患이며 앞으로 유학 언어의 회복을 찾아가는 시발점이기도 하다.

산업화 사회와 예붕락괴禮崩樂壞

예禮는 반복함으로 그 실행의 역량이 채워진다. 《예기》는 유자의 헌법이지만, 예치의 집행을 강제하지 않고 언제나 인간이 고매한 품성으로 오르는 향상심을 기대했다. 가산국가의 자본사회에서 예가 붕괴하면, 그 자리는 온갖 추행이 자리 잡기 마련이다. 권력과 자본의 억압 아래 예는 일회성의 장식물이었다. 예치의 하위였던 법치마저 마비시킨 5.16 쿠데타는 제국일본의 구조물을 온닉하고 있었다. "먹여 놓고, 살려 놓고서야 정치가 있고 문화에 대한 여유가 있다."[74] 이렇게 수상한 만주 산업화 청사진을 실행에 옮기며 권력을 장악한 수단에서의 패륜이 정당한 관습이 되었다. 마침내 "정상인 속에 숨은 은밀한 광기"를 끌어내 권력에만 봉사하는 공안公安을 애국으로 색칠하고, 순화와 조율의 사회에서 온통 이익만 추구하는 사회로 몰아, 예는 기념탑으로 세워져 희화戲化되었다. 군사반란의 합법성은 어쩌면 예를 망각한 쾌적한 물질생활의 구현에서 인정되리라 믿었다.

이로써 구축한 한국 자본주의는 애덤 스미스 이후 "인간의 자기 이익 추구라는 행위가 악惡에서 덕德으로 변화"했다는 이론에 안심한다. 부의 축적에 그나마 결핍한 도덕성을 부여하려면, 아마도 이익을 쌓는

---

74 박정희, 《國家와 革命과 나》, 向文社, 1963, 259쪽.

유아적인 "질적인 사고(Qualitative thinking)"에서 진보하여 자본주의의 누적된 역사를 통시적으로 보는 양적인 사고를 넘어야 가능했다.[75] 그러나 시간은 허비되었으며 '사용'되지 못했다. 교훈이 반영되지 않은 퇴행적 반복이 한국인의 오랜 공동체적 예를 붕괴시켰다. 다만 문벌文閥이나 군부 권력에 의해 "예의 순수純粹"로 재현이 국가주의의 보호구역 안에서 이루어졌고 "조국의 근대화" 안에 예의 날카로운 구역은 순치되었다. 이어서 재벌財閥의 영향력이 커지면서 예가 구성하고 있는 성리의 영역이 파괴되었는데, 이 문제는 뒤에 다루겠지만 이른바 민족 지식인들이 한반도의 시간과 공간의 분할을 진영 안에 가두어 경비하며 예의 순수함을 오염시켰다. 민족적 기초체력이 약하기 때문이기도 했지만 불행하게도 민족주의의 반제국주의 역할은 제국주의 사업의 하청역을 넘지 못했다. 이는 시민의식의 시간적 축적을 넘어서 그 어렴풋하고 허약한 기간에 윤리만 연구하고 인지할 뿐 도덕을 행동으로 옮기지 못한 한국 사회에 물어야 할 질문이었다.

잘산다는 것은 무엇인가? 가난한 사람이 누추한 습관에서 예를 차릴 수 있다면 잘사는 것이라 유자는 논변한다. 그러나 현실은 처연하다. 예보다 거칠고 다급한 法이 있어야 무뢰배들을 규제할 수 있기에 '무뢰배'가 천명을 받았다는 세상에서 예의 붕괴는 처연한 모습으로 조용히 진행되었다. 급속한 산업화에서 유자는 "유교 자본주의"라는 잘못된 행위를 언어화한 궤변에 괴뢰처럼 서 있었다. 시커먼 먼지를 마시면서 돈과 황금을 금고에 쌓아 두며 인간의 본성을 바르게 나타내는 예의는 불가하다. 결국 세월호 사건[76]과 같은 야만성에 사회가 침수되면서, 무

---

75 윤리학자, 도덕 발달과 관련된 논제들 Jean Piaget, 콜버그의 可逆的 사고.
76 2014년, 4월 16일 진도 해상의 여객선 침몰 사고.

제한 이익을 추구하며 "가난으로부터 해방"이라는 무시할 수 없었던 실감 너머로 악몽이 찾아 들었다. 근대화의 중요와 실제는 그 가치에 혐의가 생겼고, 애덤 스미스의 "이익 추구의 행위에서 나온 시장 가치가 자연법적 가격"이라는 주장은 예의 법정에서 옹호될 수 없었다.

樂이란 무엇일까? 한적漢籍에서 〈악기樂記〉의 실종은 신비하다. 《예기禮記》 〈악기〉의 내용에 악보가 사라진 〈악기〉는 윤리 철학의 매듭으로 막혀 있다. 樂이 禮의 부록처럼 보이는 것은 정당하지 않다. 곽점초간郭店楚簡에 의해 《예기》 〈악기〉와 사마천의 《사기》 〈악서樂書〉의 많은 문구가 동일함이 밝혀졌으나, 본래 〈악경樂經〉의 모습이 무엇인지는 아직도 의심스럽다. 樂의 즐거움을 경계한 원시 유학에서 보이는 단서는 "인간의 가치가 물화하는 것은 천리가 없어지고 인간의 욕망을 무궁으로 추구했기 때문 人化物也者 滅天理窮人欲"이라 하여 樂을 인욕의 도구로 본 흔적이 남아 있다. 송 명리학은 〈악기〉를 조명하며 "천리를 극명하고 욕망을 없애는 것 窮天理滅人欲"이라는 말로 〈악기〉에서 리理를 도출해 내었다.[77]

그러나 천리와 인욕을 화해시킨 것이 樂이었다. 〈악기〉에서 리理를 발견하는 감동적인 묘사는 장자에 잘 나타나 있다.[78] 대체로 자연스러움이 천리여서 이를 거스르거나 따르지 않으면 마침내 본성을 잃고 욕망에 빠지게 된다.[79] 그렇다고 樂이 경經에서 추방된 것은 아니다. '樂'은 인간관계의 문제에 중요한 연결고리여서 《논어》의 첫머리에 친구의 방

---

77 王褘, 《國立臺灣大學哲學論評》 제40기, 《禮記》 〈樂記〉中的 "理" 範疇根源與內涵
78 《莊子》 刻意, "循天之理" 莊子 天運, "順之以天理" 莊子 盜跖, "從天之理"
79 鄭玄注, 《樂記》 "理, 猶性也"의 孔穎達疏, "人旣物化, 逐而遷之, 恣其情欲, 故滅其天生淸靜之性, 而窮極人所貪嗜欲也"

문을 "즐겁지 아니한가? 不亦樂乎"로 표현했다. 결국 樂의 문제는 인간의 천성에서 나와 악기樂器처럼 누가 타냐에 따라 달라지며 소인과 군자의 차이를 드러낸다.[80] 악사樂士는 누구인가? 그는 대가大家일 필요가 없고, 솜씨를 전수할 학생도 없다. 그저 도를 얻으면 즐거울 뿐이다.

樂이 타락의 누명을 쓴 것은 천리와 인욕의 불화 때문인가? 樂의 괴리乖離 역시 몸에 맞지 않는 '행복론'의 인지 부조화에 빠진 결과였다. 저질의 대중문화에는 이를 조장하는 부당한 권력이 배후에 있었다. 시민 주권을 찬탈한 무도한 시대에 樂이 가진 애원哀怨을 블랙리스트로 양극화하여 길들였다. 영책(另冊, 블랙리스트)에 오른 악인樂人은 대개 인욕을 방기放棄하여 초월감을 느낄지도 모른다. 이는 분명 정치가 어긋났기에 분노로 원한의 음악이 생기고, 시민이 곤궁하여 망국에 이른 시대의 슬픈 예술을 숨기기 위함이었다.[81] 학문의 열설悅說과 사귐의 낙樂은 자취를 감추었다. 학위는 팔고 사기 위한 것이고 우정은 이익의 수단이었다. 제국에서 베낀 하청 지식과 표절이 학문의 탈을 쓰고, 패거리 지어 출신을 차별함이 의리가 되었다. 자본가들이 방송과 신문을 장악하여 '대중에 낯익힌 권력'을 키워 나갔다. 빈부문질貧富文質의 양극화를 조장하는 정치의 목표가 분명해졌다. 문을 추구하면 가난하고 질로써 부유해지는 문빈질부文貧質富인지는 사색하기 나름이지만 양가치兩價値로 분리해서는 안 되었다. 문文은 수축收縮이고 질質은 팽창膨脹으로 보이기도 한다. 문질의 변화를 파악하지 못한 산업화 사회는 예를 무너뜨려

---

80 《禮記》〈樂記〉, "군자는 도를 얻으면 즐거워하고, 소인은 욕망을 채우면 즐거워한다. 君子樂得其道 小人樂得其欲"

81 《禮記》〈樂記〉, "난세에 분노로 음악에 원한이 있는 것은 정치가 기울었기 때문이고, 백성이 곤궁한 망국의 음악이 슬픈 것은 나라가 망했음을 생각하기 때문이다. 亂世之音 怨以怒 其政乖 亡國之音哀以思 其民困"

사람들을 소외시키고, 생업에 쫓기게 하여 정치 참여를 차단했다. 음악과 예술을 그 본질과 괴리시켜 다른 것을 서로 배척하게 하니 예술에서 좌파와 우파라는 해괴한 풍조가 무대에 올려졌다.[82]

좌우가 권력을 주고받으며 국가주의가 고양되면서 결국, 세금을 많이 내는 재벌財閥이 조종하는 군산軍産 난립정권亂立政權에 의한 한국사회의 예붕락괴禮崩樂壞 고통은 한이 없었다. 침몰하는 배의 어린 백성을 구하지 않은 것은 정치가 교만하여 듣는 소리가 황무하니 미안하지만, 책임 같은 건 느낄 필요가 없었다. 위정자는 나태하게 침상에서 뒹굴고 책상은 비어 있었다. "좋은 음악은 쉬운 것이요, 큰 의례는 간소한 것이나 大樂必易 大禮必簡" VIP 의전儀典에만 몰두하는 나리들에게 참된 예악은 공허하기만 했다. 낙괴樂壞의 현실은 물질적 안락을 추구하는 달콤한 소비사회, 역사종말을 선언하고 불필요한 만족을 꾸역꾸역 채우는 지식인들, 조급하게 취업에 내몰린 청년에게서도 볼 수 있다. 결국, 산업화의 장년이 된 한국인들은 돌보지 못한 삶의 악취를 지우려는 인조 향수로 저마다 치장하면서 영웅의 출현을 조롱하고 걸출한 인물은 빨간 광대로 만들었다. 은상殷商에서부터 이어진 아주 오래된 '순장제'가 유학의 잔멸과 함께 유령처럼 무덤 위를 걸어 다녔다. 어쩌면 식민지의 끝에서 매장되었던 좀비〔行尸〕의 실제적 출현이었다. 이런 행시行尸와 공시公尸들이 좌우 이념으로 공동체를 물들여 모욕하는 무례한 사건을 수없이 목격하고 참아온 한국민은 현명하게도 위한爲韓·극한克韓·복한復韓의 프로세스를 밟았다. 스스로 깨닫지 못하는 사이 유자의 사람됨을 가르치는 경신교도敬身教導의 트랙을 따라 살얼음 밟듯 조심스레

---

82 《禮記》〈樂記〉 "음악으로 사람을 한데 모으고 예로써 서로 다름을 인정케 한다. 함께 하여 서로 근친하고 다름을 인정하니 서로 공경한다. 樂者爲同 禮者爲異 同則相親 異則相敬"

어두운 시대를 도회韜晦했다. 그믐이 지나 달빛 아래 대동大同의 모습을 보는 감격을 누리면서, 개발 독재를 극복하고 가건물 같은 한국사회를 정리해야 하는 용기가 저마다의 가슴에 움텄다. 광장은 사람들의 생각을 보기 좋게 축소한 장소였다. 사람들이 광장에 모여 樂이 되었고, 누가 가르쳐 주지 않았는데 촛불을 들고 예로 복귀하는 새로운 역사적 전례를 만들면서 한국인 유자들은 문질文質의 역사 변증을 생각하지 않을 수 없게 되었다.

지도와 달력의 문질지변文質之變

과거와 급격히 단절하며 산업화한 동아시아에서 예禮의 붕괴 모습은 한눈에 파악되지 않는다. 따라서 연속하는 사회 변화를 정돈하지 못했다. 변화는 공간 지도와 시간 달력이 기축을 옮기며 더욱 혼란스러웠다. 역사는 문질文質의 교차 과정에서 불균형하게 서로 접점을 잃고 멀어져, 망국의 도통 흐름 파악이 무디어졌다. 문은 이론이며 질은 실제이고, 문이 겉이면 질은 속이요, 문이 형이상이면 질은 형이하였다. 변화가 없으면 성리性理가 아니었기에 양陽속에 음陰이 있었고 음속에 양이 있었다. 여성에 남성이 남성에 여성이 내재하기도 했다. 이는 시간과 공간처럼 본래 하나였던 것이므로 서로 위치를 바꾸며 방통旁通하여 동아시아인의 관념 속에 선회旋回하며 나선형으로 보였다. 그러나 서세동점으로 시공時空의 기축이 바뀌며 이기理氣가 호발互發하는 틈새가 보이지 않자 "퇴계통로"는[83] 막혀버렸다. 이 추상적인 표현은 동아시아인들이 주작朱雀과 현무玄武를 그린 벽화의 이중 나선 구조에서 이해할 수 있다. 소박하지만 한 몸체에서 나와 교차 선회하는 문질의 시간적 변화를 공간 속에 잡아 놓은 것이다. 이 둘은 분명한 변증법적 과정을 거치며 질서가 있었다. 그러나 대항해 시대에 유럽인의 머리에 든 관념은 문과 질의 저속한 차별화였다. 그들의 명제는 "문명과 원시는 어긋나 있는

---

[83] 제4장 문명과 야만의 하이브리드 세계, 一文一質의 이해

가?" "하나의 시간선에 놓여 있는가?"였으며 이어지는 질문의 답은 20세기 후반 스티븐 호킹에 의해 시간과 공간이 특이점特異點에서 출발하여 나선을 돌며 확장한다는 묵자墨子와 같은 생각에 멈추었다. 그전에는 제국주의에 의해 특히 유럽 항해자들이 발견한 아시아의 모습에서 그 점은 뜻밖에 명료하게 그려졌다. 수평선 너머를 그리는 유럽 부랑자들의 머릿속에는 진화론에서 비화比化시킨 사회발전론으로 변태된 신념이 있었다.[84] 사회 진화를 같은 종種 안에서 발전으로 설명할 수 없었으니, 종이 미개한 오리엔탈을 개화시켜야 한다는 백인의 "Mission"에 열광했다.

마테오 리치(1552~1610 예수회 선교사)

서구 제국주의의 팽창은 그들의 문화 네트워크가 지구를 한 번 돌 수 있었기에 확고한 공간을 나누며 가능해졌다. 막을 수 없는 백인의 책무(White Man's Burden)는 시대적 사명이었다. 번들거리는 육체에 변발을 한 중국인이 커다란 징을 치며 열리는 아시아의 무대는 관객석에서 보면 희극이지만, 무대에 올라서면 비극이었다. 모든 대양을 연결시킨 서구인들이 영토 공간을 너머서 보는 안목을 가짐에 따라 동아시아인들의 문질의 역사관은 수축하였다. 묵자墨子가 측정하고 수학으로 증명한 '둥근 천하'는 까맣게 잊고, 하늘은 둥글고 땅은 네모난 천원지방天圓地方의 고집스러운 공간관과 이를

---

[84] Henry Morgan, 《Ancient Society》

오가며 운행하는 천지인天地人의 삼재三才는 혼미昏迷해지고 말았다. 놀란 유자들이 눈에 안경을 쓰고 지도를 봤을 때 충격은 컸다. 지도가 단순한 조감도鳥瞰圖가 아니라 천문지리의 유학적 구조를 담고 있음을 곧 깨달았다. 명말에 중국에 소개된 마테오 리치(1552~1610)의 지도는 1584년에서 1608년까지 8차례 수정 발간되었는데, 1602년 유럽의 수학과 천문 지리학을 배운 천주교 신자 리지자오(李之藻, 1565~1630)의 도움으로 3차 간행된 지도(Mappa Mundi)에는 〈곤여만국전도坤與萬國全圖〉라는 이름을 붙였다. 이 지도로 유럽과 아프리카 제국의 중국식 이름이 정해졌다. 이로써 동아시아의 유자들은 지구가 분명히 둥글며 거대한 바다로 구성되었다는 것과 남극과 북극, 유럽의 정확한 위치를 알게 된다.[85]

공간과 아울러 시간 역시 서구화되었다. 1644년 5월 청이 만리장성 산해관을 넘어 북경 입성 이후 곧바로 선포한[86] 시헌력時憲曆은 서구의 셈법을 따른 달력이었으나, 코페르니쿠스의 천체관이 아닌 지구 중심 우주체계를 채택 천체의 자전을 부인하여 정확성에 한계가 있었다. 더구나 중국의 일원一元 공간관과 서구 기독교의 미신 요소와 결합하여 중국의 상제上帝와 여호와를 같은 성체라고 설교한 마테오 리치의 영향으로 세상은 더 넓고 포괄적이었으나 중화가 중심인 것은 여전했다.

"우리 천주님은 바로 중국말로는 상제님이다.(吾國天主卽華言上帝)"

(마테오 리치利瑪竇, 《天主實義》, 1868년 重刊)

북경 입성 시 어린 순치제의 섭정이며 실력자인 도르곤多爾袞의 옆에

---

85 Benjamin A. Elman, *On Their own Terms, Science in China 1550~1900*, "Matteo Ricci's MappaMundi", Harvard University Press, p.127.
86 1644년 순치 2년 반포, 1645년부터 시행하여 청나라 말까지 사용하였다.

소현세자(李注, 1612~1645)가 있있다. 파죽지세로 북경을 향해 치닫는 만주 팔기군八旗軍의 먼지 속에서 그는 마상馬上에 앉아 푸르르게 솟아 오른 이우뤼 산醫巫閭山을 보았다. 허벅지는 딱딱한 안장鞍裝에 오래 앉아 피멍이 들어 있었다. 통증을 느낄 새 없이 그는 깊은 회한에 빠져들었다. 그 산은 문명과 야만의 경계요, 문질지변文質之變이 일어나는 관문이요, 문야지별文野之別의 변두리였다. 그해 가을 달력을 바꾼 청의 세계화 작업은 문질지변을 근본적으로 부정한 중요한 사건이었다. 1776년 음력 3월 16일 의무려산醫巫閭山에 도착한 홍대용(洪大容, 1731~1783)은 뒤에 《의산문답醫山問答》을 쓰며 시공의 관념적 변화에 봉착한다. 망국 도통 흐름의 분기점에서, 보는 방향과 생각에 따라 문야文野가 바뀌었다. 그는 "중국이 천하의 중심이 아니라 내가 있는 곳이 세계의 중심"이라는 역외춘추론域外春秋論을 주장한다.

> "뭇별들은 각각 하나의 세계이며, 무한한 우주에 흩어져 있는데 오직 지구만이 중심일 수는 없다. 지구는 한없이 넓은 우주의 한 천체일 뿐이다."
>
> (홍대용, 《醫山問答》)

홍대용의 생각은 후기 조선에서 역사 도통이 공간역에서 자유로워지는 중대한 시발점이 된다. 한 공동체의 역사는 그가 어디에 위치하든 영토 좌표에 구애 없이 문화와 언어의 정통이 있다면 정당하게 쓰여질 수 있게 되었다. 한민족은 중앙아시아든, 만주와 요동이든 그리고 축소된 한반도이든 관계치 않으며 미래에 다른 대륙에서 또는 다른 행성에서 면면綿綿한 역사 도통을 이을 수 있다. 홍대용의 시대 한 세기 전 북경에서는 조선 사신의 활동이 자유롭지 않았다. 청국에 대한 조선의 불온한 태도에 사신 일행의 거주와 행동이 제한되었고 감시가 뒤따랐다. 조선에서 북벌의 기억이 희미해진 18세기 초부터 청의 의심이 사라지고 연행 사절의 활동이 활발해진다. 1777년 정초에 북경 천주당 방문 뒤 조선의 문제를 성찰한 홍대용은 강남 지식인과 접촉하며 주자 성리학의 한계를 공감했다. 그가 대동한 관상감觀象監의 천문학자 이덕 성李德星은 과학적 사고를 하는 수학의 천재였으나 중인中人이었기에 자세한 기록이 없다. 덕성이 오행성의 주기 계산에 필요한 자료를 얻는 동안 홍대용은 청 관리의 눈길을 피해 위항委巷의 거리에서 강남 사인 인 엄성嚴誠, 반정균潘庭筠 등과 치열한 필담을 나눈다. 주자의 "리理의 우주"에 균열이 생기고, 오히려 주자가 배척했던 북송 소강절(邵康節, 1011~1077)의 상수학象數學으로 성리를 풀 수 있었으니 우주는 바로 "수학"이었다. 북경 유리창琉璃廠 뒷골목에서 밤을 새워 주고받는 마음 에 내상內傷을 입은 유자들 머리 위로 쏟아지는 별빛 가운데 2001년 화성과 목성 사이에 발견된 새로운 소행성 "홍대용"이 있었다.[87]

17세기 일본인들은 이런 새로운 지도와 달력을 만나면서 화이질서를 비웃었다. 일본인들을 더욱 예로써 대할 수 없으면서도 조선 유자들 역 시 "혹 넓은 세상을 다녀 보았을 사해四海를 유영하는 고래와 바다 자 라(海鼇) 보다도 인간이 세상을 모른다."고 자조했다.[88] 이미 안정된 공 간에서 역사 전통인 도통을 잇는 심오한 문질의 나선 구조는 마모되고 말았다. 공역이 확장되며 시간은 다른 출처에서 나와 동짓날 달력을 찍 어 나누어 주던 천자의 권위에 타격을 가했다. 시간을 빼앗겨 제후 책 봉의 조서에 날인한 것은 모호한 영원의 숫자 아홉(九)이었다. 다만 독

---

87 국제천문연맹(IAU) 소행성 회람(MPC) (94400) Hongdaeyong = 2001 SG267, Discovered 2001 Sept. 25 by Y.-B. Jeon, Y.-H. Park and K.-J. Choo at Bohyunsan Optical Astronomy Observatory.

88 魏伯珪,《寰瀛誌》(1770)의 서문. 울릉도와 독도(우산도)를 나란히 조선의 강역으로 표 기했다.

특한 불교적 세계관을 가진 일본인들은 세계를 다원적으로 보는 훈련이 되어 19세기에 서구 네트워크에 민첩하게 끼어들 수 있었다. 에도시대의 지리적 평가에서 인정하듯이, 도쿠가와 이에야스德川家康는 토요토미 히데요시豊臣秀吉의 강요로 에도江戶에 봉토를 이전해야 했으나 그가 전국의 패자가 된 뒤에도 교토京都로 가지 않고 에도를 막부幕府의 근거지로 했다. 임란壬亂 이후 조선과 중국으로 부터의 보복 침공에 대비해 종심 깊은 간토오關東에 막부를 열었다는 설은 믿기 어렵다. 아마도 그가 새로운 역사 공역을 창조한 것은 이 "새로운 지도"를 보았기 때문일 것이다. 중국의 화이질서는 붕괴되었다. 이에야스는 영주의 본거지인 교조居城를 갈대밭 언덕에 소박하게 짓고 태평양에서 접근하는 서구 네트워크를 맞이했다. 예측 못하는 공간의 확장으로 새로운 세계관에서 보는 문화축은 언제나 가변적이고 문질지변의 원칙이 없으므로 언제든지 탈아脫亞할 수 있고 또 되돌아올 수도 있었다. 그래도 넓은 세계에 대한 공포감과 경계심에서 결국 도쿠가와 막부는 쇄국의 빗장을 열지 못했다. 광음光陰은 바다 건너에서 쉬지 않고 몰아쳐 큐슈九州 남쪽의 열해熱海에 다른 세계가 다가왔다. 그러나 예하 다이묘들은 바닷물이 점점 뜨거워지는 것을 실감하고 있었다. 관념의 눈으로는 수평선에 출몰하는 네덜란드인들을 볼 수 없었지만 에도의 사상가들은 문질지변의 역사 흐름을 과감히 부정하고 심학心學과 기氣에 기초한 물질세계의 평온함을 대중에 제시했다. 심지어 마침내 자신들을 화이관의 중심에 놓아 서구의 폭력적 부국강병책을 모방하기 시작했다.

이렇게 질質이 지나쳐 폭暴이 되었다. 유자의 마음속에 질박함은 잠시 용인하여 열어둔 너그러움일 뿐 새로운 것을 정밀하게 검측하는 알고리즘은 아니다. 유자의 내적 몰입 습성이 파괴되면서 오늘의 근대화,

산업화, 시장화, 물신화에 노예의 족쇄를 차게 되었다. 자본은 역사를 장악하고 미래를 결정하며 과거를 파괴하고 왜곡했다. "물질과 기억"만이 남은 세상에서 정체를 알 수 없는 "유교 자본주의"는 문질의 변화로 설명할 수 없는 궤변이다. 자본주의에 유교적 사색이 교배한 것인지, 이 알 수 없는 이형異形의 언어는 추적이 불가능하다. 물질 생산이 동아시아에서 급격히 발전했으므로 포괄할 수 없는 '경제經濟'라는 급조 용어에 실려 있을 뿐이다. 경제의 질質이 절약이라면 경제의 문文은 소비일 것이다. 산업화의 끝없는 팽창은 시장의 동력을 조작하여 불요한 물건을 만들고 주변을 쓰레기로 채웠다. 이런 혼란에 유자는 어디에 있었는가? 그리고 이제 와 왜 "유교 자본주의"라는 필명으로 동아시아의 산업화를 설명하고 있는가? 이 "난폭한 Mission"에 예로써 답할 수 없다면 역사를 되돌아볼 수밖에 없다. 그러나 역사 발전의 변증성이 전진하기 위해 서로 밟고 디딜 수 없을 만큼 상호 마모되었던 시기를, 다시 말해 "역사의 종말"을 설명할 길이 없다. 유학은 이미 예견된 역사의 파탄에 '역사의 사적私的 기술'인 춘추필법 뒤로 몸을 숨겨 버렸다.[89]

---

89 제4장 문명과 야만의 하이브리드 세계— 춘추필법.

역사관의 타락과 도통의 회수

한국 사회의 도덕적 타락은 역사의 몰이해에서 기인하고 "역사관의 타락"과 같은 축에 있다고 보는 견해는 타당하다. 유자에게 역사는 도통道統을 분별할 줄 아는 이에게만 유의미하다. 그러나 역사는 소유지가 아니다. 역사는 승자의 것도 아니요, 사실 증거를 점거한 자의 것도 아니다. 역사란 힘의 결과에 따른 산물로 보는 요즘, 현재적 관점에서 몰입한 '역사학'은 역사를 부족지의 외곬으로 빠지게 한다. 모든 공간에 시간이 모여 역사가 있다.〔集史〕 그러나 그 영역은 시비是非보다는 힘의 강약强弱으로 구분되고 역사학자들은 힘의 원점을 살피는 데만 관심을 모았다. 한반도에서는 민족과 영토 분할의 고통이 지속되면서, 아마도 영속적인 분단을 평화와 교환하여 이른바 민족 지식인의 부도덕한 역사 영역이 확보되었다. 평화를 힘의 소멸 결과로 보는 관점이 타당하지 않다는 전제는 균형 없는 힘의 소멸을 필요로 하므로 역사 영역의 틀거지를 구성할 수 없다. 다시 말해 분단에서의 역사 정통은 분명한 시비가 있어야 한다. 도통을 생각치 않는다면 분단이 고통스러울 리 없다. 역사 정통인 도통의 분별은 힘에 따르지 않고 의義를 모은 영역의 허브를 보는 것으로 가능하다. 그러므로 역사에는 국경이 없으며 공간의 상대성이 있을 뿐이다. 사마천의 《사기史記》가 많은 학자에게 "유사 역사서"로 비난받는 것은 인간적 흥미를 겨냥한 중화주의(Sinocentrism)에 빠져 역사의 강역을 일원화一元化했기 때문이었다. 반고의 《한서》〈지리지〉역시 한대漢代에 통일 중심의 위협으로 간주된 먼 지역을 촌락의 행정 단위에서 국가 단계에 이르는 과정에 실제와 다른 허구의 군현郡縣으로 창조했다.[90] 역사(시간)와 지리(공간) 모두가 한제국의 관념론자 작품이었다. 뒷날 망국 도통의 흐름을 파악함에 역사 도통을 겨냥한 인식이 힘을 잃고 이들 민족의 대변자들이 강단에 서 있을 때 역사는 사적 속삭임인 춘추필법으로 되돌아간다.

역사 정통에 대한 유자의 각성은 남송의 주자朱子 이후로 보는 견해가 지배적이다. 그러나 도통에 대한 주자의 위기감에서 세계제국인 원元의 중원 통치를 보는 더 큰 안목은 열리지 못했다. 분노와 모욕감으로 역사를 보는 영역을 좁히면 기록에 담을 수 있는 사실이 제한된다. 한국인에게 역사 도통에 가까운 사서를 규정하기란

주자(주희朱熹 1130~1200, 송대 유학자)

쉽지 않다. 아마도 공간 영역의 시비를 버리고 본다면 일실佚失한 삼국의 《고기古記》와 이를 토대로 집일輯佚하여 역사를 신화에서 사실에 기초 합리적 추론으로 기술한 김부식(金富軾, 1075~1151)의 《삼국사기三國史記》에서 삼국의 〈본기本記〉에 도통의 근거가 있다. 메이지 시대에서 조작되어 근래에 이르기까지 신화에 매달린 일본의 역사에 견주면 한반도 역사 정통에 대한 김부식의 공로를 인정하지 않을 수 없다. 조선에

---

90 Mark Edward Lewis, *China between Empires: The Northern and Southern Dynasties*, the President and Fellows of Harvard College, 2009.

는《고려사》편찬 시에 정통에 대한 쟁론이 있었고, 잠잠하다가 병자호란 뒤에, 그리고 명청 교체기를 지나 다시 일어난다. 정통론은 중원 대륙을 바라보며 죽은 중화 문명에 조의를 표하며 종결됐다. 중국에서 회수한 도통은 오로지 조선에만 남았다. 이를 사상으로 체계화한 사람은 송시열(宋時烈, 1607~1689)이었다. 문명의 강역이 좁아졌으므로 그는 "의를 모아 기를 길러〔集義養氣〕" 역사 정통을 계승하고 문화 종주국의 면모를 갖추자고 주장한다. 그러나 실질적 통치력인 치통治統은 물리적 기氣를 바탕으로 한다. 그가 북벌론北伐論을 실제 주장했는지는 모르지만 힘의 근원을 의기義氣로 봄으로써 맹자(氣), 주자(理)에서 이어진 역사관의 주 흐름인 이기론에 시대적 이해를 위한 보완이 필요했다. 이기론은 논쟁을 통해 조선의 현실과 만나 다양한 형태로 변용되거나 계층별 정치 사회 이념을 반영한 "국가이념"으로 자리 잡았다. 조선 대유大儒 송시열宋時烈의 북벌론은 관계없는 호락湖洛,[91] 예송禮訟 논쟁에[92] 섞이고 정치세력의 진영 논리에 빠져 도덕과 역사가 곤죽이 된다. 그러나 중화 질서를 존중하는 그의 존주대의尊周大義의 이념은 계승되어 조선 말 위정척사론의 중심축으로 발전했다. 송시열은 군자와 소인, 시비 판단을 모호하게 하는 조정론調停論을 비판하며 이해관계를 조절해서는 안 된다고 말한다.[93] 그러므로 화이분별 역시 칼로 자르듯 명확해서 훗날, 이에 근거한 쇄국정책 역시 사상과 현실에서 이치가 부합했다. 그러나 이어지는 정변政變과 환국換局을 반복하며 정권에 따라 개편된 부실한 역사의식에서 성리학적 역사 가치관은 왜곡된다. 결국, 18세기 후

90 호락논쟁에 대한 참고: 조성산,《조선 후기 낙론계 학풍의 형성과 전개》, 지식산업사, 2007; 李丙燾,《韓國儒學史上學說의論爭一段—特論湖洛是非》, 1969.
91 1660년 예송은 표면적으로는 인조의 계비인 조대비의 복상 문제에 관한 것이었으나 이면에는 학파 간 禮論에 대한 해석의 차이였다. 이는 정치세력 사이의 대결로 이어졌다.
92 宋時烈,《宋子大全》卷27, 李敬輿에게 주는 편지.

반 노론 집권층의 핵심 모집단인 낙론계洛論系는 시시한 역사 각론에 집착하다 지방의 향유로 축소되었다. 망국으로 가는 길목에서 방향계는 이렇게 틀어졌다.

조선 성리학의 진유眞儒들이 시골에 숨어 도통을 회수하자, 결국 "역사판단의 정확성 여부는 집단의 감각이나 관념이 일치하는지가 아니라 역사적 추세에 대한 개인의 감각과 판단 능력에 달려 있다."는 주장처럼[94] 개인의 경험이 역사를 장악한다. 《춘추春秋》 역시 공자가 사私적인 행위로 쓴 것이다. 포폄褒貶과 삭제削制, '의도적 무관심'으로 자유롭고 준열한 춘추필법이 사사私史에서 나온 것은 "세상일이 혼자 하면 이루어지고 여럿이 하면 성사되지 않는" 구차한 시대에 늘 나타나는 현상이었다. 도통道統과 치통治統에 따른 정통 역사에 대한 준거 의식은 명료하다. 어느 국가이든 정통성은 그 역사적 근거에서 충분한 도통의 증거에 달려 있다. 도통道統이란 그 국가가 부재한 유역에서조차 유구한 전통과 문화적 충만감을 계승한 것이고, 치통治統은 힘으로 이를 보증하는 군사력으로, "국가주의"에 감춰진 불안을 견디지 못해 외세를 들이거나 무가武家로 나누어진 어지러운 세상을 《춘추》가 표현하는 방법이었다.

이에 준거하여 보면, 역사 단절로 오해한 일제 강점기와 군정 기간은 치통이 없이 도통으로만 그 역사 정통을 이은 기간이었다. 잃어버린 나라의 역사 도통은 이국 땅의 지하실에서, 외세가 조차租借한 가설무대가 선 땅에서, 강남의 호수에 가랑잎 같이 떠 있는 작은 배 위에서 근근이 이어졌다. 역사를 알아야 한다는 생각의 지향점은 도통의 계승으

---

93 양뤼첸楊念群, 《何處是江南, 강남은 어디인가?》, 2010.

로 모아졌다. 역사를 바라볼 때, 왕조의 멸망은 역사의 종말이 아니라 깊이 되새겨 볼 역사의 관절이었다. 역사 주체가 시민임을 자각한다면 조선왕조의 멸망은 1910년 일본의 한반도 침탈이 아니라, 왕조를 부정하고 공화국을 선포한 1919년이 분명하다. 유자들은 《중용中庸》에서 중화中和를 정의한 "나타나 모두 절節에 맞는 것 發而皆中節"[95]이라는 무덤덤한 생각의 틀에서 망국의 스트레스에 대한 위로를 찾았다. 멸망 또한 개중皆中의 하나의 절節로 보는 역사의 템포일 뿐이었다. 이는 영토 공역에 관심을 집중한 유럽의 역사 모델에서는 찾을 수 없다. 역사 파악의 방식에서 계통系統을 따라 살피는 것이 유학적이지만, 가치를 파악하는 데는 도통의 선명성이 우선이었다. 이것은 순수함의 영원성에 대한 관심이기도 했다. 이런 역사 가치관을 기반으로 항원恒遠한 초역사성이 성리性理이고, 도덕 정치의 자신감에서 어떤 기록도 감내할 수 있는 조선은 고도로 발달한 역사서인 《조선왕조실록》을 남기게 되었다. 《실록》의 술법述法은 비록 족벌적이고 사실을 찬서竄書했으나 역사가 도道에 종속하므로 역사를 공부하는 것은 곧 유학을 공부하는 것이었기에, 역사 도통의 선명성은 학생이 의를 모아〔集義〕 양지良知에 도달한 높이에서 드러나게 되었다.

식민 제국주의의 폭력과 야만을 피해 작은 신줏단지로 남았던 도통이 무시당한 것은 해방 뒤 부정한 권력에 의해서였다. 이승만의 식민유신植民遺臣 통치와 박정희의 군사 파쇼는 통치권의 불온한 계승으로 가까스로 이어온 도통을 파괴했다. 이들은 민족주의가 제국주의의 하행구조로 자리 잡는 데 공헌한다. 역사 도통의 단절 기간이었다. 따라서 역사 안에서 유림儒林의 침묵은 계속되었다. 이념의 토호들이 다른 토호

---

[94] 《中庸》1장.

를 몰아내는 아수라장 같은 정권 쟁의는 100년 망국을 추적하는 유자의 중심축은 아니다. 토호들이 넘나든 경계에 질서가 있어 보이지도 않는다. 누각에 높이 올라 바라본 도통이 선명하지 않다면 유자는 침묵하며 논의는 숨어 버린다. 엄정히 수비할 수 있도록 대한민국의 도통이 순수하지는 않지만, 북한이 참절하고 위조한 역사 도통에는 충분한 방어력이 있었다. 그러나 한반도에서 도통을 이어온 대한민국에 그 어떤 정권이든 쿠데타와 부정 선거의 혐의가 있다면 그래서 훗날 그 역사적 평가에서 윤위(閏位-도덕을 찬탈한 권력)로 밝혀진다면, 이는 치통治統으로서 한 시대를 구분할 수는 있어도 역사적 정통이 있었다고는 할 수 없다. 윤위의 초상화를 내리면서 생각건대, 송시열의 말대로, "시비是非와 정사正邪가 정해지면 비非와 사邪를 타도하는 방법에 비와 사를 사용"할 수 있을 것이다.

2.

유학의 복원復源과 복례復禮

추사 김정희 세한도

" … 시에는 누구를 가르친다는 무모한 생각은 추호도 없다. 가르침은 오로지 배우려고 할 때 가르쳐진다. 정보의 프래그미디어 시대에 오만한 독자와 시의 간격에는 항상 합부로 범할 수 없는 영역이 있다. 독자는 이미 자기도 모르게 "판단력 비판"의 경지에서 시를 볼 수 있게 되었다. 그러므로 조금이라도 삿된 생각[思邪]이 있다면 한 치도 전진할 수 없고 시의 해체로 남겨진 언어의 파편에 묻히게 된다."

유교 근본주의

    조선 제22대 왕 정조(1752~1800)의 평가는 다양하고 복합적이다. 그는 개혁 군주로 알려졌으나 반면 유교 근본주의자이며 주자학적 반동 정치를 했다는 의견도 있다. 유학의 복례에 관한 생각은 따로 하고, 왕과 유자의 관계는 이 책의 유자 공화주 주제에서 다루겠지만, 권력 쟁의에서 정조가 유학을 사용하였음은 부인할 수 없다. 학學을 기器로 사용하는 것은 반유학적이다. 어쨌든 그 시대의 새 사조, 강희-옹정-건륭 연간(1661~1796)의 위대한 치세가 조선에 준 영향은 막대했을 것이다. 1775년(건륭 40), 《사고전서》가 편찬 중인 시대에 정조의 치세를 등치等値하여 보면서 어떤 견고한 시대정신이 있었음을 알게 된다. 한 세대 늦은 자각이었는지, 오랑캐 청의 누린내가 코에서 가신 이유인지 북벌北伐의 기억은 아스라했다. 조선에서 북학北學이 형성되고 규장각이 세워져 책을 모으기 시작한 것은, 청의 철인哲人 통치가 준 영향일 수 있다. 어떤 이유에서든 청은 조선에 변발을 강요하지 않았고, 청과 결절決絶했던 조선은 유자 공동체인 서원을 중심으로 정교한 철학적 사색이 넝쿨처럼 얽혀 갔다. 평온平穩 속에서 윗대[上村]와 노론이 세거하는 북촌을 오가는 길은 막히고[^1] 정치적 불통을 간파한 아전衙前들이

[^1]: 姜斅錫, 《大東奇聞》 "남인과 노론은 서로 배척하는 세혐世嫌이 있어 길을 왕래하지 않았다."

광화문 길에 시장을 열어 이권을 챙겼다. 길은 남향의 황토 마루를 넘지 못하게 좌로 통하여 시장으로 가고 우로는 마포 샛강나루에 도달했다. 통달通達은 이런 계획된 혼돈 속에 있었다. 성리학의 오의奧意 역시 현실적 필요에 따라 정치 도구로 다듬어 갔다. 그 절차와 과정은 혼란스럽고 또, 매우 정밀한 계보를 형성했다. 그러나 시간이 지나며 공동체에 이로운 결과물은 없고 배타적 문벌 안에 위선과 타락이 자리 잡았다. 신사고를 가진 조선의 젊은 유자들은 청의 융성한 문화를 인식하며 우물 안 개구리 같은 늙은 고유枯儒들을 경멸했다. 젊은이들이 스승 삼을 원로들이 없었다. 종묘사직의 동서를 차지한 북인과 서인에 떨어져 남산 기슭에 새로운 생각이 깃들기 시작했다.

정조는 이런 지식 균열을 잘 인지했다. 노론을 견제할 정치적 근거지로 규장각을 세우고 서얼 출신을 대거 기용한다. 초대 검서관으로 박제가(朴齊家, 1750~1805)와 같은 불만이 많은 수재가 영입되었다. 이들은 그 시점에 상당한 네트워크를 형성하고 있었다. 당하에서 당상을 바라보아야 하는 해바라기[向日麥] 같은 서얼들이 끼리끼리 모였는데, 지금의 파고다공원 원각사지 10층 석탑 주변에 모여 지식을 교환하고 시국을 토론했다. 멀리서도 탑이 하얗게 보이므로 사람들은 이들을 백탑파白塔派로 불렀다. 또한 모두 연행길에 심양의 백탑을 보았던 감회를 모을 수 있기 때문이기도 했다. 모두 궁핍한 처지라 밥 한 끼를 먹는 것이 급했다. 박제가는 이서구, 유득공, 이덕무[2] 등과 추운 겨울에도 당하堂下에 부복하는 냉관冷官 신세를 한탄한다. 청나라 문물을 보러 연행燕行 사절을 따라가는 것 역시 상전 말꼬리를 좇는 "수기미隨驥尾" 처지이니 문재文才가 뛰어나도 권력의 문고리를 잡을 수 없다. 박제가가 서울

---

2 규장각의 四檢書, 李德懋, 柳得恭, 李書九, 朴齊家.

의 여기저기를 옮겨 다닌 셋방살이를 끝낸 것은 중국에 이름이 알려지고, 임금 정조의 거듭된 배려 때문이었다. 이 시기에 고위 양반층에서 추사秋史 김정희(金正喜, 1786~1856)의 출현은 어쩌면 필연이었다. 사회 각층에서 청淸제국과 문화적 교감에 목마른 조선의 식자들에게 이 미묘한 인물이 유학의 근본적 물음에 답을 주었기 때문이다.

추사의 경우는 독특한 유자의 면모가 보인다. 북학 안에서 신분적 연결이 불가했고, 특정한 스승이나 연계된 학파 없이 독학으로 유학의 정수에 입경入境한 흔적을 남겼는데, 독서인으로 그가 사숙한 외국인 스승에서 뿐만 아니라 문질의 역사 발전과 평가를 통해 지나친 질적 고증학을 극복하고 근본 유학으로 복귀는 조선 유자의 정예함을 보여 준다. 추사의 위대성은 그가 남긴 서화書畵에서가 아니라 만년에 보여 준 성리학적 완성도 높은 행적에 있다. 그의 결졸缺拙의 경지를 이해하기는 쉽지 않다. 조선 유자를 "크게 이루어진 것은 어딘지 모자라는, 대성약결大成若缺"의 도교적 가치관으로 조명한다면 왜곡을 면치 못할 것이다.

김정희의 편력 과정은 북학의 비조라고 할 수 있는 스승 박제가로부터 시작하여 완원, 옹방강과 같은 당대 중국의 석학과 교류하며 지식을 온적蘊積하고 마침내 고증학의 극복과 성리학의 핵심인 경학經學으로의 복귀로 나눌 수 있다. 다들 김정희 없이 북학北學을 말할 수 없다고 하나 그에게는 유자의 생애를 일관하는 극기복례의 과정에서 실증을 위한 북학이었다. 그는 16세가 된 1801년 동지사冬至使 사절인 아버지를 따라 연행燕行하며 베이징에서 국자감國子監의 고관이었던 완원(阮元, 1764~1849)을 처음 만나 감격과 충격을 받았다. 책에서만 보던 살아 있는 저자를 직접 본 것이다. 이들의 관계를 깊이 맺어 준 매체는 뜻밖에도 원나라 수학자 주세걸(朱世杰, 1270~1330)의 책 《산학계몽算學啓夢》이었다. 완원은 《사고전서》를 보완하면서 청조 내부에서 찾을 수 없는 수많은 잃어버린 책들을 조선과 일본에서 찾고 있었다.[3] 일원一元 방정식을 푸는 "천원술天元術"이 소개된 《산학계몽》 역시 중국에서 사라진 일서佚書 중 하나였는데, 김정희가 귀국 후 조선에서 재간된 1660년 본本 《산학계몽》을 보내준 것이다.[4] 이를 받아 본 완원의 기쁨은 상상 이상이었다. 이 책은 1443년 명나라에서 발간해 일본까지 널리 퍼져 있었다. 완원은 추사가 원하는 책을 보내 주고 또는 추사로부터 산일散佚된 책들을 찾아 재발간했다.

김정희의 2차 연행燕行은 24세인 1809년(순조 9) 아버지 김노경이 동지사冬至使 겸 사은사謝恩使 사절의 부사副使로 갈 때 수행한 24명의 자제군관子弟軍官 가운데 하나로 따라나서, 그해 하반기부터 1810년 상반기까지 약 6개월간 북경에 체류한 때이다.[5] 전에 어린 김정희의 총명을 알아보고 서적을 교류하며 친분이 깊어진 완원이 학구욕에 불타는 청년 김정희를 당시 연경 학계의 거두 옹방강(翁方綱, 1733~1818)에게 소개

---

3 散佚된 책들이 중국 내부에 아주 없었던 것은 아닌 것 같다. 많은 장서를 보유한 강남의 사인들이 반청 의식이 강해 청조 문화사업에 협조하지 않았기 때문이었다. 송대 이후 과거 합격자의 수는 浙江, 福建 등에서 압도적으로 많았으므로 강남 사인들의 비협조는 《사고전서》 편찬에 큰 장애였다. Chaffe, *Education and Examinations in Sung Society* 부록, 과거 합격자의 지역 분포.

4 Benjamin A. Elman, *World Sinology Article*(朝鮮鴻儒金正喜与淸朝乾嘉学术), January 2015.

5 위의 주, *World Sinology Article,* 37쪽에는 김정희의 북경 체류 기간을 6개월로 보고 있다. Elman은 후지츠카 지카시(藤塚鄰 1879~1948)의 《淸朝文化東傳の硏究》, 東京:国书刊行会, 1975, 140쪽을 참고했다. 유홍준의 《완당평전》, 학고재, 2002에는 김정희의 북경 체류기간을 60일(10월 28일 출발-동지 무렵 북경 도착 두 달 체류-이듬해 귀환 3월 17일 입조)로 기술했다.

한 것은 이때였다. 옹방강은 보안사
가保安寺街에 있는 자신의 개인 서고
인 석묵서루石墨書樓를 보여 주며 환
대했다. 김정희는 "유자의 천국 도서
관"에서 좋아하는 책을 편람하고 필
사했다. 《사고전서》를 보고 싶었던
그가 베이징 고궁故宮의 문연각본文
淵閣本을 보았으리라고는 생각되지
않고, 기록에는 없지만 완원과 자유
롭게 출입할 수 있는 청조 한림원翰
林院의[6] 저본底本을 보았을 것이다.

추사 김정희(1786~1856, 실학자·서화가)

완원과 옹방강은 김정희의 먼 바다 건너 친구[天涯之友]로 학문적 후견
인이 된다. 김정희의 별호別號가 완당阮堂이고 서재에 완당이라는 편액
과 옹방강이 써준 "실사구시"라는 편액을 건 것은 그들의 제자임을 자
랑스럽게 여겼기 때문이었다. 두 명인은 김정희에게 문질지변 사색의
표상으로 나타난다. 담계覃溪 옹방강이 "경전을 즐긴다."는 것은 경학의
질質이요, 운대芸臺 완원이 "남이 그리 말해도 나 또한 그리하다 말하지
않는다."는 고증학의 문文이었다. 이 명제는 서로 교차하여 경학의 문과
고증학의 질이 나선을 그리며 추사의 머릿속을 선회했을 것이다.

　김정희가 실질을 숭상하여 성리학을 공론空論으로 배격했다는 것은
사실과 다르다. 정조가 죽고 정파적 진영이 갈려 성리학적 반동이 일어
난 시기에 "아닌 사실을 일삼아 근거 없이 공소空疎한 술수를 방편으로
삼고, 옳은 것을 구하지 않으며 선입견을 위주로 학문하면 성현의 도에

---

6 청대 한림원은 베이징 東長安街에 있었으나 1900년 戰火로 소실되었다.

배치된다."는 그의 주장은 의연하지만, 위험하기도 했다. 옛 비문을 찾아 아름답고 장엄한 한국의 산과 계곡을 오르내리는 30대 초반의 젊은 추사에게 옳은 것을 찾아 모으려는 투철한 "집의정신集義精神"은 역시 성리로 가는 한 방편이었다. 진흥왕 순수비를 고증하러 북한산을 오르내릴 때 그는 중흥사重興寺의 뒷간 똥통에 빠졌던 김시습을 생각했을 것이다. 만년에 필서에 싫증을 내고 승려의 행색을 취하기도 했으나 이는 정신의 혼탁함을 걸러 내는 과정이었고, 결국 그의 인생의 종결점에는 경학이 있었다. 경학의 목표는 군자가 성현聖賢이 제시한 도道의 본원本源을 궁구窮究하여 실현하는 것이므로, 그 학문 방법은 실현 가능한 구체적 내용과 실현이 불가하더라도 경經을 실천하는 옳은 것을 찾아 도학의 궁극으로 가는 과정에서 거치는 실사구시였다.[7]

문질의 변증법적 발전으로 보는 한송漢宋 유학의 변별은 점차 융합과정을 거치게 되고, 청대 후기에 이르러 지나친 질質 위주의 고증학에서 송宋의 의리義理와 문식文飾을 되찾아 오려는 노력이 일어난다. 여기에는 정치적 배경도 작용했는데 이것은 건륭제가 《사고전서》의 편찬에 몰두하면서 절강浙江, 복건福建 등 강남에 남아 있는 불온한 기운을 탐색하고 그 가운데 은밀히 여유량의 "불온서적"인 《사서강의四書講義》를 탐독하며 받은 충격 때문이었다.[8] 더구나 《사고전서》의 편찬에 직간접적으로 참여하고 있는 옹방강이나 완원은 모두 강남 사인이었다. 건륭제의 《사고전서》 편찬의 목적은 사실 금서禁書를 지정하고 저자를 영책另册에 넣어 반청 정신을 가두기 위해서였다. 그러나 문질의 균형이 깨져 청의 역사 도통道統이 "실사구시"인 질質에 몰입해 버리면 존고의식存古

---

7 實事求是, 《漢書》 河間獻王德傳에서 이를 평가한 반고의 말 "학문을 닦고 옛 것을 좋아하는데, 사실을 근거로 바른것을 구한다. 修學好古 實事求是"에서 유래했다.
8 제1장 망국과 유학의 붕괴, 2. 오래된 망국 呂留良

意識이 희박해져 중화 문명의 적통자가 될 수 없다는 위기감도 작용했다. 공평하고 보편적인 견해는 옛것에 구속되지 않아야 하나 종국에는 경의 지지 없이 가능치 않다고 김정희는 생각했다.[9] 그의 시대에 조선 유자와 중국 유자의 연결 맥락이 송대 지식 안에서만 이루어진 것은 한계였으나, 마침내 그는 옹방강의 도문학道問學과 완원의 실질적 세용世用 학설을 잘 소화해서 궁극적 유자의 길을 간 것이다.

만년에 완성된 유자의 면모는 기氣와 향香, 권卷을 문으로 하고 자字, 서書와 문文을 질로 표현했는데, 내면과 외연을 균형 있게 관조하고 형이상학의 경계에서 실질實質과 아문雅文을 절묘하게 아우른다. 이러한 서권기書卷氣와 문자향文字香은 그의 그림과 글씨에 심오하게 스며들었다. 기법보다 심경의 세계를 중시하는 문인화풍文人畫風을 독보적인 자기 내공으로 발전시켜 마침내 〈세한도歲寒圖〉를 남겼다. 이로써 고독과 실존마저 초극하고 남겨진 세계를 연민한다. 정통 유학의 길인 위기爲己→극기克己→복기復己의 편력 과정을 실천한 것이다. 청의 명인들과 교류하며 최고의 문명을 섭렵한 위기爲己를 거치고, 가문이 몰락하여 아내가 죽고 긴 유배 생활인 극기克己의 시기에 추운 계절(歲寒)을 견디는 군자의 심경은 의연하다.

공자 말하길, "날씨가 추워진 연후에야 송백의 군셈을 알 수 있다." 송백은 사계절 버며 일관되어 시들지 않는다. 추운 날 이전에도 하나의 송백이요, 추운 날 이후에도 하나의 송백이다. 싱인은 추운 날을 겪은 후 그 면모를 알 수 있다. 孔子曰 '歲寒然后知松柏之后凋[10]' 松柏 是貫四時而不凋者, 歲寒以前一松柏也, 歲寒以后一松柏也, 聖人特稱之于歲寒之后."

9 김정희의 《實事求是說》과 옹방강의 《實事求是箋》
10 《論語》〈子罕〉.

추사는 마침내 유자儒者의 본모습인 자기에 돌아[復己] 갔을까? 죽기 전 그의 자유로운 행적은 이해하기 힘들다. 현대에 의미가 사라진 "제 쥬변" 있는 행동으로의 자유는 사회로부터의 해방이 아니라 자신으로부터의 해방이었다. 조선의 사족士族들이 중으로 적멸跡滅한 예는 많으나, 승복을 입고 남의 이목을 아랑곳하지 않으며 기교와 필법이 모두 사라진 점과 선만이 남은 그림에 보이는 것은 세상과의 결절보다 더 깊은 오의奧意의 데카당 또는 미니멀리즘(Minimalism)의 정수 같다.[11] 1960년대 초 마릴린 먼로가 자본과 권력의 폭력을 견디지 못하고 자살할 무렵의 미국 미니멀리즘에서 보이는 초월적 허무감이 김정희에게 있다. 미니멀리즘이 유학적儒學的 뿌리를 가진 것은 중국의 문인화가 유럽에 영향을 준 19세기에 이미 검증되었다.[12] 미국의 미니멀리스트들과 김정

마릴린 먼로(1926~1962, 미국 배우)

희는 아주 비슷한 환경, 즉 억압이나 권력 남용의 공포에 사람들이 좀비처럼 수동적이고 장식적인 삶을 선택하는 태도에 저항점을 찾는 관찰에서는 유사하다. 이른바 '작품'으로 미니멀리즘과 비교할 때, 추사에게는 불필요한 노력이나 복잡함으로부터 시간과 힘을 아끼려는 생각보다는,[13] 문

---

11 Arco Editorial SA Barcelona, *MINIMALISM*, Less is More, 2007 edition pp.18~19.

12 American Visual Arts in 1960s~1970s

13 Donald Judd (painter, and ended as a creator of objects) Seminal essay, "Specific Objects" published in *Arts Yearbook* 8, 1965.

질文質의 균형과 몸을 담은 세계에서 물화돼 가는 환경에 정신의 본질을 찾으려는 행위의 결과물일 뿐이었다. 노년의 추사는 젊은 시절 북한산과 황초령의 비석 조각을 주워 황도荒塗를 걸어 나오며 얻은 법열法悅을 시주자루에 담을 만큼만 작게 빚었다. 천애天涯의 망국 또한 하찮은 일이다. 명청지제明淸之際의 처량한 망국 유자들인 왕부지, 고염무, 황종희, 여유량의 성격에 대비된 조선 유자는 김정희를 경계로 서서히 드러나기 시작한다. 유교 근본주의에 충실한 조선의 유자 정신은 망국에 이르러 위정척사 운동으로 결집하고 전봉준, 안중근, 김구, 김창숙 등장의 추동력이 되었다. 비록 최익현이 동학東學을 동비東匪로 탄핵했지만 인간을 사랑하는 너그러운 마음으로 하늘의 명을 계승하고, 대중이 요구하는 변화를 세우는 계천입극繼天入極[14]의 또 다른 문지방 너머에 범유학적 동학이 태동했다. 사람이 곧 하늘 아닌가?(人乃天)

1856년 가을 김정희가 죽을 때 그의 망국의 바다는 산이 가려 조망할 수 없었다. 그 산은 "제쥬변 자유의 산"이다. 그에게 망국은 먼 산 바라보고 짖는 개소리이다. 유자의 위선이 극도에 달하고, 성리학이 공시公尸처럼 제사상 앞에 공허를 뇌까릴 때, 그가 존경하는 강남 사인士人들은 서양으로부터 직접 타격을 받고 있었다. 아편전쟁에 무너지는 중화문명의 실사實事는 공포스러웠다. 구시求是를 실천해야 할 성리학의 理氣를 만든 우주의 주름은 맞닿아 입극入極 대척점을 건너뛰었다. 고통스런 관념이 퇴진할 수 있는 '퇴계통로'의 어렴풋한 이해였다. 혼돈의

---

14 주자는 "繼天立極"을 《四書集注》에서 《대학》 장구를 논하며 기술했다. "大學之書古之大學所以敎人之法也.盖自天降生民則旣莫不與之以仁義禮智之性矣.然其氣質之稟或不能齊是以不能皆有以知其性之所有而全之也.一有聰明睿智能盡其性者出於其閒則天必命之以爲億兆之君師使之治而敎之 以複其性 此伏羲 神農 黃帝 堯 舜 所以繼天立極 而司徒之職 典樂之官所由設也" 이는 위 하늘의 명을 계승하고, 대중이 요구하는 변화를 세우는 承繼上天之命 立於衆人之極으로 풀이된다. 천명을 믿을 수 없다면(毋信), 아무것도 세울 수 없다.(不立)

태극은 이미 주체 없는 유자에게 견딜 수 없는 짐이었고, 불가佛家에 피신하여 되돌아오며 심신을 미니멀리즘으로 되돌리려 했을 것이다. 사방에 유학의 숨겨진 비국가주의非國家主義가 부상하고 있었다. 가을 관악산 긴 그늘에 가려진 선고묘先考墓 옆에 초당을 짓고 죽음을 기다리며 그는 결절決絶과도 결별한다. 소인이 도통을 장악하고 군신의 의리도 하찮은 것인데, 세상과 소통이 있고 없음은 이제 관심 밖이다. 비록 세간에 중국을 좋아하여 중국병 걸린 당괴唐魁라 비난받아도, 당대의 비루한 문벌의식과 천박한 학술은 추사에 비견할 바 아니었다.

김정희는 조선 유자의 완성체였다. 결핍이 완성의 일부라는 도교적 몽환에서 벗어나 스스로 일법一法을 이룬 유일한 사람으로 보인다. 꿈에 속지 않으려면 부단히 근본을 생각해야 한다. 국가가 영원하다는 꿈, 이념이 영원하다는 꿈, 이름이 영원할 수 있다는 꿈, 업적이 남을 거라는 꿈은 아직도 인간을 기만하고 잠에서 깨어나지 못하게 한다. 더는 윤리를 생산할 수 없는 도덕 불임의 세상에서 한탄할 것이 있는 이상 유자는 늘 뒤를 돌아보게 된다. 유학이 아주 개인적 관심에 머물러 있다는 주장은 많은 독자에게 뜻밖일 것이다. 혹자는 유학의 개인주의가 제주변을 일탈하여 어쩌면 양명학적 심학心學으로 번지지 않았나 의심할 수 있다. 그러나 유학은 어떤 학문적 경계를 설정하지 않으며 이를 거듭 경계한다. 유자의 모습은 일시 적막한 개인 속에 드러난다.

유교는 종교가 아니며 사회 질서를 보장하지 않는다. 경經이 경經을 제어하기 어려워지면서, 다시 말해 하나의 경으로 모든 것을 해석하려는 세력이 세상을 장악했다면, 유학은 유자의 성실한 공부와 해석에만 남겨졌고 사회헌社會憲이나 국헌國憲은 사라졌다. 처음 하늘의 명[天命]

을 받았지만 배우고 익히며 공부에 익숙해지자 하늘의 이치〔天理〕를 깨닫게 되었다. 그래서 유교는 학문을 사랑하는 "유자의 학"이다. 《논어論語》에 학學이라는 글자가 80여 회, 도道 자가 90여 회 나오는 것은 유자에게 학문의 목표와 방법 그리고 축적의 희열이 어디에 있는지 가르쳐 준다. 그 기쁨은 자기 자신의 변화에서 온 것이다. 천명天命이 인간에 내재한다는 놀라운 발견은 아주 지속적인 학문적 통찰에 의한 것이었다. 그러므로 제각기 본성을 실현하면서 작은 기쁨에 몸을 떤다. 마치 가재가 작은 웅덩이에 살면서 넓은 강호를 생각지 않고 충만한 삶의 기쁨을 누리듯 그저 초가삼간의 작은 방에서 누런 책을 바라보는 것으로 천명을 알고 천지가 자기와 함께함을 알게 되니 이로써 근본으로 돌아가게 된다. 처음 학문을 접한 어린 15세의 이황李滉(1501~1570)은 이 느낌을 시로 읊었다.

돌을 지고 모래를 파서 자기 집 삼고,　　　　負石穿沙自有家
앞뒤로 오락가락 발자취도 참 많다.　　　　前行却走足偏多
한평생 산 속 샘물에 웅크리고　　　　　　　生涯一掬山泉裏
江湖의 물이 얼마인지 묻지도 않네.　　　　不問江湖水幾何

(퇴계, 〈石蟹〉)

춘추시대의 사회적 맥락에서 "극기복례克己復禮"는 주대周代로 돌아가자는 것이지만 예가 무너지는〔禮崩〕 시대 상황에 실천 전 삶의 원리가 복잡해서는 안 되었다. 종주주의자從周主義者인 공자에게 그 시대의 소명은 "끝내 도가 이루어지지 않아도" 그 도를 실천하는 것이었다. 그 당시 그에게 주어진 길은 없었다. 패악한 권력자의 위협과 은둔자들의 냉소를 받으며 공자는 자신의 길을 찾아야 했다. 이 길의 보편화가 근본으로 돌아가는 것이었다. 현대 유학이 아직도 모색의 단계에서 학문체계가 미완이라면, 자기완성의 학문인 위기지학爲己之學 본래의 모습이 유학이었다. 주자(朱熹)는 실천 학문적 방법의 책인 《대학大學》의 "명명덕明明德"을 주해하며 "복기초復其初" 처음으로 돌아가는 것으로 맺었는데, 실체가 없어 보였지만 시대마다 유자들에 주는 지침이 되었다. 따라서 공동체의 관계에 나타난 명명덕은 그 가르침의 지향점이 "국가의 운명"을 향하고 있었다. 그러나 유학에서 바라본 국가는 개인과의 관계에서 국가가 천명을 받아 하늘에 혁혁赫赫한지 관심이었다. 하늘의 명보다 인간의 덕이 우선이므로, 천명을 바로 잡는 것은 개인의 노력에 의할 수 있었다. 개인을 위한[爲己] 관심의 끝은 자신을 부정하고[克己] 마침내 완전한 자신에게로 돌아갔다.[復己]

국가와 개인 사이에 자리 잡은 폭력, 공권이나 전쟁에도 유자는 엄연한 국궁대방國躬大防, 국가와 나를 확연히 구분한다. 유자는 어쩌면 무정부주의자로 보일지 모른다. 국가가 무도하게 전쟁을 선포하면, 나와 국가 간의 도의는 끊어진다. 이는 전쟁을 기획하지만 경계하는 《손자孫子》의 첫 문구에서[15] 보듯이 늘 사회와 개인 간의 균형과 "대동大同"을 이루는 것이다. 국가나 체제보다 우위인 개인의 사생과 존망을 실존적 물음에 올려놓아, 군사를 대비시켜 사회의 에너지를 대동화하고 폭력의 사용을 신중히 하였다. 유교 근본주의는 원시 공동 사회의 향수가 있다. 사회적 공론을 중시한 《서경書經》의 대동[16]과 공통자본의 접근을 평등히 한 《예기禮記》의 대동[17] 그리고 위에서 빼내어 아래를 살찌우고, 손익을

---

[15] 《죽간손자논변》計篇, 2015, 《죽간본》"兵者 國之大事也. 死生之地 存亡之道 不可不察也" 儒家의 경과 法家의 경 사이에 손자병법 논의.
[16] 《書經》〈洪範〉"네가 따르고 거북점이 따르고 서점이 따르고 신하가 따르고 서민이 따르면 이를 大同이라 이르니 … 汝則從 龜從 筮從 卿士從 庶民從 是之謂大同"
[17] 《禮記》〈禮運〉.

가지런히 하여 위기를 관리하라는 《주역周易》의 손괘損卦에 보이는 대동주의는 모두 인류 경제활동의 근본이 평등한 "자연 소출"에 대한 소득 기회 균등이었음을 주장한다. 유교 근본주의는 교리적 배타성으로 정명正名의 비타협, 경전의 무오류에 귀환하는 것이 아니라 언제든지 오류를 수정하고 해체할 수 있는 자유로운 자아를 스스로 확인해 가는 편력 과정을 제시했다.

온전한 신용사회

유교 자본주의는 정실 자본주의(Crony Capitalism)라는 비판이 있다. 자본주의가 사회보장(Social Security) 제도와 같은 '위장자본주의'에[18] 의해 방어되고 있는 지금의 현실에서 자본에 대한 유학의 설명은 점점 모호해지고 있다. 이러한 '분식자본주의粉飾資本主義'를 잘 관찰하면 유학이 비판하는 부의 양극화가 가려진다. 오랜 인간관계의 정실들(long standing cronies)은 인간에 대한 깊은 믿음에서 출발하나 '밀실', '비선'과 같은 부정적 의미로 연류演流하였다. 그러나 그 "정실"에 대동大同의 정신이 숨어 있고, 지인에 대한 처절한 믿음이 뿌리를 두고 있었던 사회의 한 단면을 보면 유자가 자본을 어떻게 대하고 다루었는지 알 수 있다. 송 시기에서 부터 동아시아 제국에 유입된 지폐의 사용이나 어음의 유통, 조세 관리에서 신용은 정실에 깊이 뿌리내려 있었다. 그 믿음은 정통 유학의 근본에서부터 일어났다. "사람은 누구나 다 죽지만, 백성들은 믿음이 없으면 살아갈 수 없다. 自古皆有死, 民無信不立."[19] 이 믿음은 국가나 체제에 대한 믿음이라기보다는 공동체를 이루는 인간 사회의 기본 바탕이었다. 믿음은 통치자인 인人에서 구하려 하였으나, 끝내는 피지배 계급인 민民 속에서 발견되었다.

---

18 인터넷 laborsbook.org 〈자본주의의 변형이론〉.
19 《論語》〈顏淵〉.

신용의 유학적 정명을 찾으려면 오늘날의 금융에 비견해선 안 된다. 생면부지의 사람에게 담보 없이 돈을 빌려주는 것에는 더 근본적인 이기관理氣觀이 자리 잡고 있었다. 물질에 대한 유자의 태도는 대동의 제어를 받는다. "필요 Need"에는 임자가 따로 있는 게 아니고 필요한 사람이 임자였다. 그러므로 필요를 덜 느끼는 것, "욕망 Want"으로부터 초연한 경지에 이르지 못함을 탓해야 했다. 이렇게 적연부동의 사람에게 세상의 재화는 모두 공재公財였다. 하여, 빌려주어 못 돌려받은들, 덕德이 쌓인 것은 기쁜 일이었다. 이는 자연과 인간, 돈을 상품화하지 않으려는 성리학 이념의 제어를 받았다. 조선사회의 신용과 비교하여 일본의 금융 신용은 주자학의 변괴變乖에 의한 것으로 보인다. 비록 막부의 통치 이념으로 주자학을 조선에서 복사했으나 일본 무가武家 사회의 생리에 맞지 않았다. 신용은 힘에 의한 것이 아니면 안 되었고, 그 힘을 분별해 준 것은 양명학이었다. 도덕보다 심성을 중시하는 심학心學은 결국 도덕과 현실을 분리하여 "정치를 발견"하게 된다.[20] 오규 소라이가 예상한 규율과 질서의 확립이라는 현실적 세계관은 그야말로 가장 현실적 장소로 연오演誤되었다. 그것이 "돈"이었다. 막부 수립 후 백년이 지나자 철인 통치와는 거리가 먼 사무라이들이 돈을 굴리기 시작했는데, 그들은 칼이 아닌 돈이 지배하는 사회를 재빠르게 내다보았다. 돈을 상품화하지 말라는 조선 성리학의 염려는 전달되지 않았다. 화폐의 주조권이 에도 막부에서 실제적으로 각 번주藩主에게 위임되자 무가武家와 상가商家의 하이브리드 간상모리배間商謀利輩들이 막번의 화폐 발행권자에 붙어 힘을 기초로 한 "칼 본위"를 신용으로 "한사쓰藩札"를 유통시켜 환율을 조작하고 차액을 챙겼다. 환율 조작은 근본적으로 관동 지

---

20 《丸山政男と加藤周一の対話: 翻訳と日本の近代》, 岩波新書, 〈오규 소라이, 근대성의 사상적 개척자〉.

역의 금 본위〔킨자金座, 코반자小判座〕와 관서 지역의 은 본위〔긴자銀座〕
사이에서 만들어진 농간이었으나 실상은 폭력을 기초로 힘없는 백성을
착취했다. 《손자》 군쟁편軍爭篇에 "속임수로 세운다. 以詐立"라는 말이
있다. 무도한 사회에 인습적 불순물이 섞인 이 말은 "믿음으로 세우는
무신불립無信不立"과 완전히 대척한다. 약육강식의 야수 자본주의 사회
에서는 손자의 충고가 타당할 수 있다. 돈을 찍어 내는 연방준비은행
(FRB)은 미국의 군사력이 신용을 보증한다. 달러에 써 있는 "In God
We Trust"에서 보듯 인간 사이에 신용은 존재하지 않는다. 분명 가까
운 정실情實(Crony)은 없고 분명 세계 밖의 신에게 신용을 부여했다.
인간은 없고 무자비한 인공지능이 이자율을 결정할 것이다.

조선 성리학에서 신용은 천명을 믿는 것이었다. 신용은 인위적으로
만들 수 없고 칼에 위탁되는 것은 더욱 아니다. 천명이 대중이 요구하
는 변화였다면 신용 또한 대중 속에서 생성되었다. 성리학에 무지하면
조선의 신용 지식을 단조롭게 보게 된다. 이항로의 학맥을 이은 조선 말
의 유자 경회景晦 김영근(金永根, 1865~1934)은 영암, 영산포, 나주 등
남도 역을 여행하며 인간다운 삶의 터전을 평가한 《원유일록遠遊日錄》[21]
을 남겼는데, 다음의 시에서 주막 체류 비용이 신용에 의함임을 엿볼
수 있다.

주머니가 비어도 가게 주인집에 묵는다.	囊空奇宿店人廬
아이는 마을을 찾아 붓과 빗을 팔고	兒子尋村賣筆梳
반나절 여관 창에 기대 홀로 근심하여 앉았지만	半日旅窓愁獨坐
천지에 나 있고 없고 누가 알겠나?	誰知天地有無余

---

21 《경회집》〈景晦遺稿〉강진군 문화재 관리소유, 이항로의 학문을 계승한 김영근은 의병
　장 유인석(1842~1915)과 교류했다.

현금 없이도 여행할 수 있는 사회는 분명 금융 인프라가 건설된 곳이다. 유자의 인간적 정실이 기초한 곳은 물론 물질이 아니라 마음 속 도덕이었다. 19세기 유럽과 미국은 여전히 노예 거래에 의한 노예 자본주의가 성행하고 있던 때였다.[22] 조선의 전근대적인 사회 모습을 비판한 책에서도 금융과 재정에 세밀한 네트워크를 발견한 예를 기술하고 있다. 구한말 한국을 방문한 러시아 학자 바츨라프 세로세프스키(1858~1945)는 조선이 신용 사회라는 사실에 놀라워하며 다음과 같이 쓰고 있다.

"모든 여행자가 여행을 시작하면서 처음 묵게 되는 주막 주인에게 돈다발을 건네주고 영수증을 받은 뒤, 이후부터는 그것을 돈 대신 사용한다. 이후의 주막 주인들은 영수증에 여행객에게서 받아야 할 숙박비나 식대 그리고 기타 사소한 물품비를 표시해 둔다. 여행자가 마지막에 머무는 주막의 주인은 여행자의 영수증을 받고 남은 돈을 버주게 되어 있다."

(세로세프스키, 〈코레야 1903년 가을〉, 41~42쪽)

상단 간에 어음 사용이 "유자적 정실"에 의해 내밀한 네트워크를 구축하고 운용이 일반화되었던 조선 중후기의 그 내밀한 거래 감각을 오늘의 금융 상식으로 이해하기는 쉽지 않다. 인간에 대한 믿음은 어짊에서 시작한다는 유자의 신념은 이를 실천하면서 공동체에 안도감을 주고 경經의 말씀은 이를 확인해 주었다. 조선사회에 뿌리내린 성리학은 이러한 질서에 부응하며 사람들의 마음을 위로했다. 주자의 계천입극繼天立極이 그 마음의 중심에 있었다. 인간은 자연의 일부이며 공동체 프로세스는 자연에 귀의하고 조화, 균형으로 공평하다. 불화와 불균형이 잠시 있었다면 절제와 희망으로 인간의 최선은 하늘에 이어진다. 주역의 끊임없는 논의가 주막을 오가는 사람들 사이에 있었다. 물론 이 "주역

22 Seven Beckert, *Empire of Cotton*, Alfred A. Knopf.

이야기"는 저열한 운명론이거나 사주팔자였으나, 시정잡배에게도 역학易學은 논리를 초월한 신앙이었다. 음과 양이 짝을 이루어 서로 교대하고 균형이 잡혀야 서로 감응하므로 자연이 보증하는 신용만큼 안전한 것은 없었다. 결국 "입극"이란 극에 달하여 변화할 수 있는 단계에 서는 것이므로 신용의 붕괴는 언제나 예측하고 대응할 수 있었다. 조선의 유자들이 오늘날 한국의 한 해 50만 건이 넘는 사기 범죄와 2조 3천억 원이 넘는 피해액을 듣는다면[23] 강상綱常의 도가 사라졌기에 나타난 현상이라 자조할 것이다. 가만히 생각하면 유학적 정실이 사라지고 하늘이 무섭지 않은 힘에 의한 사립詐立의 세계를 건설한 결과이고, 그 중심의 주변에서 이른바 "근대화"에 집착했기 때문이다. 유학이 붕괴하여 이익이 염치廉恥의 상위 가치가 되었다.

옛사람, 즉 유자들은 글을 민중에게 가르치려 하지 않았고, 지식을 공유하려 하지 않았다는 오해는 이러한 조선의 무신불립無信不立의 신용 사회를 설명하지 못한다. 지식을 공유하지 않으려 성리학을 국시로 하는 조선이 대장경을 찍고, 서원마다 경전 판각을 보관하며, 금속활자를 만들고, 한글을 창제하고, 밤마다 샌님들이 소설을 필사하지는 않았을 것이다. 상하가 고루 정보를 공유하려 했던 노력은 퇴계의 형이상하形而上下 설명에 사변적으로 나타났다. 퇴계는 형이상하의 통일은 경敬에 의한다고 말한다. 경으로 내외표리가 일치하고 지식과 행동이 합일하면 공동체에 의견이 통일되고 염치가 바로 서니 경은 하늘의 뜻을 잇는 계천繼天이었다. 현대 한국 철학에서 "경敬은 인간 이성의 사용"으로 정의되기도 한다.[24] 그리하여 경敬은 조선의 유자들이 끊임없이 노력하여 마침내 도달하는 내성외왕의 길잡이가 되었다.

---

23 2018년 3월 한국형사정책연구원 보고
24 고려대 이승환 "열린연단 2017. 2. 18." 2017년 8월 15일 Web 접속.

내성외왕內聖外王

조선 시대 성리학의 기본 교과서인 주자(1130~1200)의 《근사록近思錄》은 북송北宋 시대 유자들의 글을 모은 책이다.[25] 송末은 문약文弱의 느긋한 시대라기보다는 거란과 서하(탕구트)의 남하와 팽창으로 인한 국제 질서의 요동으로 위기감

《근사록》, 남송 주희와 여조겸이 엮은 성리학 해설서

이 넘치는 긴장의 시대였다. 상황의 위기는 왕안석(王安石, 1021~1086)의 "적폐 개혁-신법"으로 더욱 고조되었다. "태고로 돌아가자는 것은 어리석지 않다면 속임수이다. 歸之太古 非愚則誣"라는 그의 주장은 이정(二程, 정호와 정이)과 같은 구법파의 공격을 받았지만, 복례를 의심하고 유교 근본주의를 비웃는 경전의 해석 태도에서 도통을 가리는 독서인의 출현을 예고했다. 송대 신유학(Neo Confucianism)의 기원은 당唐의 한유(韓愈, 768~824)나 이고(李翱, 774~836)의[26] 도통道統 사상에서 유래

---

25 《근사록》, 1175년부터 주자와 呂祖謙이 북송의 사상가 周濂溪, 程明道, 程伊川, 張橫渠의 문집과 어록을 622조의 문장으로 편집한 책.
26 李翱, 韓愈는 古文運動을 주창하여 후에 송대의 신유학에 연결점을 제공했다. 특히 反

했다고 보고 있다.[27] 점증하는 불교의 사상 자취와 적통 문제에 더 주체적인 중화사상을 찾고자 한 도통 논의는 불교적 사유에 물든 한당 훈고학의 방법을 의심한 것으로, 성현에 직접 통하는 길은 공자, 자사, 맹자, 중용에 이르는 통로를 추적하여 마침내 인간의 성性과 정情을 잊는 적연부동寂然不動의 초월적 절대 경지에 이르는 수양 방법이었다. 이는 타자화한 무감동의 달관이 아니다. 한유×이고의 도통은 남송에 이르러 과도한 특권을 가진 역사 도통과는 체험과정에서 방법론이 다르고 도통이 지향하는 목적도 다르다.

《근사록》은 송 명리학宋明理學의 실천원리를 담아 조선 선비의 자기 점검 목록을 정하고 외연을 규제했다. 왕의 경연經筵에는 늘 근사록이 펼쳐 있어 주희의 사상 체계 성립 과정이 토의되었다. 《근사록》의 근사는 논어의 "切問而近思, 절실하게 묻고 가까운 데서부터 생각하면" 仁에 다가간다는 글에서 유래한다.[28] "근사"는 거시 세계를 보기보다는 가까이 절실한 문제를 사색하는 것이었다. 근사는 내성內聖의 길이 낮은 것, 사소한 것에 통로가 있다고 여기며, 비록 높아 보이는 형이상학 탐구라는 학문적 관심 역시 출발점은 "근사"에서 찾는다. 그러므로 너무 멀어 보이는 목표에 성스러워지려는 노력보다는 속되지 않으려는 실천 가능한 일을 응시하게 되었다.

조선의 성리학이 복잡하고 번삽하며 지루하다는 평은 이학理學의 한

佛 운동을 일으켜 "양잠을 하지 않고도 옷을 갖추어 입고, 밭을 갈지 않고서 배불리 먹으려 한다. 不蠶而衣裳具, 弗耨而飲食充"라 말하며 불교를 공격했다.

[27] Charls Hartman, *Han Yü and the T'ang Search for Unity*, Princeton University Press(Hardcover edition), Apr 19. 2016, pp.213~223.

[28] 《論語》〈子張〉 "자하가 말했다. '널리 배우고 뜻을 독실히 하며, 절실하게 묻고 가까운 것을 생각하면, 仁은 그 가운데 있다.' 子夏曰: 博學而篤志, 切問而近思, 仁在其中矣Z"

결에 몰두한 탓이지만 이 "마땅한 도리"가 정론에 혼합되고 정파의 격문이 되면서 스스로 이치를 거스르게 되고 소인 집단의 지배 이념을 옹호하려는 어둠에 갇혀 암리화暗理化한 것은 변론할 수 없다. 성리를 "본성의 결"이라 보면 목수가 나무의 결을 보고 재단하고 톱과 끌을 다루는 목공木攻의 방향을 정하듯 내적 수양의 목표와 방향이 정해진다. 내면의 결이 우주의 이법理法과 같아진다면, 유자는 일도만기一道萬器의 방법으로 각각의 성리를 설명한다. 그러므로 예견된 충돌은 피하지만, 발기되지 못한 좋은 품성은 결국 실현되지 못하고 만다. 성리학이 운명관을 배척하며 수양과 덕으로 개운할 수 있다고 하지만, 그 준열한 선언은 결국 《근사록》의 모두冒頭에 시작한 주렴계(周濂溪, 1017~1073)의 태극도설의 설명과 같은 이해하기 어려운 본질적 성향이 주도적이라는 모순에 빠지고 말았다. 상수학象數學에 치우쳐 주자가 배척한 북송의 소강절邵康節[29]은 "세계는 수數이다"라는 명제 아래 존재와 주체의 감응으로 성리를 풀었다. 존재의 근거인 도道와 주체의 근거인 심心을 등가물로 하여 일원적 가치를 부여함으로써 설명하려 했다. 그러나 이는 불가佛家의 성즉리性卽理와 유사하여 불교로부터 신유학의 독창성을 구분하기 모호하다. 조선 유학의 몸부림치는 사유의 출발점을 여기에 둔다면 장차 김시습과 김정희의 데카당을 이해하기 어렵지 않다.

외왕外王은 유자의 정치참여라고 생각하기 쉽다. 내성內聖의 독선獨善을 경계하여 함께 세상을 구하는 겸선兼善은 내면의 선함을 외부에 실현한 것이다. 주자가 말한 "見影知形, 그림자를 보면 그 모습을 알 수 있다."처럼 외왕은 내성의 그림자일 수 있다. 외왕의 구체적 실천은 과거를 통과한 거인擧人, 진사進士로, 자신의 내성의 모습을 보여 주는 데

---

29 소강절 1011~1077, 이름은 雍, 字는 堯夫, 시정의 은둔 철학자

있다. 그러나 철리哲理를 정론政論에 수용할 때, 우리는 과거시험을 통해 제도화된 과정에서 공동체의 번영을 가져왔는지 의심한다. 이기적 얼간이들이 선발되어 관료화함으로써 "지식과 권력의 협잡 관계"로 왕도王道는 타락하기도 한다. "과거제가 유학적이지 않다."는 주장은[30] 《근사록》에도 제시되어 있었다. 보편적인 것은 아니었지만, 《근사록》에 인용된 송宋나라 장재張載의 과거제에 대한 견해는 더욱 신랄하다.

> "벼슬을 구하는 것이 도의道義에 맞지 않는다는 것을 알지 못하고 오히려 도리道理에 따르는 것을 무능하다고 여기며 부끄러워한다. 음보蔭補가 영광스러운 것이라는 사실을 알지 못하고, 오히려 (과거에 합격한) 허명虛名을 훌륭한 재승이라고 여기고 있다."[31]
>
> (Wing tsit Chan 영역, 《근사록》, 199~200쪽)

유자가 정론의 규합을 산속이나 도피처에서 할 수 있었던 사림士林의 세계는 과거가 외왕外王을 독점하도록 관망만 하지 않았다. 과거가 유학의 이상을 실현하는 것이 아니라 군주제에 복무하도록 설계된 것이라면 벼슬을 구하는 자들을 학문적으로 제어하는 장치를 생각하지 않을 수 없었다. 그러나 대부분 제도는 매판 학위자들이 학교를 과시의 부수물로 전락시켰다.[32]

웅산인은 말한다. 이미 폐가閉家가 된 조선 성리학은 내적 주관주의

---

30 제1장 1. 망국의 유자, 김구의 과시 경험.
31 陳榮捷(Wing tsit Chan) 역, *Reflections on Things at Hand*(近思錄): The anthology compiled by 朱熹 and Columbia University Press, 1967.
32 宋 휘종 때의 삼사법三舍法은 과거를 학교와 결합하여 유교적 이상을 배양하고 학생의 품덕을 가려내려는 의도였으나 明代에 이르러 관학은 과시합격에 몰두하거나 학위의 매판 장소로 변질된다.

의 찬란한 유물처럼 보인다. 경敬의 사색에 충실했던 퇴계는 문지방 너머의 세계에 엄숙한 리理의 창틀을 세워 두었다. 그가 도달한 사사롭지 않은 무사의無邪意는 통치를 고민하는 군주나 공직에 나아가고자 하는 독서인들에게 과연 스스로 "성인이 될 수 있는가?" 묻게도 한다.[33] 조선 후기에 이런 질문의 답이 이기理氣의 기계적 논쟁으로 몰락한 이후 지금 와서 주자학의 복구가 가능한가? 필요한가? 천존지비, 남존여비, 관존민비, 가부장적 권위주의와 같은 유자가 누명을 쓴 폐단들은 성리학의 원래 주장과는 다른 것이다. 어찌 하늘만 높고 땅은 비루하다는 말인가! 공사를 분별하고 인간의 성품을 정밀히 구분한다면 공재公材의 사적사용이 불가할 것이고 남녀관계가 고루해 보이지 않을 것이다. 앞으로 거듭 다루겠지만 존비관계는 차별이 아니며 덕능德能의 차이였다. 이런 차별상에서 이미 걸러진 감정은 감정이 아니다. 감정을 중요시한 유자들은 공적인 감정의 문제를 깊이 천착했다. 유자의 감정 순화 또는 중화中化의 결과는 정의를 위해 "분노하라"는 동서고금의 철학에 없는 독특한 것이었다. 서양 사상에서 분노는 언제나 미성숙의 결과물이고 순수한 자아에 이르는 방편인 로고스의 방해물이었다. 서양 스토익 철학의 주요 종착지인 "무감동의 경지"에서 다시 차별상인 분노로의 귀환 프로세스를 《노자》는 "가버린 자는 다시 되돌아오는 逝者返"으로 표현하고 있다. 적연부동寂然不動이 무감동과 다른 것은 간단히 설명할 수 없으나, 의분義憤이 없는 유자를 인간이라 할 수 없었다. 분노는 슬픔의 다른 모습이었다.[34] 슬픔은 애수哀愁이며 오래 참아 온 사회적 갈등에 달관한 시간적 총량이었고 마침내 하늘과 함께 하는 "천인공노天人共怒"의 격문을 걸게 했다. "수오지심 의지단羞惡之心義之端"처럼[35] 부끄러움

---

128. 이이 聖學輯要, 이황 聖學十圖
129.《禮記》, 檀弓 "분노는 슬픔의 다른 모습이다. 慍, 哀之變也"
130. 맹자, 공손추

과 미움이 분노의 선택지이며 정의에 의한 것이라는 구체적 지적에서 유자의 삶은 분명 상하귀천이 아닌 정의로운 군자君子와 비루한 소인小人이라는 가차 없는 덕능德能의 가치적 심판을 받게 되었다.

군자소인君子小人

유교의 인생관에서 가장 많이 언급되는 것은 아마도 군자와 소인의 지칭일 것이다. 《논어》는 군자와 소인의 관계를 대위법으로 수도 없이 전개하고 있다. 군자와 소인의 구변區辨은 의義와 리利에 대한 태도와 신념에 따른다. 군자는 인仁, 의義, 예禮, 지智, 신信을 체화하여 자신과 주변을 교화하며 정의롭고 중대한 사명에 책임을 느낀다. 그의 의로움은 각고의 내적 성찰을 통해 집적되어 그 호연지기浩然之氣는 금강석같다. 이렇게 호연지기는 분명 외적 감응이나 외부 소통의 결과는 아니다. 그러나 소인은 외부 발현의 이익에 따라 신념이 변화하고 모든 덕은 이利의 하위 개념이다. 이利를 최종목표로 숨기고 의義를 표방하는 거짓 군자 또한 소인보다 더 위험하다. 군자와 소인은 서구적 사회관에 자리 잡기가 적절하지 않고, 식민지와 전쟁이라는 경험에서 악惡의 체증이 쌓여 현실 안에서 구체화한 20세기 이후 한국인의 사색과 대화에서 사라져 갔다. 공동체의 평판 속에서 군자와 소인은 인간의 염치를 보중保重하고 사회 구조의 건강함을 진단하는 척도였다. 공자는 군자와 소인을 통해 대비되는 인간의 덕을 다음과 같이 말했다.

"군자는 의로움으로 밝혀지고 소인은 이익으로 밝혀진다. 君子喩於義, 小人喩於利"[36]

유喩는 다른 원인에 의해 밝혀지는 타동사이다. 유喩가 인식론에서 인간의 사회적 거취를 논하는 《논어》의 이인里仁편에 보이는 것은 예사롭지 않다. 주자는 집주集註에서 "마을을 선택하는데 이런 것(仁)에 의해 거하지 않는다면 擇里而不居於是焉"과 같이 하여 사회적 환경에 사람의 모습이 있음을 규정한다. 인仁한 마을이란 "곤궁해도 오래 견디고, 풍요하다면 이를 오래 유지하는 久處約 長處樂" 곳이었다. 군자와 소인은 외연으로 구별되지 않으나 희생[義]을 치르거나 이익을 나누는 상황에서 밝혀진다. 의義란 자신[我]을 희생물[羊]로 바치는 회의자會意字이다. 그러므로 생명을 버리고 취함으로 의義가 되었다.

"군자는 화합하나 부화뇌동치 않고 소인은 부화뇌동하나 화합하지 못한다. 君子和而不同, 小人同而不和"[37] 이를 붕당朋黨에 대한 비판으로 생각하면 잘못이다. 가족이나 사회 공동체 안에서 유자의 공화 관계는[38] "모임의 언어"를 대표함으로 건강해진다. 이 금언의 이해를 돕기 위해서 언어를 역술易術로 방통 시켜보자. "君子不和而同, 小人不同而和 군자는 무리 지으면 화합하지 못하고, 소인은 조화 속에서는 무리 짓지 못한다."로 의미가 강렬해진다. 이는 《노자》, 56장의 "화광동진和光同塵"과 유사한 사상의 원류를 갖고 있다. 자기 색깔이 너무 강하면 안 되었다. 시비와 진영 논리로 상대를 편척偏斥만 하면, 위기 수준만 높아지고 시국은 혼란에서 못 벗어난다.

"군자는 두루 친밀하게 지내지만, 편을 짓지 않고, 소인은 편을 짓되 두루 친하지 못하다. 君子周而不比, 小人比而不周"[39] 이 구절은 전통적 해

---

36 《論語》〈里仁〉.
37 《論語》〈子路〉.
38 제3장, 3. 소학小學 공동체와 당파黨派

석과는 달리 고문 해석이 발전한 현대에서는 "군자는 자기 일에 몰두하여 남과 비교치 않고, 소인은 일에 몰두하지 못하고 남과 비교만 한다."로 풀이를 달리 한다. 이런 해석은 주周라는 자형字型의 갑골 원문에서 귀머뤄나 단옥재는 설문해자를 주注하며 밭〔田〕에 물이 "주밀하여 새지 않는 것 周密 周到而沒有疏漏"으로 해설한 것에 근거한다. 그러므로 자신에 충실하다. 그렇다고 비론比論을 갖지 말라는 것은 아니다. 주도면밀은 상황을 인식하고 고단한 민감함을 유지해야 한다.

"군자는 평온하고 너그러우나 소인은 늘 근심에 쌓여 있다. 君子坦蕩蕩 小人長戚戚"[40] 걱정이 많으면 소인인가? 이는 어지러운 세상사에 근심하지 말라는 공자의 위로 말씀이다. 세상을 가장 근심하는 자리에 앉아 있는 자가 임금인데 어찌 걱정이 없는가! 탄탕탕坦蕩蕩은 《주역》천택리天澤履괘卦의 "탄탄하고 넓은 길을 가더라도 덕으로 숨어 사는 유인만이 무사하고 길하다. 履道坦坦 幽人 貞吉"에서 그 뜻의 배경을 알 수 있다. 그러므로 해석은 거꾸로 "소인은 근심을 모르고 내세우며〔長〕, 군자는 탄탄한 길도 얇은 얼음〔薄氷〕 위를 걷듯 조심한다."이다.

"군자는 자기를 탓하고 소인은 남을 탓한다. 君子求諸己, 小人求諸人" 군자는 허물을 자기에게서 구하고 남에게서 구하지 않는다. 군자는 독립적 인격체를 엄정히 하고 그 안에 자존감을 설계한다. 일의 성패는 자신과의 싸움에서 결정되므로 타인을 보지 않는다. 군자는 필시 강렬한 자아의식을 가진 존재이나 자기중심적이지 않고, 허망한 세상의 변천 밖에서 세계를 관조한다. 잘못을 자신에게 구하는 것은 책임 때문이

---

39 《論語》〈爲政〉.
40 《論語》〈述而〉.

다. 이런 사상은 병가兵家와 교섭하여 "(승리를) 세에서 구하고 (패배)의 책임을 싸움에 임한 전투원에게 묻지 않는다. 求之於勢 弗責於民"라고[41] 하는, 승패의 결과에 초연한 도덕적 분별 있는 군사 사상을 가능케 했다. 승장과 패장으로 군자와 소인을 구분하지 않고 더욱 근원적인 형세를 파악하는 자세에서 군자와 소인이 나뉘었다.

"군자는 다른 사람의 좋은 것은 이루도록 하고, 나쁜 것은 이루지 않도록 하나; 소인은 그 반대이다. 君子成人之美, 不成人之惡; 小人反是"[42] 경지에 오른 군자의 행위를 공자는 "자신이 원하지 않는 것을 남에게 하도록 하지 말라. 己所不欲, 勿施於人"[43]는 말로 요약하고 있다. 아름다움은 드러내고 허물은 덮어 두자는 말은 너무 편하게 처신하는 무골호인의 언행처럼 보인다. 오히려 드러난 아름다움은 위험하고 감춰진 허물은 곪아 터진다. 소인이 득세한 세상에서는 더욱 그러하니 처세의 어려움은 끝이 없다.

"군자의 덕은 바람 같고, 소인의 덕은 풀 같으니 (바람이 불면) 풀은 눕는다. 君子之德風, 小人之德草, 草上之風, 必偃" 군자의 덕행은 바람에 비유되고 소인의 품행은 풀에 비유된다. 군자는 도를 배움으로써 사람을 사랑하게 되니, 그 교화가 널리 미친다. 소인을 감화시키기에는 절망적이지만, 잠시 소인의 세를 누를 수 있다. 《주역》에 풍風을 상괘로 하는 풍천소축風天小畜, 풍지관風地觀, 풍화가인風火家人, 풍뢰익風雷益, 풍산점風山漸, 손위풍巽爲風, 풍수환風水渙, 풍택중부風澤中孚 8개의 괘가 있다. 이들의 특징은 제일 상층의 두 개 효爻가 모두 양효陽爻여서 군주와 은

---

[41] 《손자병법》 죽간본, 勢篇.
[42] 《論語》〈顔淵〉.
[43] 《論語》〈衛靈公〉.

자隱者가 천하를 누르고 있는 상이다. 그러나 모두 종극終極의 음위인 은자의 자리에 양효가 있어 지나친 억압이 염려된다. 그러므로 이를 경계해서 바람은 스스로 보이지 않는다. 대저 풀과 나무로 바람을 볼 수 있다. 군자의 덕은 잘 보이지 않게 하고 소인의 생성과 움직임으로 군자의 모습을 비추어 볼 수 있도록 한다.

"군자는 3가지를 두려워하니: 천명을 두려워하고, 대인을 두려워하며, 성인의 말씀을 두려워한다. 소인은 천명을 알지 못하니 두려움도 모른다. 대인을 못 알아보고 성인의 말씀을 업신여긴다. 君子有三畏: 畏天命, 畏大人, 畏聖人之言 小人不知天命而不畏也, 狎大人, 侮聖人之言"⁴⁴ 서구 사회는 두려움을 모르도록 가르친다. "두려움은 분노로 이끌고, 분노는 고통으로 이끈다. Fear leads to anger, anger leads to suffering"는 격언은 서구인 마음속에 주요한 명제이다. 당연히 운명은 개척의 대상이고 대인大人과 성인(Saint) 역시 나와 동격이다. 그러나 군자의 세 가지 두려움은 겁을 먹은 것이 아니라 경외심일 것이다. 외畏는 갑골에 '귀신에 쫓기는 아이'로 형상되어 있다. 천명이 이미 인간의 마음속에 있으나 대인大人과 성인聖人이 마음을 주관하니 아직 보통 인간인 군자는 이것이 두려울 뿐이다. 주자는 항상 경계하고 삼가며 두려운 마음(戒慎恐懼, 畏)가짐이 경敬 공부의 시작이라고 말한다. 그러므로 외경畏敬은 "두려움으로 모순을 용해"시키는 것이 아니라 좀 더 준비되고 정제된 마음의 자세였다.

"군자는 곤궁해도 뜻이 견고하고 소인은 궁하면 마구 군다. 君子固窮, 小人窮斯濫矣"⁴⁵에서 "군자는 본래부터 궁한 자"인지 또는 "군자는 궁해

44 《論語》〈季氏〉.

도 뜻이 확고하다."인지 해석이 다양하다. 궁은 묵가墨家에서는 극한으로 해석하기도 하고, 병가兵家에서는 사지死地를 너머 초극한 궁지窮地를 논한다.[46] 기원전 489년(애공 6년) 공자 63세 때, 공자 일행은 위衛나라를 떠나 진과 채나라를 거쳐 초楚나라를 향하고 있었다. 진채陳蔡의 대부大夫들은 자신들의 적폐가 알려지는 것을 두려워해 이를 방해했다. 공자와 제자 일행은 진과 채 사이에서 곤란을 겪는다.(陳蔡之厄) 자로가 화가 나서 "군자도 이렇게 곤궁할 수 있습니까? 子路慍見曰 君子亦有窮乎" 물으니 "소인은 궁하면 마구 군다."고 핀잔하신 것이다.

"군자는 덕을 생각하고, 소인은 땅(재산, 고향, 혈연)을 생각한다. 君子懷德, 小人懷土"[47] 토지를 왕의 땅으로 인식〔王土思想〕하는 사상은 아마도 은상殷商이 중원을 점령한 시기인 기원전 17세기 하상지제夏商之際를 거치며 성립된 봉건사회를 지지하기 위해서였을 것이다. 봉封이란 토지의 경계를 표시하기 위한 흙쌓기에서 형성된 글자로 갑골문에 있다. 알려진 바와는 달리 봉건제는 주 왕조 이전에 이미 실행되었고 적어도 은상 시대에는 지역 토호를 제후로 봉한 "전甸,[48] 후侯, 백伯, 자子, 남男" 등의 명칭이 갑골문에 보인다. 따라서 땅은 당연히 혈연과 연계되고 혈연관계를 초월한 덕능德能은 춘추 이후에 통치자를 가능했다. 주종관계가 은혜와 충성으로 맺어지자 "소인의 혜택"에 대한 걱정이 더해진다.

---

45 《論語》〈衛靈公〉.
46 《孫子》죽간본, 〈九地〉篇.
47 《論語》〈里仁〉.
48 전甸, 갑골문에는 토지의 크기를 나타낸 용어였으나 후세에 벼슬과 지위로 연변된다. 《周禮》에 "하나의 리에 우물 하나를 두어 전시에 9명의 장정〔夫〕을 차출할 수 있는 마을을 정井이라 하고, 각기 4개의 井이 모여 邑, 4개의 읍이 모여 丘, 4개의 구가 모여 甸, 4개의 전으로 縣을 삼고 4개의 현으로 都를 이룬다. 九夫爲井 地方一里爲井 四井爲邑 四邑爲丘 四丘爲甸 四甸爲縣 四縣爲都"가 보인다.

"군자는 형벌을 염려하고, 소인은 혜택과 사면을 생각한다. 君子懷刑, 小人懷惠"[49] 법의 최소한의 해석은 법비法匪들의 활동과 이익을 제한할 수 있다. 덕치의 천하가 되려면 법치 만능의 각박한 사회 역학을 완화하고 세상은 너그러워야 한다. 그러나 소인은 법의 관용을 악용하고 법망을 피해 이익을 추구한다. 소인은 창조적 사업은 뒷전이어서 면세점에 투자하고 권력자에게 비싼 말을 바쳐 부당한 이익을 얻는다. 군자는 기업의 재투자를 보장하려 법인세의 감면을 생각하나 소인은 기업의 사내 유보금으로 금고에 쌓일 이문을 생각한다.

"공자께서 자하에게 이르시길 '너는 군자를 지향하는 학자가 되어야지 소인을 지향하는 학자가 되지 말라.' 子謂子夏曰 女爲君子儒, 無爲小人儒"[50] 유儒는 배우는 자를 지칭한다. 정자는 "군자를 지향하는 학자는 자기 수양을 위해 공부하고 소인을 지향하는 학자는 남에게 보이기 위해 공부한다. 程子曰 君子儒爲己, 小人儒爲人"라고 위의 말씀에 주注를 달았다.[51] 유자를 자처하는 소인은 더욱 해롭다. 학문을 벼슬의 수단으로 삼아 과거시험에 합격한 소인들의 영혼 없는 행실을 보아야 하는 현실은 아직도 여전하다.

《논어》가 인간 행위의 차별상을 식별하고 준열하게 꾸짖는다면 《주역》은 군자와 소인을 변화의 모습 속에 파악하고 있다. 역易의 실천 원리는 인간사의 더 포괄적인 변화를 목격하도록 가르친다. 무리 지어 있는 소인들의 세력은 언제나 화禍를 부르지만 동시에 교화의 대상이다.

---

49 《論語》〈里仁〉.
50 《論語》〈雍也〉.
51 程子는 宋나라의 程顥(1032~1085)와 程頤(1033~1107) 두 형제를 말한다. 《二程全書》에 보이는 이 말은 누구의 말인지 판별되지 않는다.

소인은 변례變例를[52] 통해 고결한 군자의 자리〔位〕에서 감화되어 자리를 양보하거나 역할의 변화를 일으킨다.[53] 소인 속에 군자의 씨〔仁〕를 보고 군자 속에 소인의 과果를 보기도 하기 때문이다. 군자는 위너(Winner) 이며 소인은 루저(Loser)라는 속단은 금물이다. 현대사회에서 오히려 군자는 실패자가 되기에 십상이다.

군자는 통치자이고 소인은 피지배자인가? 군자 소인의 언어 원류는 원시 유학 경전이 죽간에 써진 서한 시대에 형성되었다는 연구에서 보인다. 두보杜甫를 반동으로 증오한 괄말약郭沫若은 그의 저서 《이백여두보李白與杜甫》의 두보의 계급의식을 논하는 장에서 인人은 군자, 지배자이며 민民은 피지배 계층으로 분류하여 인민의 계급투쟁 맥락에서 군자와 소인을 보았다. 신중국新中國의 관점에서는 애초에 군자와 소인은 존재하지 않으며 억압받는 노동자, 농민에게 체제 순종을 위해 창안된 언어 "군자"는 냉소의 대상이었다. 인人은 초기 갑골문에도 보이는 선사시대를 종결하는 아주 오래된 최초 표현 대상 중의 하나이다. 민民은 현재까지 갑골에는 발견되지 않고 주로 금문金文에서 보인다.[54] "민民"이라는 글자는 청동기 문명이 출현하고 제국이 형성되어 전쟁으로 대량의 포로가 발생한 이후 만들어졌는데, 잡아 온 포로의 한쪽 눈을 뺀 모습을 상형했다. 민이 소인의 집단적 모습으로 그려졌기에 소인으로 연변한 과정을 추론할 수 있다. 동한東漢에서 위진魏晉에 이르러 종이의 발전과 보급으로 독서인이라는 새로운 계급이 생겨나고 이들은 차별화된 고양된 인간 "군자"가 필요했다.

---

52 상황의 변화에 따라 位가 바뀌는 것, 노예→ 평민→ 대부→ 공경→ 천자→ 은자로 향하는 易의 프로세스에서 자리가 바뀌는 것을 變例라 한다.
53 《周易》, 山地剝 六五의 변화, 陰邪의 소인이 5陰 1陽의 상황에서 감화되는 것.
54 리러이(李樂毅), 《한자연변오백례》, 중국 사회과학원. 1995.

공부를 한 사람이 공부를 안 한 사람을 차별하는 군자 소인은 저급한 학벌주의에 갇힌 신분에 머물러 열린 정신과는 동떨어진 고립 인간을 만들 수도 있었다. 교육은 더 넓은 공간과 더 먼 시간을 이해하기 위한 것인데 덕분德分을 나누고 평판에 머문다면 문질文質의 변화에 의한 사회 발전을 예측할 수 없다. 군자는 오랜 전통 안에서 끊임없이 노력하며 잘못된 것을 고치는 용기를 체득한 사람이다. 군자는 가을날 맹수의 털처럼 표변할 수 있어야 한다.[55] 군자는 기득권의 보호자가 아니라 변화와 혁명의 시험지이다. 사람들은 공功을 보고 따르지 않고, 공功이 있어도 겸손해 하는 덕德을 보고 따른다. 군자 소인은 고상한 귀족과 누추한 일반을 나눈 것이 아니라, 무책임한 보수주의의 경박함, 부당하게 사회적 지위에 오른 천박함, 관용을 모르는 잔인성에 쉽게 기울수 있는 인간의 품격을 논한다. 그러므로 진영에 빠져 패거리 지은 건달과 수단 방법을 가리지 않고 부를 축적한 천민, 권력을 잡으면 점령군처럼 들이닥쳐 국가의 전략 요소를 단물로 빠는 정권 모리배들이 두려워할 단어가 군자 소인이다.

---

55 《周易》〈革卦〉 "君子豹變"

성리性理 속의 여성, 구운몽

강화江華에서 바다 건너 망국이 보였다. 윤씨는 깨진 얼음 사이로 가까스로 다가온 배에 올랐다. 만삭이 된 몸에 산통이 오고 있었다. 멀리 한강 하구에서 도는 손돌바람(겨울철 김포와 강화도 사이 바다에서 부는 바람)에 돛이 심하게 흔들렸다. 오랑캐가 점령한 육지의 하늘에서 누린 내가 났다. 서강 나루에 닿자 사람들은 뿔뿔이 흩어지고 윤씨는 새로 태어난 아기를 안고 친정을 향했다. 친정은 고조부인 윤두수의 종가가 있는 곳으로 서인西人의 세거世居 주택이 모여 있는 인왕산 아래 서촌〔上村〕이었다. 호인胡人의 약탈과 노변奴變으로 집안은 엉망이었으나, 상촌 사람들의 말투는 부드럽고 공경스러웠다. 그야말로 "곤궁해도 오래 견디고, 풍요하다면 이를 오래 유지하는 久處約 長處樂"이인里仁의 자취가 그대로 있었다. 낙천적이고 감동 잘하는 서울내기들은 이렇게 어려운 시기를 견딜 수 있었다. 만기와 만중의 어머니 윤씨는 이웃에 사는 성균관 서리에게 빌린 책을 손으로 베껴 책을 만들었다. 모두 그녀의 아비56 없는 두 아들을 위해서였다. 살림이 궁색하여 책을 살 돈이 없었으므로 윤씨는 삯바느질과 길쌈으로 품을 팔고 책을 얻었다. 끼니를 잇기 어려운 형편이었지만 그녀는 태연하고 근심의 빛을 보이지 않았

---

56 김만중의 父 김익겸은 1637년 1월 22일 강화도에서 청군과 싸우다 전사했다. 부인 해평 윤씨는 당시 21세로, 20일 뒤 강화를 빠져나오는 배 위에서 김만중을 낳았다.

다. 영특한 김만중(金萬重, 1637~1692)이 훗날 호된 귀양살이에 여성의
성정을 깊이 통찰한 글을 쓰게 된 것도 모두 어머니 덕분이었다.

> 오늘 아침 어머니 그리는 시를 쓰려고　　　　　今朝欲寫想親語
> 붓을 적시다가 몇 번이나 다시 버렸는가?　　　幾度濡毫還復擲
> 글은 되지 않았는데 눈물만 이미 자작하니,　　字未成時淚已滋
> 해남서 지은 시는 응당 문집에서 빠지겠네.　　集中應缺海南詩
>
> 　　　　　　　　　　　　　(김만중, 〈思親〉, 己巳年(1689), 秋)

　조선 유학은 근본적으로 소설을 배척했으나, 17세기 조선은 사랑하는
아내에게 선물하기 위해 밤을 새워 소설을 베끼던 소설광小說狂 남편들
로 가득했던 낭만의 시대였다. 왜란倭亂과 호란胡亂의 연속된 패전으로
조선 성리학은 이기론理氣論의 패착敗着을 설명할 수 없었고, 기질氣質의
힘을 인정하지 않을 수 없었다. 소침한 샌님들은 유배지에서 또는 변방
의 전출지에서 관념보다는 정감情感이 우위를 차지하는 시대를 열어가
고 있었다. 다양한 자연현상과 인간의 리理를 꾸준히 연구함으로써 내·
외부 세계 사이의 장벽이 극복될 것이라는 주자朱子의 약속은 지켜지지
않았고 마침내 샌(생원)님들은 성리학의 지루한 공기로 밀폐된 작은 방
을 나서 정념情念과 성애性愛가 은밀한 반동으로 표현되는 "르네상스 소
설"에 탐닉하게 된다. 이 시대의 문호 허균은 너무 분방하게 여인들과
정분을 맺는 바람에 탄핵을 받아 파직되지만, 이 또한 인륜과 기강이
하늘이 준 본성을 어길 수 없다는 위선에 대한 항거였다. 리理의 세계
에서 벗어나 기氣의 세상을 보았던 것이다.

　은은한 빛이 드는 문풍격창門風格窓에서 소설을 읽다 피로하면 들창
을 열어 사직단의 붉은 울타리 사이로 하얗게 서리 깔린 거리가 보였

다. 윗대(上村)에서 내려가는 새문안길 끝에 이야기꾼들이 오고 갔다. 거기에는 청에서 스며든 과학문명의 새로운 세계관을 등지고 삶의 행복은 오직 사랑뿐이라는 몽상가들이 시전市廛에 모여 이야기를 나누고 있었다. 패전의 교훈은 무학武學의 중요성으로 옮겨 갔다. 훗날 만중이 상소에 참여하여 지어진 제갈량의 묘당에는[57] 어린아이들이 삼국지를 듣기 위해 옹기종기 앉아 있었다. 대낮에도 호랑이가 나타나던 시대이니 포수들이 돌아가며 동네에 번番을 섰는데 그들은 청나라와 연합군으로 러시아 원정에서 돌아온 이들이 대부분이었다. 포수들의 입에서 나오는 모험담과 호란胡亂으로 끌려갔다 중국에서 돌아온 환향還鄉 여인들의 개방된 몸짓과 입담은 모두 커다란 호기심이었다. 어떤 여인은 야소교耶蘇教의 상제上帝님 이야기를 품속에서 꺼내며 나즉한 목소리로 사람들을 사랑방에 모으고 있었다. 이런 모든 것이 모여 약간의 발효기간을 지낸 후 소설이 되었다.

왜란과 호란 양란을 거친지라 남자들의 체면은 말이 아니었다. 패전으로 사람들은 흩어졌다. 대로변에는 청나라에서 온 무기 사찰단이 조총을 보이는 대로 압수해 갔다. 끝내는 청의 끊임없는 요구에 지쳐 조총 3천 자루를 빼앗겨야 했다. 약소국은 결코 신무기를 가져서는 안 되는 것이었다. 전후에 합쳐진 가정은 서로 흩어졌던 독립적인 개체들이 가족이라는 이름으로 함께 살아간 공동체로 그 성격도 권위적이지 않고 개방적이 되었다. 새로운 의미의 가족의 탄생을 경험하면서 한국인은

---

57 《조선왕조실록》 44권 정조 20년 3월 기사, "김만중이 일찍이 공명을 문묘에 종향從享하는 것이 타당하다"라는 말은 근거가 확실하지 않다. 梁誠之의 상소에서 "주자가 일찍이 무학교수가 되었다."는 말 역시 중국 문헌에서 찾을 수 없다. 주자는 武暴을 경멸하였지만 《孫子》를 한 번 언급했다는 말은 정후(鄭厚, 1100~1161)의 藝圃折衷에 보이나, 주자학을 국시로 하는 조선에서 무후(武侯, 제갈량)의 묘당을 세우는 정당성을 찾는 시도로 보인다.

새로운 것에 적극적이며 낯선 것에 대한 포용, 과거의 어려웠던 일과 잘못에 대해 너그러운 한국인의 전형을 만들었다. 그러나 낭만의 시대가 다하면서 조선 후기에는 다시 전통 가정은 남성에 의한 지배가 자리 잡게 된, 철저하게 폐쇄된 공간이 되고 말았다. 성리학이 여성을 밀폐한 것이 아니라 이기적으로 전승한 배타적 관습과 예악禮樂에서 인욕을 절제하지 못했기 때문이었다. 여성의 재가를 당연시하는 청의 개방된 풍습이나, 몸매가 여실히 드러나는 치파오旗袍를 입는 적극적 성애性愛의 표현은, 여성이 성리性理의 주재자이고 하늘에서 부여한 천성天性이었음을 인정하지 않을 수 없었다. 어쨌든 그 당시의 한국 가정은 열린 공간이었고, 여성의 힘이 강하게 영향을 주는 우리가 알고 있는 것과는 전혀 다른 시대였다. 여성층을 독자로 겨냥한 《구운몽》은 이런 시대에 쓴 작품이다.

효성이 지극한 김만중은 1689년 남해의 유배지에서 어머니에게 드리려고 하룻밤에 완성한 작품 《구운몽九雲夢》을 썼다.[58] 너무나 많은 그 시대의 메시지가 그에게 우수憂愁로 다가왔다. 조정에는 장희빈 일파가 국정을 농단하고 있고, 청에 쫓겨 광동廣東과 복건福建에서 피난 온 사람들이 해적이 되거나 이슬람 상인의 배를 타고 남해에 도착하고 있었다. 해적이 들끓는 바닷가에서는 가슴 저미는 사건을 목도하기도 하였을 것이다. 명청 교체기에 명의 유민들이 보트 피플로 조선의 해안에 표착하면 청나라에 다시 압송해 버리는, 인간의 기본적 신의를 저버리는 일들이 태연하게 일어났다. 철사줄에 코를 뚫려 맨발로 서리를 밟으며 그들은 압록강을 건너 심양을 거쳐 장성長城 밖으로 끌려갔다. 그

---

[58] 《구운몽》을 "김만중이 하룻밤에 썼다. 一夜製之"는 헌종 때 이덕무의 손자인 실학자 李圭景(1788~ ?)이 한 말로 전해지고 있으나, 《구운몽》을 출처 불명의 중국 해적 소설로 보는 시각도 있다.

당시의 "탈중난민脫中難民"들은 하늘나라에 들어가 상제님 뵈올 날이 가까웠으므로 비참한 처지를 참는 위안이 되었을 것이다.

조선의 유자들은 '남들이 근심하기 전에 먼저 근심하는 先天下之憂而憂' 가르침에 충실했다. 불의한 자를 보면 가차 없이 면박을 주어, 세상 사람들이 모두 그와 사귀기를 두려워한 김시습은 "근심하고 걱정할 때 복과 경사의 토대가 이루어지고, 잔치하고 편안히 지낼 때 재앙의 독이 싹튼다."고 경계의 말을 남겼다. 고통스러웠던 김만중의 시대를 보면서 그가 근심했던 것은 옳고 그름이었다. 더욱이 그를 통해서는 이른바 "유교적 여성관"이 존재하지 않음을 알게 된다. 진정한 "유교적 여성관" 은 주자가 삼강三綱을 주제로 《소학》을 논할 때, 부위부강夫爲婦綱이[59] 없음을 발견한 것처럼, 남녀관계가 한국 전통 사상 속에 존비를 따지며 참담하게 굴절되지 않았다는 증거에서 더욱 확연하다.[60] 여성은 오히려 숭배의 대상이며 삶을 지배하는 원천이었다. 사회 안에 다른 것이 섞여 있는 것은 축복이며 "이성異性은 분열이 아니다."라고 선언할 수 있다면, 남녀의 분열이 반역이 되어 돌아오는 것을 되돌리고 앞으로 나아갈 수 있다. 예禮를 번잡하게 하고 악樂을 지나치게 화려하게 한 시대는 갔다. 명의 유민들이 가져온 왕부지王夫之, 리지李贄의 책들은 다양한 여성관을 제시하고 있었다. 왕부지는 여성과 남성의 변별을 더 깊이 천착시켰고 리지는 여성을 해방하고 위선을 뒤집어엎었다. 김만중은 1934년 나혜석이 잡지 《삼천리》에 발표한 〈이혼 고백장〉을 충분히 이해할 수 있는 사람이었다. 여성이 정조를 지켜야 한다면 남성도 의당 정조를 지키는 것이 성리학의 공평률이었다.

---

59 夫爲婦綱, 부부의 도리, 정조와 절개.
60 강숙자, 《한국 여성 해방이론》 제3장, 한국전통사상에 나타난 여성에 대한 이해(지식산업사, 2005).

《구운몽》의 주제는 사실 유학적이지 않다. "입신출세 부귀영달"은 천박한 세속적 관습이고, 그 무상함을 깨닫는 것 또한 도불道佛의 행각이지 유자의 정진 방향이 아니다. 소설의 상업적 성공을 위해 양반, 귀족의 독자층을 겨냥했고 유한층을 향해서는 권태를 달래려는 "몽자류"이다. 주인공인 양소유陽少游는 천하의 바람둥이다. 두 명의 처에 6명의 첩을 두고 천자의 총애를 받으며 부귀공명을 누린다. 갈등이 없고 모든 것이 긍정된 세계에서도 그러나 인간의 영화는 일장춘몽, 성공과 남녀의 사귐이 허무하다는 주제 속에는 현실적 출세주의와 복합적 이원성의 세계를 절묘하게 묘사하고 있다. 그렇다고 꿈과 세상을 나누어 둘이라고 할 수 없음은, "보는 것을 중단하지 않기 위해서 인간은 꿈을 꾼다."는 괴테의 말처럼 제3의 관찰자가 항상 존재한다는 엄연한 두려움이 있기 때문이다. 조선의 선비들은 그 제3의 눈을 의식하고 혼자 있을 때 더욱 삼가는 신독愼獨의 경지를 추구했다. 《구운몽》 속에서도 꿈과 현실을 통괄하는 존재인 상제님은 얼굴에 칠한 연지와 분을 씻어 버리고 인간이 직면해야 할 존재이다. 그러기에 꿈이 공존하는 인간세에서 정도正道로 인간을 인도치 아니하고 환술幻術로 희롱하였다면 구원은 요원하다. 동양에는 비극悲劇은 없고 우수憂愁가 있다. 우수는 평범한 설명이나 나열이 아니라 조화造化 있는 순수 체험과 직관을 타고 드러난다. 때로는 자연과 인간 간의 매개물인 예술 속에 응집되어 나타나기도 하는데, 느낄 수는 있으나 설명하거나 분석하기 어려운 것이 가슴에 응어리진다면 그것이 우수이다.

언어, 문학, 무대, 역사 권력의 소환 《시경詩經》

동방문자(漢字)의 연원은 갑골甲骨, 금문金文, 죽간竹簡, 백서帛書에서
발견되지만, 지금까지 전래한 빼어난 전적典籍은 아마도 육예六藝(禮, 樂,
射, 御, 書, 數)를 생활과 사색에서 구조화한 주나라의 인문 의식에 기원
한다. 시간이 지나 살아남은 전적들이 춘추전국을 거치며 자파子派를
이루고 문文, 사史, 철哲을 후세에 전수하면서 사랑받은 책들이 "경經의
지위"에 오른 것이리라. 그리하여 시대마다 다르게 오경五經, 구경九經,
십삼경十三經으로 산책刪冊하여 불렀다.[61] 오경은 전한 시기에 국학으로
채택되었고, 구경은 당나라의 경전 분류법으로 편자에 따라 약간씩 다
르다. 십삼경은 남송 때 처음 정리되었다. 흔히 이야기하는 사서삼경四
書三經은 송대에 주자가 선집選輯한 것이다.

《논어》는 옥같이 은은한 빛이고 《맹자》는 수정 같은 냉광冷光이 흐른
다. 주변을 넓혀 노장老莊을 유자의 경으로 포섭할 수 있다면, 이런 범
유학주의(Pan-Confucianism)는 더욱 경經들을 원래의 모습으로 소환하게
한다. 《도덕경》이 학의 깃털 하나로 써졌다면, 《장자》는 두루마리 하늘

---

61 5경: 시경, 서경, 역경, 예기, 춘추 9경: 谷耶律은 〈九經庫〉에서 易·書·詩·禮·樂·春秋·
論語·孝經·小學으로 분류했으나, 陸德明〈經典釋文序錄〉에서 시경·서경·역경·삼례(三
禮: 周禮 ·儀禮 ·禮記)·춘추·효경·논어로 나누었다. 13경: 周易·書經·詩經·周禮·禮記·
儀禮·春秋左氏傳·春秋公羊傳·春秋穀梁傳·論語·孝經·爾雅·孟子.

과 만난 먹물 바다처럼 웅장하다. 그러나 말이 어렵고 현란하면 대중은 소외되기 마련이다. 현학衒學이 통치하여 법비法匪가 발생하고 먹물들이 소통을 흐리면 언어 사용에 역시 문질文質의 혁명적 교대가 일어날 수 있다. 그 결과 문자에서 참절한 권력을 파면하고 소환한다. 그러므로 어진 유자들은 이를 근심하여 무사無邪한 마음의 전달을 꿈꾼다. 유자의 마음속에 있는 경의 계보를 거슬러 오르면 마지막에 남는 것이 《시경詩經》이다. 《시경》의 원류는 유원하다. 기원전 8세기의 황하를 뗏목을 타고 내려가 그 유역 그 시대 인간의 음성과 노래를 채록한다면 공자의 산시刪詩 이전의 노래를 듣게 된다. 가까운 장래에 공기 중에 남은 나노 입자의 음향을 들을 수 있고, 이미 개발한 바이러스와 박테리아의 노래를 들을 수 있는 Nano Ear를 이용하면 일만 년 전 인간이 살았던 터전 주변의 공기에 남은 진동에서 인간의 음성을 뽑아낼 수도 있게 될지도 모른다.

그것이 가능하다면 상상해 보라! 《시경》이라는 고대의 오디오 파일을 이런 미세음파수집 장비(Micro sound wave collecting device)에 담는 것은, 어쩌면 선인들이 이룩한 시대와 역사의 누적된 민지고民之故(백성의 경험)를 뒤흔드는 일일 것이다. 그러나 시詩를 진화시켜 경經의 지위에 이른 것을 다시, 그 시의 배후를 밝히는 망언득상忘言得象 −언어를 버리고 상을 찾아가는− 의 일이 그 대상의 모호한 아름다움을 해치지는 않을 것이다. 이는 본래의 참모습을 보고 싶다는 성실한 독자들이 궁극적으로 그 미궁에 갇힌 천명天命을 구하는 일에 동참할 때 가능하다. 수세기에 걸친 주注와 소疏가 떨어져 나가며 시詩가 제공해야 할 서비스가 회복되면 이것은 언어 권력의 소환이다.

시詩에는 누구를 가르친다는 무모한 생각은 추호도 없다. 가르침은 오로지 배우려고 할 때 가르쳐진다. 정보의 프래그미디어 시대에 오만한 독자와 시의 간격에는 항상 함부로 범할 수 없는 영역이 있다. 독자는 이미 자기도 모르게 "판단력 비판"의 경지에서 시를 볼 수 있게 되었다. 그러므로 조금이라도 삿된 생각(思邪)이 있다면 한 치도 전진할 수 없고 시의 해체로 남겨진 언어의 파편에 묻히게 된다. 각자의 마음에 자신의 《시경》을 제본하는 것은 시간의 속을 파내는 조각이며 그로 인해 생긴 공간을 세우는 건축이다. 《시경》은 언어 인식 속에 묻혀 있는 금강 석굴과 같다. 정학유(丁學游, 1786~1855)의 《시명다식詩名多識》62에는 이런 생명의 이름이 경건하게 기술되어 있다.

유자儒者들은 늘 《시경》의 언어를 사용해 왔다.63 누구든 유학의 언어에 편입되면 부지불식간에 사용하는 말들이 시였다. 시가 지극히 보통 사람이었던 공자의 언어로 다듬어진 것은 행운이었다. 시를 읽어 나가면서 중화와 동이가 다르지 않고 동방 문명의 글자와 언어가 서로 다투지 않아 조화로운 세상에서 노래로 불리고 기록됐음을 알게 된다. 천하를 주유하며 누항陋巷의 거리, 그 가난하지만 더럽지 않은 자리에 시를 쓰는 것은 얼마나 행복한가? 간혹 권력자의 뜰에 강제 초빙되어 읍揖64 하더라도, 사치하고 악취 나는 탐욕의 흔적이 무심한 바람에 씻기는 것은 얼마나 후련한 일인가? 그리하여 거절하며 두려운 마음에 장읍불배長揖不拜하며 뒤돌아 나오는데 쥐와 새와 꽃과 나무, 풀의 소리가

---

62 정학유 《詩名多識》; 허경진·김형태 옮김, 한길사, 2007.
63 현대 중국에서 《詩經》은 유가의 범주에 넣지 않고 先秦 경전문헌으로 분류한다. 中國哲學書電子化計劃.
64 읍揖, 절을 할 수 없는 상황에서 취하는 상대방에 대한 존경과 예의를 표하는 행위, 읍은 두 손을 앞으로 모아 왼손으로 아래 손을 덮어 포개 잡고(남자─ 여자는 오른손으로 왼손을 포개 잡는다.) 손을 상대의 얼굴 높이만큼 올려 허리를 굽힌다.

들리는 것은 얼마나 즐거운 일인가? 그 누가 신춘문예 따위에 관심이 있겠는가? 알량한 권력으로 문단文壇을 만들어 톨게이트를 세우고 작품 활동을 방해하는 시정잡배를 시의 모습에서 보아야 한다면, 《시경》은 당연 그들에게서 언어를 회수한다. 이것은 고대 동방 언어처럼 시제의 변형이 없는 영원한 현재였고 비루한 문학 권력의 소환이었다.

유자는 가끔 그의 인생이 《시경》을 이해할 수 있을 만큼 남았을까 걱정한다. "시 삼백 편 모두 사랑스럽고 사사롭지 않다. 詩三百 思無邪"라는 공자의 말은 가끔 사사롭기도 하다. 버려진 참된 성정性情이 자연과 교섭하도록 그 본성을 아름다운 미궁迷宮에 남겨 두려면 세상에 옭매인 사연邪緣을 끊어야 했다. 《시경》은 다른 한적漢籍보다 어렵다. 모르는 글자가 많아서 고주古注와 사전을 뒤적이지만, 정확한 뜻을 알기 쉽지 않다. 2천 오백여 년에 걸친 해석조차도 애매한데, 어찌 고인들은 "〈국풍國風〉의 주남周南과 소남召南을 읽지 않고 사람이 되었다고 할 수 없다."고[65] 했는지 후유後儒들은 오랫동안 이해할 수 없었다. 새와 짐승, 풀과 나무의 이름, 심지어 해와 달의 이름도 정확한 것인지 알 수 없다. 하지만, 지칭한 것들의 진정성과 사실성이 언어를 초월하여 느낌으로 왔다. 시詩였다.

그래서 《시경》은 소리 내 입으로 크게 읽고, 이슬람 무에진이[66] 탑에서 경을 외울 때 자신의 귀를 막아 신의 울림을 듣는 것처럼 본성이 내응하는 소리로 들어야 한다. 《시경》은 원시사회 문화에서 시제時制가

---

65 《논어》〈陽貨〉. "공자가 아들 백어에게 '너는 주남과 소남의 시를 공부했느냐? 사람이 이를 읽지 않으면 마치 담장을 마주 대하고 서 있는 것과 같다.' 子謂伯魚曰 女為 周南 召南矣乎? 人而不為 周南, 召南 其猶正牆面而立也與"
66 기도 시간을 알리는 자, 망대의 부르는 소리.

없는 고대 중국어가 만들어 낸 마법적인 경전이다. 그래서 《시경》을 이야기 하는 것은 시를 쓰는 것일 수도 있다. 천명天命-솔성率性-수도修道-교양敎養에 이르는 동양 문명의 그윽한 뜻이 《시경》에 담겨 있다. 어렵지만 참아야 한다. 참기 어려운 것을 능히 참는〔難忍能忍〕 시대마다 《시경》은 유자의 품 안에 남아 있었다.

시詩 속에는 어떤 사람이 있나? 그는 자신의 고유한 완전성으로 몰입해 가는 사람이었다. 그 사람〔其人〕 곁에 나무와 새, 말과 수레, 뽕나무〔桑〕와 귀신을 쫓는 대추나무가 있다. 자연은 감성感性의 대상이지만 성性을 초월해 있었다. 삶을 꾸려 나가는 방법은 선험적이지 않으며 앞으로의 경험도 필요치 않다. 배고픔과 불안, 전쟁에 끌려간 사랑하는 이를 기다리며 태연자약 가시나무와 장작을 가려 땔감을 구하고 고사리, 씀바귀와 질경이를 캐며 쑥밭이 된 옛 기억에 서서 "슬프되 마음은 상하지 않는다. 哀而不傷" 시를 통해 귀순하는 것은 저자에서 춤추는 미친 여자, 사랑을 잃고 노래하는 남녀들, 이리〔狼〕, 부엉이, 세상을 갉아 먹던 쥐 그리고 기원전의 우주에 나타난 샛별과 혜성들, 초저녁 동편에 휘황輝恍하게 빛나는 세 단으로 묶인 시리우스 성(三星在天, 唐風 綢繆 3章)이다. 하나의 성광星光 뭉치를 세 개로 볼 수 있는 건 시력 7.0의 건강한 호안이다. 그 어디에도 원망은 없고 체념이 있으며, 비극은 없고 우수가 있다. 어리석은 내가 고통을 통해 알게 된〔困而知之〕 것을 《시경》은 받아 주고 지지해 주었다. 시의 전쟁 서사 역시 승리 속에 상처를 숨겨 두었다. 군납軍納한 시의 갑옷을 벗기고 먼지를 터는 동안, 신화는 사라지고 궁극의 현실이 보였다. 비록 그 현실이 연못에서 뛰어오르는 물고기의 번쩍이는 비늘을 보는 순간처럼 짧지만, 꾸미지 않은 일상에 영원함이 들어 있으니 기록되어 반복할 필요 없는 무대舞臺 권력의 소환이었다.

그러므로 관중과 연출이 분리되지 않는 《시경》에서는 어떤 대척점對
蹠点을 찾지 못한다. 시를 읽는 유자의 시선은 황하에서 배를 흔드는
여자를 보지만 그녀는 흔들리는 세상을 보았을 것이다. 은둔하여 도인
처럼 보이지 않도록 위장도 불사한다. 수양산에 들든 낙양의 저잣거리
이든, 숨어 있는 동안 우리는 완전히 자유로웠다. 그러므로 어느 날 표
변〔君子彪變〕하여 장성長城 밖으로 나아갈 수 있다. 혁명군을 이끌고 오
르도스(에얼둬스 鄂尔多斯)의 고대 우편도로를 질주하는 사차駟車에서 보
이는 황무지와 사막은 끝이 없다. 감옥에서 풀려난 폭군의 행방은 묘연
하다. 이 세상 끝까지 추적하여 그를 응징할 것이지만, 너무 정의감에
사로잡혀 용병술을 망쳐서도 안 된다. 오랜 시간 아주 천천히 그 악행
을 명명히 밝히고 벌할 것이다.

국풍國風은 시류時流가 아니니 영원히 그 자리에 남았다. 인간의 터전
뿐만 아니라 험준한 자연 속에도 남아 있다. 거북을 구워 금이 간 틈
속에서 징조를 알려 주어도 그 예언을 진화시켜서는 안 되었다. 요행僥
倖을 바라지 않은 이성이 자리 잡으면, 말이 만들어지고 물상物象은 지
워진다. 모든 물성物性을 어떻게 존중할 것인가? 샤르댕의[67] 말을 빌리
자면 "창조적 진화"처럼 스스로 길을 만들어 가며 존중될 것이다. 하여,
평생 길거리 청소만 해도, 먹거리를 얻으러 한 칸 낚시로 천만 고독의
강가에 앉아 있어도, 세상과 인연을 끊어 문 앞에 다북쑥이 우거졌어도
마음은 충만하고 의로우니 비로소 《시경》을 펼 수 있다. 그리하여 지극
히 성실한 삶에서 하루살이 날개(〈曹風〉, 蜉蝣 3章) 같은 투명한 옷을

---

67 떼이야르 드 샤르댕(Teilhard de Chardin, 1881~1955), 〈창조적 진화〉, 〈인간의 미래〉.

입고 있는 엄정한 자신을 보게 된다. 마음에는 티끌의 더러움도 없고, 사다새〔鵜〕처럼 강물이 혼탁하면 그 깃을 물에 적시지 않는다. 그래서 시는 성誠에 이르려는 부단한 노력의 산물이다. 《시경》은 직관적이어서 생태환경을 직접적 생모로 하는 언어로 되어 있다. 그러므로 시에 나타나는 물상의 지칭이 뜻하는 것을 정확히 알 수는 없다. 그 이름을 불러주기 전에 저마다 고유의 이름이 있었을 것이다. 어쩌면 무명이라 해두는 게 낫다. 해석에는 "정확도"란 없고 차라리 해석을 포기할망정 그 문세文勢와 시정詩情을 왜곡해서 읽는다면 꾸중을 들어야 할 일이다.

〈소아小雅〉의 시들은 작은 소곤거림이나, 그 내면은 웅대하고 비로소 시대의 인간들을 덕의 저울〔德稱〕에 올려 수평적 관계를 모색하고 있다. 거짓 군자의 위선을 더는 숨겨 주지 않는다. 군자와 소인은 상하고저上下高低 빈부귀천貧富貴賤으로 나뉘지 않고 덕德과 부덕不德, 실덕失德과 성덕成德 그리고 위덕僞德과 음덕陰德의 눈금으로 가차 없이 잰다. 그 덕분에 〈소아〉는 이너서클에서 벌어지는 작은 주연의 언어여서 마치 동네 입구 주점에서 꾸덕꾸덕 말린 황태를 안주로 군자를 씹으며 소인은 기탄忌憚없이 말할 수 있다.(《중용》 2장, 小人之中庸 小人而無忌憚) 그 탄憚은 애아탄인哀我憚人, 나의 가엾은 한숨 쉬는 동시대인이다. 기탄에는 꼼수가 없으니 이치를 모르는 자는 욕설과 희롱으로 들릴 것이다.

〈소아〉의 민의는 소위 말하는 집단지성이 아니다. 작은 언어들이 씨로 뿌려져 혁명의 배아胚芽로 우리 마음에 자라 오히려 혁명을 걱정하고, 혁명검찰 없이 타협하여 중도에 멈춘 중화中化의 머뭇거림이 되었다. 그리하여 천명이 더 무거워져 후세에 누가 되었다. 그러므로 〈대아大雅〉로 이어질 수밖에 없었다. 민의는 천명天命에 근거하지만, 하늘 또한 제어의 대상이 될 수도 있다. 인간도 자연 속에 있는 것이라면 자연의 악의적 섭리에 집단주의는 머물 수 있다. 그것이 "극단에 이르면 전제주의가 되고 그 반동으로 지나친 개인주의로 가면 무정부주의가 된다."[68] 〈소아〉는 인간 언어의 폭력성을 경계한다. 무심한 하늘을 원망하는 것이 전부다. 아직 쟁기와 낫을 가지런히 하고 그 슴베 깊은 자루를 바라볼 뿐, 무기를 들지 않았다. 그저 마음속으로 깨끗한 군자의 출현을 바랄 뿐이다. 모든 언어는 공격적이지 않고 방어적이어서 아마, 공세이전攻勢移轉의 준비를 소리 없이 했던 모양이다. 탄탄히 닦인 주나라의 대도에 공자들이 어릿거리며 까불고 다니게 놔두고 있다. 거만한 거짓 군자가 자신이 가장 깨끗하다고 떠들게 가만 놔두고 있다. 안식처였던 "가난"이 청아함이 아닌 비참함으로 바뀌어도 가만 놔두고 있다. 〈소아〉는 인내의 시이다.

시를 편집한 공자의 안목은 〈대아〉에서 두드러져 보인다. 유가에서 보는 사회발전과 쇠락은 분명 무한한 한 방향의 일회적 현재라는 역사성을 가진 것이 아니라 언제나 영원한 순환의 틀거지 안에 성자필망盛者必亡의 우수가 녹아 있다. 인내하며 매일 새벽 읽으니 마침내 망국의 도통이 시에서 발견되었다. 〈대아〉의 31편을 담고 있는 문왕지십, 생민지십, 탕지십은 이인칭의 시 세계에서 역사의 흐름을 이야기한다. 생민지십의 권아십장卷阿十章을 중심으로 전반부까지를 정대아正大雅, 그 이후는 변대아變大雅로 나뉜다. 이 절묘한 편찬은 국가 창업이라는 천명天命, 사직의 계승을 위한 위민생爲民生과 솔성率性, 각성을 촉구하는 수도修道 그리고 다시 새로운 천명을 받아 결국 혁명적 사고로 이어지도록 민중을 교양하고 힘을 복권하는 命-性-道-敎의 프로세스를 벗어나지 않는다. 체제를

---

68 Amartya Sen, *Identity & Violence*(정체성과 폭력).

찬양하는 '정대아'가 체제를 비판하는 '변대아'로 돌아서는 것은 민생(지
십)의 한복판에서 벌어진다. 그러므로 천명은 바로 민생이었다.

한국인의 심저心低에 배어 있는 역사 인식은 영광된 과거로 회귀 추
구와 자학적 역사관이라는 이율배반적 궤도에 놓여 있다. 그 영광은 공
간 영역에 있지 않아야 허망하지 않다. 역사 도통道統의 계승점을 응시
하도록 시가 가르쳐 주고 있다. 성인聖人의 시대, 그것이 신화였던 해석
은 이제 신화가 되었다. 《시경》 속에서 유자는 날마다 새로운 옛날을
보았다. 이야기 속의 화자는 그러므로 동이東夷일 수 있고, 제나라로 망
명한 나라 잃은 고신孤臣이기도 하며, 제후국을 방황하는 세작이고, 목
야牧野의 전투에[69] 참가하여 그 실상을 본 베테랑일 수 있다. 신과 인간
싸움의 최후의 결전이었던 목야牧野의 전투는 아침의 몽롱한 안개 속에
서 목양신(Pan)과 목동이 진영을 나누고 서로 통하지 않는 대화의 장場
처럼 보이기도 했다. 그러나 굳이 고고학의 과학적 발굴로 그 결전의
해가 BC 1046년으로 밝혀지고 수많은 관련 서적이 조롱을 받아도, 유
자는 주나라의 리얼리즘에 이미 《시경》을 통해 다가설 수 있었다. 《시
경》은 이처럼 성실하다. 특히 〈대아〉의 역사의식은 은상殷商과 주周의
교체기를 중심으로 집요하고 투철하다. 21세기 들어 갑골, 금문의 해석
을 통해 새롭게 조명되는 이 시기는 더더욱 《시경》이 진실을 말하고
있음을 증명하고 있다. 체제를 옹호하고 미화된 공문과 같은 《서경書
經》[70]보다 한 개인의 진솔한 감정으로 노래한 《시경》이 사사로움이 없
는 것은 당연한 일이다. 그러므로 〈대아〉를 읽으면 역사를 공부하지 않
을 수 없다. 〈대아〉의 서사는 한 단어 한 단어가 정교하고 귀중하며 압

---

[69] 기원전 1046년, 주의 무왕이 은의 걸을 멸한 전투.
[70] 염약거(閻若璩, 1636~1704), 《상서고문소증尚書古文疏證》에서 서경의 절반이 후세에
위조된 것으로 논증.

축되어 있다. 공자가 〈대아〉에 이르러 얼마나 심혈을 기울이고 산시刪
詩를 가함에 신중했는지 문맥을 통해 가히 알 수 있다. 공자는 불편한
과거를 드러내지는 않았지만 감추지도 않았다.

웅산인은 말한다. 고전을 공부하는 학도들에게는 "있다고는 말하기
쉬워도 없다고는 말하기 어렵다. 說有易 說無難[71]라는 말이 금언이 되고
있다. 역사를 밝히는 사람에게도 역시, "그러하다고 말하기는 쉬워도 그
렇지 않다고 말하기는 어렵다. 說然易 說不然難" 한국인에게 은殷 제국의
멸망은 피눈물 나는 사건이었다. 그러나 은상殷商의 어둠을 멸하고 밝
은 주나라를 세운 서쪽에서 다가온 고대 중국인의 이성주의는 오래도록
찬양받아야 한다. 사람의 머리 대신 양의 머리를 제단에 올림으로써 인
본주의가 그 권력을 하늘에서 소환했던 것처럼, 신의 죽음이 진단된 영
원한 현실을 인간이 되찾기까지 참으로 처절한 투쟁이 필요했다.[72] 이
대천전쟁對天戰爭은[73] 거대한 문화 흐름의 판도를 바꾸었다. 이로써 인
간들 사이에 시가 서사되었으니 역사 권력의 소환이었다. 돌아갈 과거
가 있다면, 역사는 혼백이 귀환하는 공시公尸와 같다. 현실이 영원하다
면 우리가 혼백 사이에 사는 것이지, 혼백이 우리 사이에 사는 것이 아
니다. 《시경》에 공시公尸는 〈대아大雅〉, 생민지십生民之什, 기취旣醉, 부
예鳧鷖〉에 등장하는데 "시尸"란 본래 희생된 인간의 주검이었으나 후세

---

[71] "說有易 說無難", 의고사조疑古思潮의 경향을 반박하는 고고발현考古發現 표명, 출토 간
백고적簡帛古籍이 제공하는 증거에 따라 "의심스러웠던 것이 모두 사실이었음"이 증명
되어 "說有易 說無難"은 통설이 되었다.

[72] 대천전쟁은 은주교체기의 인문 투쟁으로 고전에 보인다. 손자병법의 죽간본을 해독한
《죽간 손자논변》 행군편에 "무릇 (인간의 이성으로 파악한) 네 가지 지형의 군사적 이
점은 황제(인문)가 사제(신화)를 이긴 이유였다. 凡四軍之利 黃帝之所以勝四帝也"처럼
상징적으로 파편화하여 나타났다.

[73] 제5장 儒者有終, 4. 鬼와 神 그리고 儒者의 대천투쟁.

에 제사에서 신위 대신 앉혀 놓은 아이를 뜻했다.[74] 《시경》에는 마치 영매靈媒나 샤먼처럼 묘사되어 있으나 밝은 인문의 빛이 공시의 입을 통해 인간을 축복한다. 조상을 모심에 역시 남녀의 차별 없이 여성의 신위에는 여자 공시가 부복했다.[75]

밝은 빛 왕성하여   昭明有融

끝까지 높고 밝으리니   高朗令終

처음이 좋으면 끝도 좋아   令終有俶

공시의 말씀 아름답도다   公尸嘉告

(〈大雅〉, 生民之什, 旣醉 八章)

《시경》의 마지막 부분은 40편의 장엄하고 아름다운 송頌으로 되어 있다. 〈소아〉, 〈대아〉를 통해 격랑하던 천명天命은 안정을 찾았다. 사물을 우아하고 생동적으로 바라본 송 이야기를 하기 전 지금까지 읽은 《시경》의 뼈대를 다시 상기하면, 《시경》은 음률과 심미로 나뉘어 있다.[76] 그러나 현대 독자들이 감동하는 이유는 《시경》의 화자가 시대를 초월한 즉물적卽物的 감득 방식으로 말해 주기 때문이다. 현재란 유일한 시제이고, 어쩌면 어린 시절 암송한 시가 현재의 금문今文이다. 《시경》에 본래 고문古文이 있어 그와 다르더라도 이를 어찌할 수 없었다. 그

---

74 주자는 尸를 분류하여 天子는 卿을 尸로 하고, 諸侯는 大夫를 尸하며, 卿大夫 이하는 孫子를 尸로 한다고 註했다.

75 Carr. Michael. "The Shi 'Corpse/Personator' Ceremony in Early China" Reflections on the Dawn of Consciousness: Julian Jaynes' Bicameral Mind Theory Revisited www.julianjaynes.org.

76 《시경》의 구성은 예로부터 사시육의四始六義의 설이 있다. 사시는 아직도 일반적인 텍스트로 삼고 있는 風, 大雅, 小雅, 그리고 頌으로 나눈 분류이다. 육의六義는 풍風, 아雅, 송頌, 부賦, 비比, 흥興으로 나눈 것으로 風, 雅, 頌은 주연과 안무를 위한 분류이고 賦, 比, 興은 시를 표현 수법으로 나눈 것이다.

러므로 시제에서도 과거는 없고 오직 현재가 있을 뿐이다. 과거 시제가 없는 고대 중국어의 흥으로 해석할 뿐이다. 더구나 그것이 고대 한국어였는지도 모른다는 기대감마저 있다. 경經을 현대 중국어로 발음하고 음운의 시시비비를 따지는 것도 무의미하다. 본래 한국어 발음으로 읽는 게 더 가까운 것 아닌가? 한국의 메마른 유생(枯儒)이라도 한시韓詩를 노래함에 중국어 성조로부터 자유로울 수 있다. 그 두꺼운 장벽을 깨기 위하여, 《시경》이 선물한 영감靈感으로 이제 송頌을 읽을 수 있음에 이르러, 거류불반去流不反 흘러가 돌아오지 않은 음운보다 현재의 음운으로 읽는 것이 마땅하다. 그것은 21세기 한반도에서 울리는 동방문자의 음이다. 시의 언어가 참되고 사심이 없었던 것은, 공자가 스폰서가 되어 주선한 인간의 입에서 나와 인간의 귀로 들어간 착한 언어였기 때문이었다.

초월자가 다시 환속하여 새로운 언어로 배우는 신의 말씀은 이미 은상의 제국과 함께 사라졌다. 시 속에서 괴력난신怪力亂神을 배제할 수 있다면 우리는 과거의 초월적 음운이나 언제 변할지 모르는 발음으로 시를 읽을 필요가 없다. 그러므로 여기 이렇게 원칙을 정할 수 있다. 모든 동방문자(漢字) 음은 현재 한국인의 발음으로 읽어야 한다. 신해혁명 이전은 고래의 한국식 발음으로, 그 이후는 현재 중국어 발음으로 읽자는 주장은 어불성설이다. 《시경》은 얼핏 보기에 교훈적인 노래 같다. 그러나 심저에 흐르는 끊임없는 의식적 각성은 한국인에게 잘 나타나는 초윤리적 타락을 겨냥하고 있다. 그 분노, 그 의로움의 활시위는 팽팽히 긴장되어 높은 수준의 인식능력을 표적으로 한다. 은상 제국의 천신天神사상이 초월에 기대어 윤리를 차용한 것을 공자는 주나라의 천명天命사상으로 인간적인 너무나도 인간적인 비판을 가했다.

권력은 소환되었고 치통治統은 부정되었다. 그러므로 시에서 권력 찬양의 노래[頌]는 위험하다. 서구 유자(Western Confucian)들은 시를 읽음에 국풍에서 멈추고 아雅와 송頌은 잘 읽지 않는다. 해석에도 혹시 내놓게 되는 발칙한 풀이를 놓고 수없이 보이는 성적이형姓的異形은 오해를 받기에 십상이다. 원시 유가儒家로의 복귀를 꿈꾼다면, 아마《한비자韓非子》에서 부터 시작되었을, 법가들의 도대체 터무니없는 체제 옹호의 글자 풀이를《시경》에서 보는 것은 고통스러운 일이다. 인치人治가 그립지만, 거짓 인치보다 차라리 법치法治가 필요한 시대를 살면서, 법가의 과도한 고전에의 개입은 시의 아름다움을 왜곡시키게 마련이었다. 당唐의 공영달, 남송南宋의 주희는 어쩌면 그 오해를 통해 새로운 진실을 말할 수 있었는지 모른다. 동시대(기원 후 약 1천 년간)에 거세게 밀려드는 차원 높은 불교사상을 받아들일 수 있는 고도의 사색 체계를 중국인들은 갖추고 있었기에 아마도 이런 사상 전쟁에서 고아가 된 원래 의미는 뜻을 전달하지 못하고 역사에서 사라졌을 것이다. 이를 염두에 두었을 주자의 시 해석은 탁월했다. 신유학(New Confucianism)이 생겨난 복건성 우이산武夷山을 많은 유자가 순례했다. 검은 이끼가 낀 석회암 바위에 "天心明月"이라 새기고 주사朱沙로 입힌 주희의 빛바랜 친필이 보인다. 물에 비친 세계와 더불어 이理와 기氣의 주관적 실체를 언어 이외의 것으로 설명받는 순간, 거기서 비로소 소유小儒들은 젊은 시절 매혹되었던 노장老莊에서 풀려나온다.

주자가 살았던 남송은 끊임없이 금金과 몽골의 군사 위협 아래 풍요하지만, 불안하고 퇴폐한 사회였다. 최악의 간신과 최고의 충신이 드라마 같은 이야기를 만들었다. 선과 악이 노골적으로 분리되어 첨예한 대결이 이루어졌다. 세상이 몰락으로 치닫는데, 54세로 벼슬을 사직한 주희朱熹가 그의 사설 대학 무이서원武夷書院에서 시대의 모순을 사상으로 승화시켰다. 그가 주註한 《시경》은 그러므로 시와 정치, 철학적 정론政論이 들어 있다. 오늘의 후학들은 그의 해석에 만족하며 "진실에 대한 창조적 왜곡"이라 자위한다. 웅산인은 말한다. 그러나 그것은 주자의 노래이지 《시경》의 송이 아니지 않은가?

베트남 어린이들과 함께 어울리는 호찌민

" … 주권쟁의에 필연적인 것은 역사쟁의이다. 역사가 힘 있는 자의 기록으로 인식된 제국주의 역사관에 유자의 유일한 방어기제는 춘추필법春秋筆法이다. 역사는 현재와 과거의 대화도 아니며, 패권자의 힘이 도달할 수 없는 시공의 영역에서 터를 잡는다. 거기서 바라보는 역사 도통은 힘없는 자의 시각에서 더욱 선명했다. 역사가 폭력의 기록이라는 전국戰國 역사관 이전에 춘추가 있다 …"

3.

공화共和 속의 유자와 민주 주권쟁의

군주와 백성의 주권쟁의爭義

사무엘 헌팅턴(Samuel Huntington[1])은 유교 민주주의란 "형용 모순"이라고 비판한다. 유학에 무슨 민주주의가 있냐는 것이다. 자칫 민주주의의 변형과 왜곡을 염려해서 민주주의의 정명을 엄격히 할 필요는 있다. 동아시아인들은 싱가포르에서 일어난 자본이 빚은 기형 민주주의나, 한국의 유신 헌법을 보며 민주주의의 참칭 사건에 눈을 내리 깔고 "형용 모순"을 받아들었다. 물론 근자에 동아시아의 "주권과 도통"에 관한 서구적 성찰이 보이기도 한다. 주권의 표시로 읽힐 수 있는 재인식 "시간, 공간, 자아에 관한 기초적 인식들의 개조가 필요하고, 스스로를 단선적, 보편적 시간, 즉 역사 속에서 진보하거나 퇴보하고 있음을 지각할 수 있는 사회의 능력"으로 유교 민주주의를 재평가 할 수 있을 것이다. 프래신짓트 두아라의 이 말은[2] 그 표현이 좀 불만스럽지만 동아시아의 도통설 안에서 시민 주권을 설명한다. 그러나 이런 서구적 관점에서의 민주 공화정은 동아시아인, 적어도 한국인에게는 공허하다. 도통道統의 흐름에서 주권을 인민 내부나 특정 문화의 주류에서 발견하지 않아야 하는 것이 유학의 가르침이다. 기층 인민에서 타락한 불의연대不義連帶가 많았기 때문이다. 망국 기간 가느다란 정통을 경험한 한국인에게 사무

---

[1] Samuel Huntington, *The Clash of Civilizations?*, Simon & Schuster, 1997, 비민주적 상황인 비서구 사회에서의 근대화론.
[2] 프래신짓트 두아라Prasenjit Duara, 한석정 역, 《주권과 순수성》, 나남, 2008.

친 것은 힘의 흐름이 아니라 부식腐蝕되지 않는 관념인 정의의 흐름이었다. 100년의 망국을 사색하며, 이 오언傲言을 계속 세우려면 아마도 한 세기에 걸친 반복된 입증이 필요할 것이다. 중국과 주변국에는 아주 오래 전 주권 소재를 사색하고 실천한 경험이 있다. 주나라 이후 인문의 시대가 열린 고대 중국에서 인간은 단지 황금 30근의 가치만 가진 것은 아니었다.[3] 인간의 존엄은 공동체 안에서 그 가치를 상호 평편화平遍化함으로써 그 가치 기준은 정치 시스템을 초월할 수 있었다. 인간에 대한 깊은 믿음과 애틋한 사랑을 가진 유교 민주주의는 그러므로 형용 모순이 아니라 서구적 언어로 도달 못 하는 지평 너머에 있다.

조선은 왕조 국가인가를 의심할 정도로 격렬한 주권 쟁의가 있던 나라였다. 조선의 건국은 왕권에 대한 의심에서 발아하여 고려의 무신정권 기간 허약한 군주를 응시하며, 송대에 등장한 공론公論을 전해들은 신흥 사림에 의해 그 생각이 뿌리내리고 상당히 비폭력적으로 완성되었다. 조선은 사상 논쟁으로 탄생한 나라였다. 주자의 말대로 "자기의 사심과 편견을 억지로 국시"라 하여 세상을 어지럽히는 자들을 평정하면서 "국시는 천하의 사람이 한결같이 옳게 여기는 것"으로 이를 공론화하여 공화를 이룬 것이 조선이었다. 같은 시기에 공론公論이 아예 없었던 일본은 에도江戸 시대 중엽부터 들이닥치는 서양의 "인권", "민권"의 의미를 번역하는 데 애를 먹었다. 민民에 권력이 있다는 소리는 들어본 적이 없었기 때문이다. 오랜 세월 폭력에 길들여진 일본인에게 주권 소재의 쟁의가 유학 안에 내재해 있었던 것을 깨달은 것은 개인과 일반 시민의 권리를 구분한 유럽 서적의 번역에 접해서였다.[4] 조선은 18세기

---

3 《周禮》에 따르면 감옥에 나오기 위한 보석금은 황금 30근이었다.
4 마루야마 마사오丸山眞男·가토 슈이치加藤周一, 《翻訳と日本の近代》, 岩波書店, 1998.

후반에 이르러 왕권이 약해지며 "공론"이 깨져 세도정치가 들어선다. 정통이 안정된 조선에서 이런 뜻밖의 결과는 같은 시기 중국에서 벌어진 치열한 권력 쟁의와 비교하는 것은 흥미롭다.

건륭제는 군왕과 스승(君師)의 자리가 일치해야 교화를 제대로 할 수 있다고 생각했다. 유학이 군주를 주권자로 지정했는지는 경經의 해석에 달려 있다. 권력의 대리인으로서의 군주의 지위도 상황에 따라 가역적이다. 어쨌든 도통이 있음에

건륭제(1711~1799, 청나라 6대 황제)

주권자는 언제나 백성이었고 그 레토릭은 "하늘"로 상징화했다. 그러므로 천명天命인 주권의 위임 역시 지극히 제한적이고 조건은 까다로웠다. 왕조를 연 창업주들은 모두 폭력으로 통치권을 조각했으며 백성의 동의나 쟁의爭義는 그러한 치통治統에 대한 마지못한 주권 반려였다. 주권은 역사적으로 도통道統에 순역順逆하는가에 따라 백성에 소환되었다. 이는 민심을 살피는 장치와 그 기능이 건강했는지에 달려 있었는데, 이를 살핌에 군주의 눈은 정확하지 않고 변덕스러웠다. 전승한 도통관에서 백성을 인민에 한정할 수도 없었다. 또한 위임한 다수결은 위험하고 민심은 편파적일 수 있었다. 이민족의 중국 통치에 도통을 대입하려는 청대清代의 군주들은 11세기에서 12세기에 걸친 동란 기간(거란, 여진, 몽골의 침공) 강남 사림의 심정을 깊이 연구한다. 송대宋代의 유자와 주희를 추앙한 강희제는 "인심人心은 위태롭기만 하고 도심道心은 은미하기만

하다."고 탄식하며, 그 당시(송대 후기) 사림의 정치력이 높아져 군주와 함께 권력을 나누는 지경을 몹시 경계했다. 청대의 호색好色 문인으로 알려진 원매(袁枚, 1716~1797)는 "무릇 도에는 통이란 것이 없다. 夫道 無統也"라고 하여 도가 계통적인 것임을 근본적으로 부정한다. 도의 데카당스에 매혹된 그가 파악 불가한 도의 속성에서 통統을 군신이 주고받는 것은 비루한 일이었다. 도의 권위와 계보를 무너뜨린 이 말은 뒤에 이민족인 청의 중국통치에서 사림을 누르고 도통을 회수한 근거가된다. 마지막에 원매는 "도통 논의를 폐기해야 성인의 가르침이 위대해질 수 있다."[5]라고 말해 세상을 놀라게 했다. 훗날 월남에서 건륭제에게는 위험한 역수逆數라 할 수 있는 진짜 스승 "군사君師"가 출현했는데, 위선적인 군주는 도저히 따를 수 없는 민심을 살피는 소통술을 남겼다.

호찌민(1890~1969, 베트남 독립운동가)

20세기의 유자로서 주권 쟁의爭義의 화신인 호찌민胡志明은 옷 두 벌, 닳아 버린 낡은 타이어 샌들, 8권의 일기장이 유품이었다. 평생 조국의 독립과 자주라는 대의大義를 위해 살았던 "박호−호 아저씨"는 황제의 자리도 하늘의 명에 따라 농부가 대신 할 수 있다는 유교 민주주의의 권력 쟁의를 실천으로 옮겼다. 그는 오랜 망국 속에서 살았다. 망국 유자의 처절한

---

5 원매(浙江省, 錢塘 출신, 字 子才, 1716~1797), 《策秀才文五道》, 발췌 王紱久 《袁枚詩論研究》, 1973, 7쪽(University of Michigan Digital Book, Aug 31 2006).

한이 가냘픈 골수에 사무쳤다. 어린 시절 태어난 응엔안(Nghệ An)에서 하롱베이下龍灣 해변에 나아가 바라본 망국의 바다는 그가 훗날 독립 투쟁을 하던 광시성廣西省 해안을 마주 보고 있었다. 아름답고 몽환적인 자연현상이 미학을 초월한 형언할 수 없는 공역은 식민 제국주의에 빼앗겼다.

호찌민이 유학을 연마하게 된 데에는 분명한 배경이 있다. 그가 학습한 유교는 인도차이나의 식민 사태에서 서구 노예제가 가진 비민주성을 응시하게 하고 서양인[洋鬼子]에 우월감을 갖게 그를 추동했다. 양계초는 이미 "월남의 경우 반수의 개화된 국민이 안에 있으므로 두려운 실질이 있다."고 평가한다.[6] 코친차이나에 세워진 프랑스 괴뢰정부의 반민족적 행태나, 미군의 무자비한 폭격은 월남인의 도덕적 우세를 증명했고, 이는 유학의 화이관華夷觀과 결합한 자부심이 되었다. 이렇게 유자가 겪는 고난은 어떤 외형이든 그 안에 숨겨지고 통증을 참아 시간이 지나면서 진주처럼 빛났다.

> "호 아저씨는 뿌옇고 금이 간 거울 앞에서 변장한다. 오늘 종일 붉은 진흙 길을 걸어 왔고 벼일은 다시 프랑스 치안경찰에 쫓기며 허리까지 옷을 벗어부치고, 등의 채찍 자국을 볕에 드러내며 채소를 무릎에 얹은 노파를 인력거에 태우고 안전선을 넘을 것이다."
>
> (Charles Fenn, 《호치민 평전》)

그러나 아무리 변장을 해도 그는 우리가 잘 아는 어느 공화국의 위원장이나 주석처럼 기름진 얼굴에 배불뚝이가 아니었다. 깡마른 몸매에 빛나는 눈의 호 아저씨는 조국의 독립과 통일 성업을 위해 혼혈魂血을

---

6 양계초, 최형욱 역, 《조선의 망국을 기록하다越南亡國史前錄》, 글항아리, 2014.

다한 헌신으로 휘하의 사람들과 나라 전체에 하나의 영감靈感이 되었다. 그는 각성한 백성을 인민(People)으로 규정한다. 그의 동지이며 부하인 레둑토(Le Duc Tho)는 세상이 주겠다던 상賞을[7] 거부하며 호 아저씨로부터 받은 감화에 사무쳐서 전쟁을 이겨 얻은 인민 주권의 가치를 "백인들의 시상 파티"와 바꿀 수 없다고 말했다.

호찌민은 잃어버린 인민의 .주권을 찾기 위해 따르는 사람들을 몰고 다니지 않았다. 오히려 그들을 섬기며 육체노동을 아끼지 않았다. 삼판(나무로 된 거룻배)을 끌고 수레를 밀고 장작을 팼으며, 음식을 장만하고 아이들을 씻기고 청소를 했다. 그리고 운동과 요리를 하며 밭을 갈았다. 자신의 체력의 한계에 도전함으로써 그는 말년의 호된 어려움에 대비할 수 있었다. 그러나 정치를 한다고 또는 어느 세력의 지도자라고 직업 없이 헌금이나 받으며 빈둥거리지 않았다. 그는 언제나 직업이 있었다. 교사였고 화물선의 보조 요리사로 세상을 배웠으며 런던에서는 칼튼 호텔의 주방장, 파리에서는 사진사였다. 거기서 번 돈이 유일한 그의 정치자금이었다.

그는 선량하고 소박하게 자신의 견해를 말했다. 그의 기질은 행동적이었고 이념상의 논쟁보다는 사상의 실천에 더 큰 관심을 보였다. 그래서 호찌민의 전기를 쓰는 이라면 그를 좌파나 우파로 가늠하지 않는다.[8] 승리자였기 때문에 그를 공산주의자에서 끌어내지도 말아야 한다. 그는 외세를 이용했으나 사대주의자가 아니었고, 그를 잡으려는 비밀경찰들에게는 스파이였으나 국민 마음속에는 숨어 있지 않았다. 그러면서

---

[7] 1973년 노벨 평화상.
[8] William J. Duiker, *Ho Chi Minh: A Life*, Hyperion, 2001.

공산주의와 자본주의라는 맷돌 사이에 끼어 신음하는 인민에게 용기와 승리의 신념을 불꽃처럼 일으켜 주었다. 그는 희망의 지도자였다.

그리하여 수많은 남자, 여자, 심지어 어린이까지 보급 부대로 편성되어 밤마다 장대에 짐을 매달고 정글 속의 길을 걸었다. 즉석에서 만든 기름 등잔에서 나오는 희미한 불빛에 의지하여 끝없는 인간 사슬을 이루어 앞사람을 따라갔다. 그것이 알기 쉬운 혁명(革命, Cach Mang)이었다. 대열 속에서 같이 걸으며 그는 국민을 가르쳤다. 만민이 평등한 것은 그의 적 프랑스에서 배운 것이다. 규율과 질서는 그의 적 일본에서 배운 것이다. 실용과 합리주의는 그의 적 미국에서 배운 것이다. 그리고 그 세 나라와 싸워 이겼다. 보응엔지압은 야생 바나나와 옥수수를 먹으며 동굴에 사는 그 당시의 생활을 회상하며 이렇게 말했다.

"호 아저씨는 매일 아침 일찍 우리 모두를 깨웠다 … 그리고 항상 바쁘게 지냈다. 일하거나 모임을 열거나 혹은 장작을 마련하거나 가까운 마을을 방문했다. 그는 때로 노인들에게 정치적인 강의를 해 주기도 하고 아이들에게는 읽기와 쓰기를 가르쳤다. 밤이 되면 우리는 나뭇가지로 만든 부드럽지도 따뜻하지도 않은 침대에서 잠이 들었다. 너무 추워 잠이 오지 않을 때는 불을 피워 놓고 날이 밝기를 기다렸다. 그동안 호 아저씨는 수많은 전쟁과 혁명을 이겨낸 세계 인민의 역사를 이야기해 주었다."

(Vo Nguyen Giap, 〈Military Art of Peopele's War〉, 1970)

'유자儒者 호지명'은 명성이 중요하지 않았다. 유학의 가르침에 충실해 그의 이름은 시국적 표현이었다. 그의 아호兒號는 응엔 신 꿍(Nguyen Sinh Cung)이었고, 열 살이 되어 아버지가 정식 이름을 지어 주었는데, 그것은 그의 일생에 걸맞은 응엔 떳 타인(阮必勝)이었다. 그러나 수많은 가명이 조국의 독립과 통일을 위하여 사용되었다. 화물선 안에서는 '바', 프랑스에서 저항지 발간인으로서는 '응엔 아이 꾸옥(阮愛國)'－이 이름이 유명해지자 그 이름과 함께 홍콩의 감옥에서 자신을 죽여 비밀 경찰을 따돌렸다.－그리고 게릴라 훈련을 위해 남중국에서의 활동이 필요하자 중국 사람에게 친근한 이름인 '후즈밍'胡志明이라는 이름을 1941년부터 사용하였다. 그의 이름이 널리 알려진 것은, 1942년 여름 중국 국경을 넘다 광서성의 장개석 군에 체포되었을 때 소지했던 신분증에 '후즈밍'이 기재된 것이 계기였다. 그는 간첩죄로 8월 29일 체포되어 1943년 풀려나기까지 광서성 13개현의 18개 감옥을 옮겨 다녔다. 옥중에서 지은 100여 편의 당률唐律 시는 의기가 가득하다.

몸은 옥 안에 있으나	身体在獄中
정신은 옥 밖에 있어	精神在獄外
큰일을 이루려 하노니	欲成大事業
정신은 다시 커야만 한다.	精神更要大

(호치민, 《옥중일기》 1932. 8. 29~1933. 9.10[9])

망국의 시기를 관통한 호찌민(1890-1969)의 생애는 월남 국민의 상상력의 삶이었다. 나폴레옹이 말한 "국민을 통치하는 것은 상상력이다."라는 거짓 이미지가 아니다. 그는 승리의 Vision을 준 지도자였다. 역사적으로 군주와의 주권 쟁의에서 정치적 민주주의가 없는 듯한 동아시아, 인도차이나에서 사회적 민주주의, 즉 신분에 상관없이 "하늘의 뜻에 따른다."는 개념은 서구보다 실제로 앞서 있었다. 월남에서는 운명이 황제를 만든다. 운명에 따라 황제가 물러날 수도 있고 농부가 그 자리를 대

---

9 호치민, 《옥중일기》, 지민지고전천줄, 2008.

신할 수도 있다. 본질적으로 순박하다고 할지라도 이것이 바로 유자의 신념이었다. 식민주의는 이 신념을 무너뜨렸고 호찌민이 그것을 다시 세웠다. 그것은 분명 유학의 가르침인 "분노는 슬픔의 다른 모습 慍, 哀之變也"[10]이기에 "분노를 행동으로 옮겨라."[11]는 전단이 되어 농민과 노동자, 학생의 손에서 손으로 퍼져 나아갔다. 호찌민은 1969년 미군의 제1진이 월남에서 철수하는 것을 보고 눈을 감았다. 그의 서거에 즈음하여 시사 주간지 TIME은 이렇게 썼다.

> "호찌민은 외세에서 해방된 통일 베트남의 건설에 일생을 바쳤다. 그리고 고통 받는 그의 조국의 1,900만 인민은 이런 미래상을 이루기 위해 전력을 다한 그의 헌신 때문에 심한 고통을 겪기도 했다. 그러나 그들은 애정 어린 마음으로 '박호(호 아저씨)'인 그를 이해했다. 남 베트남인도 같은 감정을 품고 있다. 현재 살아 있는 민족 지도자 가운데 그만큼 꿋꿋하게 오랫동안 적의 총구 앞에서 버텼던 사람은 아무도 없다."
>
> 〈TIME(Publish Date: May. 12. 1975)〉

"월남 패망"이라는 "형용모순"의 말을 한국인들이 슬그머니 폐기하면서 그의 "유자됨"의 연결고리를 찾으려는 것은 자연스럽다. 항간에 떠도는 호찌민이 《목민심서》를 읽었다는 증거는 어디에도 없다. 그의 유학 편력을 추적하기는 쉽지 않다. 그가 유학 전통을 이은 지방 목민관 집안 출신이었던 점에서 경전 의미에서의 "혁명"과 "해방"이 그의 심중에 있었을 것이다. 宋의 왕안석에 의해 처음 고안된 《팔고문八股文》이 월남의 응엔 왕조[阮朝]의 과거시험 답안을 규정했고, 그 시문詩文은 유학적 정수가 담긴 것들이었다. 월남 레 왕조[黎朝]의 고매한 시인이며

---

10 《禮記》, 〈檀弓〉.
11 민족해방전선(NFL, 베트콩)의 선전 구호 "biến nỗi buồn của bạn thành hành động"

문신인 레 꾸이 동(Lê Quý Đôn, 黎貴淳, 1726~1784)이 1760년 북경에서 조선 사절 홍계희洪啓禧, 이휘중李徽中과 만나 나눈 필담과 시에는 유학을 숭상하는 학문의 기쁨이 잘 표현되어 있다.

타국이라도 뜻이 같으면 역시 같은 나라이니　　異邦合志亦同方
배움의 근본은 공자님을 따르는 것　　　　　　學術本從先素王
　　　　　　　　　　　　　　　　　　（黎貴惇〈送朝鮮國使〉 부분）

레 꾸이 동의 시대는 레 왕조의 말기로 지방토호들이 발호하여 내란이 잦아 불안했다. 그의 화이관 역시 월남을 남방의 중화로 자부하는 남화喃華 의식에서 점차 수평선 너머에서 출몰하는 포르투갈과 스페인의 항해 부랑자들을 오랑캐(夷)로 여겼으나, 서구 문명의 실질을 부정하지 않았고 북경에서 본 마테오리치의 흔적에 깊은 인상을 받았다. 월남의 홍유鴻儒 레 꾸이 동은 "세상천지를 말함에 그 심오함이 무궁하다. 그러나 그 이치를 다스리고 방법을 편력함에 아직 유학에서 나오지 못한 것이 많다. 說天道地　淵奧無窮　治理歷法　亦多先儒所未發"라고 말하며, 서구 과학을 대용代用의 모습에서 파악하되 유학의 세계관을 벗어나지는 않는다. 이 생각은 호찌민에게도 그대로 계승되었다. 호찌민의 식민주의와 주권 쟁의는 매우 유교적이다. 그는 혁명의 수단인 권력 쟁의에서 주변 사람 그 누구도 숙청하지 않았다. 노변奴變에 가까운 혁명 기간 하부구조에서 자행된 폭력에 그가 관대했다는 비판도 있으나 그의 상징성을 손상하지 않는다. 그가 유자였던 것은 확실하다. 그는 자유인이었기 때문이다.

감옥 안 옛 죄인이 새 죄인을 맞이하고　　　　　獄中舊犯迎新犯
하늘 위엔 맑은 구름 비구름을 쫓는다.　　　　　天上晴雲逐雨雲

흰 구름 비구름 다 가버려도   晴雨浮雲飛去了

자유로운 사람 옥중에 남았네.   獄中留住自由人

       (호찌민 《옥중일기》, 〈띤 떠이 감옥에 들어入靖西縣獄〉)

개인과 국가와 유자儒者 공화주의

공화제의 시작인 기원전 841년은 중국 역사에서 기록에 의한 연대 확인이 가능한 해이고[12] 사마천은 공화 원년을 기년으로 삼아 〈십이제후 연표十二諸候年表〉를 작성했다. 서주西周의 10대 왕인 여왕厲王의 실정으로 일어난 정변 결과 기원전 828년까지 14년간 왕이 없는 정권이 들어섰는데, 주정공周定公과 소목공召穆公이 번갈아 집정하며 공백共伯과 화和라는 인물에 정무를 맡긴 이 기간을 공화제라 부른다. 혼용昏庸한 여왕의 실정으로 벌어진 고대 민중혁명은 천하의 주인이 누구인가에 대한 새로운 생각을 남겼다.

이것은 우연한 정치 시험이 아니었다. 이어지는 춘추春秋 이래 천명天命이 인간의 마음에 내재한다는 인문의 발견이 인간에 대한 믿음을 고양했다. 창업 이래 商(殷)시대부터 내려온 하늘의 제帝를 정치 영역에서 추방한 주나라는 인간을 향한 제사에서 인간의 예例를 찾기 시작했다. 예例는 예禮가 되었다. 동짓날 주 수도의 왕성王城인 풍호성豊鎬城 광장에 제후들이 모여 월력月曆을 받을 때 다음의 윤달이 있는 해까지 4년의 패도覇道를 위임받은 제후는 엄숙히 그 책임과 공화 수호 의미를 되새기고 서약했다. 훗날 윤위閏位가 패권의 결과로 표현하게 되고 굴곡

---

12 岳南, 《天古學案》, 2001, 하상주 단대 공정 1996~2000으로 夏商周 연표 정식 공표.

의 역사에 도통을 상실한 기간으로 인식하면서 공화 속에 주권 소재는 유자의 관심이었다.

황하 유역으로 도주한 여왕이 다시 돌아오지 않자 주권을 행사할 대리인을 찾은 공화기에도 사람들은 왕정에 대한 추억을 버리지 못했다. 여왕이 체彘땅(산시성 곽현)에서 죽었다는 소식이 전하자 그의 태자 정靜이 왕위를 계승한다. 그가 선왕宣王이다. 그는 어릴 때부터 고초를 겪어 정사를 처리하는 데 공화의 의견을 청취했다. 한동안 서주의 왕조가 중흥하는 듯했으나 티베트족인 융戎의 침입으로 국력이 약화하고 마침내 포악무도한 유왕幽王이 뒤를 이어 즉위하자 내분이 일어나 외세를 끌어들여 서주는 멸망한다. 유왕이 죽고 전화에 불타 버린 호경을 버린 서주의 망국 유민들은 주공이 초년에 세운 동쪽의 낙읍洛邑 일대를 경기京畿로 삼고, 진晉 문후文侯의 도움으로 유왕의 정통 적자인 태자 의구宜臼를 왕으로 세우니 그가 동주東周의 초대왕 평왕平王이다. 평왕 49년, 노魯 은공隱公 1년(기원전 722년)부터 경문의 시작으로 공자가 노魯나라의 역사서 《춘추》를 지었다.

2016년 겨울, 세계 민주주의 역사에 신기원을 이룬 한국의 촛불 혁명은 슬그머니 사유화된 사악한 권력을 국민이 회수하면서 한국인의 내면화된 유자 공화주의를 확인시켜 주었다. 그 혁명 과정은 법가法家의 논리로 설명 못하는, 율법 기술자들이나 법비法匪들과의 싸움이었다. 또한 인류 정치사에서 "혁명검찰"이 없는 최초의 혁명이었다. 촛불혁명은 아직 진행 중이며, 한국인의 오래된 도덕심은 올바른 인치人治와 차원 높은 덕치德治를 요구하고 있다. 광화문에 모인 한국인의 마음속에는 헌팅턴의 형용 모순이며 불가인 서구 민주주의와 충돌하고 있는 것이 아니라 이미 오래된 유자의 근성인 주권 쟁의가 촛불로 타올랐다. 인간의 자연권인 정치권력은 서구에서는 자유주의 철학의 그늘에서 제시되었다.[13] 인간의 삶의 조건을 향상하기 위해 만들어진 국가는 어쩌면 "괴물, 리바이어던"이기도 하지만 그 힘의 행사를 적절히 규제함으로써 정치 공동체에 그 본성을 투영할 수 있었다. 서구적 개인은 그 안에서 덕과 행복을 추구할 수 있다. 그러나 자연스럽게 고립화된 개인은 공동체 안에서 공화 구조와의 관계를 각자의 입장에서 설명할 수 있어야 했다. 유학은 이러한 설명에 주註를 달았는데, 최소국가가 실패하고 정치적 조건에 개인적 발전이 빠지게 되면 모든 정치적 흥정에서 유자는 저항했다.

산속에 살거나(隱於山, 小隱) 시정市井에 몸을 숨기는(隱於市, 中隱) 은거 행위 역시 저항의 한 방법이었다. 게다가 마지못해 정치권력 안에 몸을 숨기는(隱於朝, 大隱) 기이한 방편이 동아시아의 정치 역사에서 나타났는데, 이는 개인이 체제보다 상위 개념이며 개인의 고립을 통해 득세한 소인을 비웃는 적극적 은둔이었다.[14] 어느 시대이든 정치의 실패는 질병과 전쟁으로 인한 국가 패망으로 이어지고 대공황과 같은 개인과 공동체의 파산으로 나타난다. 그러나 그 반대로 정치의 성공이 꼭 개인의 행복으로 귀결된다고 보기 어려운 것이, 개인의 갈등과 분쟁의 종식은 더 성숙한 덕德을 필요로 하기 때문이었다. 이것은 시스템보다 동양적 인치의 덕이 정치를 완성한다는 유학의 기본적 사회관이 설명해 온 것이다. 이와 비슷한 생각은 푸코(Foucault)에서 발견되는데,[15] 국가를

---

13 Thomas Hobbes, *The Levithan*.
14 은둔의 구분은 사람마다 다르다. 기준이 있는 것도 아니다. 제5장 儒者有終 2. 은둔隱 遯과 무위無爲
15 Michel Foucault, 오생근 역, 《감시와 처벌》, 나남, 1994.

이성적 유기체로 보고 군주는 가부장이 아니며 각 개인의 합리성을 지향하는 생물권력(Biopower)으로 본 것이다. 인간이 강제적이고 유기적으로 국가에 귀속된다고 보는 관점은 동서양이 같았지만, 특히 유학에서 개인이 국가의 상위 개념이라는 사상은 유자 공화주의를 위험하고 불온하게 보이게 한다. 따라서 점차 개인이 '사회적 거리'를 두며 부상하는 비국가주의(Anti-Statism)를 유학에서 분리하기 어려워졌다. 그러나 오늘날 전 세계에 만연한 국가 폭력이 재벌에 의한 가산家産 국가(Patrimonial)로 접수되면서, 국가로 위장한 자본으로부터 개인을 해방할 방도를 찾는 학인學人들이 많아졌는데, 오히려 이런 조류를 명명할 '신자유주의'라는 언어는 자본 세력들이 선점해 버렸다. 가산국가는 이념의 사적 소유 집단인 '운동권'을 영입하여 민주적 외모를 갖추면서 한국에서는 그 폭력성이 더욱 은미해졌다. 신자유주의에 의한 국가 공통 자산의 민영화 폐단을 유자의 처지에서 보면 공적과 사적 영역의 중간지대, 즉 중화中化라는 자유 지대를 사적 집단이 차지해 버린 것이다. 비근한 예로 무장국가武裝國家 시대를 대표하는 미국에서 블랙워터와 같은 사설 무장 단체의 난립이 이를 잘 증거한다. 전쟁을 돈벌이로 하여 갈등의 심화 요인을 조장하고 전쟁을 지속시키는 안보 장사꾼들에 공적 영역이 넘어간 것이다. 이들이 이용한 것은 항상 적의 오판이었으니 이런 환경은 정치에서 사적 영역이 넓어지며 조장되었다. 그러므로 "군사작전을 오래 하여 사사로운 재력이 충족되는 久暴師則私用至足" 상황은 《손자병법》이 염려한 "군사작전을 오래 하여 국가재정이 부족한 久暴師則國用不足"[16] 금언의 패륜적 적용이다.

공화국에서 민주주의의 완성은 선출과 책임의 온전한 실행에 있다.

---

16 《손자병법》, 〈作戰篇〉.

선출된 권력자가 책임을 감수할 수 있을 때 공적 신뢰가 유지된다.[17] 유자들에게는 오랜 세월 이를 지지해 온 경經이 있다. 무책임한 권력자는 정치권 내에서 주벌誅伐하거나 백성이 일어나 민정民征으로 바로 잡았다. 불안하고 위험할 때 경經의 속삭임이 백성을 위로하고 용기를 주었다. 이런 유자 공화주의를 형언할 수 없다면 서구적 민주주의를 온전하다고 말할 수 없을 것이다. 막스 베버는 《소명으로서의 정치》에서 "관료행정이 민주주의의 산물이다."라고 쓰고 있다. 촛불혁명이 선출한 것은 권력이 아니며 봉사이고, 구태한 틀거지를 깨는 혁신이었다. 인류 정치사에서 최초로 그리고 가장 오래 과거제도를 시행한 나라 가운데 하나인 한국에서 오늘날 관리가 국민을 "개돼지"로 아는 발언에서 보아 관료와 민주의 원리가 충돌한 것은, 국가 직위가 사적 요구에 충족되고 선출직이 부정한 방법으로 자리를 차지한 가운데 벌어진 일로 해석된다. 이러한 정치 패륜의 발호를 막으려면 "깨어 있는 주권자의 조직화"[18]가 필요한데, 이들을 정치 교양으로 이끄는 것은 유학 교육에서 발견할 수 있다.

---

17 James Medison "연방주의자 연설문"
18 노무현, 《성공과 좌절》, 학고재, 2009.

小학小學 공동체와 당파黨派

유자 개인주의와 공화 관계의 이념 논리는 소학에서 발견된다. 유자 개인은 내면적 영역의 확장을 통해 주변을 감화함으로써 타자에게서 조명된다. 공화의 주요 요소인 제3의 무당파(Nonpartisanism) 관점이 형성되려면 당파黨派의 결성은 필연적인 것이다. 그러나 개인 실존의 확실성이 집단으로 왜곡되지 않고 홀연히 혼자 남아 투철한 자각을 반복하여 자신을 변화시키려면 파당을 짓되 휩쓸리지 않아야 한다.〔黨而不流〕이를 위한 지도력은 소학에서 치밀히 준비되었음을 발견할 수 있다. 소학은 글자 그대로 어린이를 가르치는 학과목이며 학문체계이다. 유학의 학문 구조를 이해하는 데 소학은 유용하다. 소학의 교도敎導는 입교立敎 → 명륜明倫 →경신敬身이다. 이 프로세스의 근본 사유는 주자朱子에서 시작되었고[19] 퇴계退溪는 소학도小學圖를 만들어 명료한 철학 체계로 완성했다.

퇴계는 소학을 논하며 아동 도서라고 하기보다 큰 인물을 기대하는 인간에 대한 사랑이 중심에 있다고 말한다. 소학은 대학을 배우기 위한

19. 朱子, 1187년(淳熙 14년) 주자는 도덕교육을 위해 朱熹篇, 《小學》 六卷에서 아동의 교육을 강조했다. 그 가운데 內篇에 〈立敎〉, 〈明倫〉, 〈敬身〉, 〈稽古〉가 들어 있다. 外篇에는 〈嘉言〉, 〈善行〉이 있다. 搜輯經史子集32家 386條에 같은 내용이 있고, 〈小學題辭〉, 《朱文公文集》, 卷 七十六에도 보인다.

준비이기도 하지만 소학 그 자체에 그쳐도 훌륭한 인간으로 남아 인간다움(仁)을 잃지 않을 수 있었다. 입교, 명륜, 경신의 과정과 편력에서 지식知識 → 회의懷疑 → 신앙信仰에 이르는 독일 낭만주의의 전인全人 완성 절차와 유사함을 본다. 이는 또한 유학 교도敎導 과정인 위기爲己 → 극기克己 → 복기復己의 큰 틀에 들어 있다. 소학은 유자의 공화주의와 개인주의

퇴계 이황(1501~1570, 성리학자)

에 가르침을 주는 핵심 언어를 습관화하도록 가르친다. 그러므로 소학은 '정치 조기교육'이라 할 수 있다. 이러한 정치 훈련은 대표를 만들고 건전한 붕당朋黨을 지향했다. 붕당에는 이익뿐만 아니라 반드시 의리가 있어야 한다. 인간관계에 얽어매고 집단주의로 보편화한다는 유학에 대한 그릇된 선입관은 소학을 통해 용납되지 않는다. 붕당 공도公道의 가르침이 소학에 따르기 때문이다. 소학 교도는 한 울타리의 학연學緣에서 만들어져 이를 붕당의 요람으로 보기도 하나 주자朱子의 "인군위당설"(引君爲黨說)에 따르면 도의의 공론公論이 만들어지면 임금도 그 무리를 따르는 것이므로, 당이란 외형적인 모습으로만 볼 수는 없다. 정권 담당층에 도통道統이 없다면 군자의 당인 진붕眞朋은 없고 소인의 당인 위붕僞朋이 세상을 속이게 된다.

퇴계의 《소학》에 근거한 사립지교四立之敎[20]는 인간 탄생의 생물학적

---

[20] 입교: 立胎育保養之敎 立小大始終之敎 立三物四術之敎 立師弟授受之敎

근거와 배경에 경외의 감정을 갖도록 가르친다. 아울러 제1장의 예붕락 괴에서 논했듯이 유아적인 질적 사고(Qualitative thinking)에서 벗어나려 면 어떤 시공적 인식을 습득해야 하는지 제시한다.[21] 이것은 늘 제3의 눈을 가진 한 개인의 자유로운 영혼을 전제해야 논의 가능한 것이므로, 독립된 개인 이성은 공동체 안에서의 '공화관계'를 자유롭게 규정하게 되는데, 이는 인륜人倫을 밝히는 명륜明倫으로 표현되었다.[22] 명륜은 맹 자孟子가 주장한 오륜五倫과 그렇게 다르지 않다. 퇴계의 진술은 이미 존재하는 맹자의 재진술이다.[23] 명륜은 분명 칸트의 실천이성에서 얻어 지는 회의, 의심 그리고 불가능성과 같이 이를 시험토록 하고 있다. 여 기에는 아버지와 나, 국가와 나, 남과 여, 연장 또는 연하와 나, 친구와 나의 관계에서 실수나 실패에 대한 경험을 돌아보게 한다. 이 "관계"는 공화주의자라면 외면할 수 없는 주요한 파국과 어긋남을 치밀하게 검증 하도록 한다.

가장 비극적인 것은 나와 아버지 그리고 나와 국가의 어긋남이다. 만 약 가르침과 달리 사태가 부자지의父子之義, 군신지친君臣之親이라면 부 자 관계는 잘잘못을 따지느라 살벌해지고, 권력자는 비선 실세와 모의 하여 국가 자산을 도적질할 것이다. 이것은 소학에 나타난 '개별공화'의 붕괴에 대한 논리적 경고였다. 군주는 아무하고도 친하지 않은 천도무 친天道無親을 본받아 군신 관계는 오로지 의리만이 있을 뿐이었다. 군주 가 만민의 어버이라는 표현은 매우 비유학적인 비유이다. 이와는 반대 로 가정 내의 공화주의 역시 가부장적 권위가 아닌 사랑과 보살핌인 "근친의 천륜"에 근거한다. 아버지와 아들은 의리의 계약관계가 아닌

---

21 제1장 각주 6, Jean Piaget, 콜버그의 可逆的 사고.
22 명륜: 父子之親, 君臣之義, 夫婦之別, 長幼之序, 朋友之信
23 《孟子》〈藤文公〉上.

천륜이라는 강제성에 초치되어 있다. 공자는 부자간의 범죄는 고발하지 않는다고 했지만, 죄의 은닉에 하늘이 두렵다고 한탄한다. 그러므로 외천연민畏天憐民, 다만 하늘을 두려워하고 백성을 불쌍히 여겼다. 이로써 마침내 하늘과의 공화 관계인 천도무친에서 더 진보하여, 각 개인의 운명을 스스로 결정하고 복福을 제어하는 경지에 도달했으니 이것이 생활 실천 규율인 경신敬身이었다. 경신의 세부 강령은 일상의 언행을 분명히 하는 사명四明인데,[24] 마음과 외연과 음식을 규제했다. 이는 천명을 위임받은 자신 속에서 실천 가능한 일상의 경건함을 들여다보는 것이었다. 재주를 너무 부리지 않되 무능을 배격하는 요술要術, 의례를 엄숙히 하되 꾸미지 않는 칙의則儀, 때와 장소에 따라 옷을 단정히 입지만 사치하지 않는 제복制服, 음식을 아끼고 가려 먹는 절식節飾에 의해 몸과 마음을 절제하여 높은 경지에 도달한다. 그리하여 공동체와 조화를 이룬 인간은 "삼가 공경하여 안으로 곧았고, 외모는 방정하여 의를 행했다. 內直爲敬 外方爲義"

그러나 인간은 경신의 완전함에 도달하지 못한다. 그로 인한 공화 관계의 부조화는 가족 안이든 정치 파당 간에든 있는 법이다. 그래도 조선 붕당 정치에는 정견이나 이익이 달라 상대를 편척偏斥만 한 것은 아니었다. 정치 위기에서 거국 내각이나 연정과 같은 "참용피차參用彼此", 시비是非와 정사正邪를 너무 엄하게 하기보다는 정국의 안정을 위해 "동인협공同寅協恭"[25]과 같은 협치의 정치를 주장하는 목소리도 높았다. 진영 논리에 사로잡혀 자기편에 무조건 동조하고 다른 의견은 배척하는 "당동벌이黨同伐異"는 늘 경계했다. 너무 강한 자기 빛을 내지 말고 모습

---

24 경신 四明: 明心術之要, 明威儀之則, 明衣服之制, 明飲食之節.
25 《書經》〈皋陶謨〉"同寅協恭"다 같은 벗으로 함께 섬김

을 부드럽게 하여 속세의 먼지와 하나가 되는 "화광동진和光同塵" 역시, 당파 정치의 화두였다. 그러므로 유자의 당파를 나쁜 정치로 평가하는 것은 잘못이다. 조선 당쟁黨爭의 진정한 모습은 진영을 가른 편척과 이익과 시비에 몰입해 흘린 낭자한 사화士禍의 핏물에 비추어서는 보이지 않는다.

소학 공동체의 가장 기본 단위인 가족은 유자 역시 가장 귀중한 안식처이다. 유자가 출가出家를 못 마땅히 여긴 것은 당연하다. 비인간非人間의 세계는 이상향이기도 하지만 탱자나무 가시로 위리圍籬한 불인不仁의 마비된 세상이다. 유자에게 귀양은 가족과 물리적 거리를 두어 떨어지므로 하옥下獄보다 고통스러운 징벌이었다. 유자의 나라에서 소통을 끊는 것이 형벌로 여겨진 것은 독특하다. 정변政變과 환국換局의 때에 불가佛家의 그늘에 숨은 것은 이슬람의 타키야Taqiya[26]처럼 내적 신념을 숨긴 것이었으니 이는 큰 고통을 동반했다. 차라리 김시습처럼 양광佯狂하여 탁발托鉢하며 진창길을 걸어 행색을 더럽혔어도 가친의 문간방에 기거하려 했다. 김정희는 더욱 세련되게 미니멀리즘으로 세간을 초월했고, 김병연은 피할 수 없는 세상을 되돌아와 자신과 자학으로 묶었다. 유자 공화 사회의 친소親疏는 군신, 부자 관계와 건강함을 측정하는 중요한 척도였다. 권력의 크기는 늘 임금과의 거리와 비례했으나, 조선 유자는 소원疏遠한 신하가 권력을 나누어 바르게 사용하길 원했다. 군신 관계나 통치 행위에는 공자의 말대로 "천하의 일에 대하여 가까이할 것도 없고, 멀리하지도 않으며, 의로움에 따를 뿐이다. 子曰 君子之於天下也 無適也 無莫也 義之與此"[27] 때로는 가깝고 먼 틀에서 가치를 매기는

---

26 타키야, 종교로 인한 박해를 피하기 위한 종교적 신조의 부인 또는 생각을 숨기는 것.
27 《論語》〈里仁〉.

사회를 부정적으로 여길 수 없는 것은 인간의 인지 능력을 거리의 원근에 의존하는 타당한 이유에서였다.[28] 어려운 사람을 구휼救恤하는 일도 가까운 식구, 이웃 그리고 근방의 재해災害순으로 행해졌다. 알 수 없는 요원遙遠한 나라의 사정은 급하지 않았고 오히려 왕도王道 사상에서는 불치不治의 지역에 대한 배려였다. 유자는 모르는 세상에 관여하지 않고 사후의 세계를 말하지 않는다.

---

[28] 제4장 문명과 야만의 하이브리드 세계 4. 유학적 도시와 향촌 설계.

역사쟁의 춘추필법

《춘추春秋》는 춘추시대 노魯나라의 역사서이다. 노은공魯隱公 원년(기원전 722)으로부터 노애공魯哀公 14년(기원전 481)까지의 기록이다. 공자(기원전 551~479)가 《춘추》를 언급하거나 서술했다면 그가 죽기 2년 전으로 추정할 수 있다. 《춘추》의 저자가 공자였는지는 학자마다 한결같지 않다. 또는 공자가 노국魯國 사관이 쓴 역사서를 재진술한 것으로 여기기도 한다. 맹자孟子는 《춘추》가 누구의 작作이든 술述이든 "공자가 《춘추》를 작술作述할 때, 난신적자亂臣賊者들이 떨었다."고 말해 술이부작述而不作의 원칙을 초월해 있다. 대의명분이 엄정하여 인간을 포폄褒貶하고 역사적 평가를 하는 법을 "춘추필법"이라고 전하는데 공자의 사상이 행간에 숨겨져 있어 이를 찾는 춘추학이 전한의 동중서(董仲舒, 기원전 179~104?)에 의해 일어나기도 했다. 82편으로[29] 구성된 동중서의 《춘추번로春秋繁露》에는 《춘추》에 기초한 유학의 통치 원리와 천인감응天人感應의 오행五行 원리를 기술하고 있다. 물론 전한前漢 말에 이르러 소인이 득세하고 군자가 내쫓기는 사태 이후 이를 설명할 수 없는 천인감응天人感應 이론은 해체된다. 《춘추》와 비교하여 사마천의 《사기史記》가 "유사 역사서"로 느껴지는 것은 공간 일원적이고 민족 중심적 부

---

29 《춘추번로》의 편수는 82편(39, 40, 54편 闕文)으로 명청 시기(명 판각본을 기초한 청나라 凌曙의 주 春秋繁露注와 蘇輿의 春秋繁露義證)를 거쳐 정해졌으나, 동중서 시대의 편수와 다를 수 있다.

족지 같기 때문이다. 《춘추》의 추상같은 엄정함에 《사기》에서 보이는 인간의 실수와 불운을 바라보는 따뜻한 시선은 금세 얼어붙는다. 《사기》는 물론 《춘추》보다 재미있어 현재에도 많은 독자의 사랑을 받고 있다.

주권쟁의에 필연적인 것은 역사쟁의이다. 역사가 힘 있는 자의 기록으로 인식된 제국주의 역사관에 유자의 유일한 방어기제는 춘추필법春秋筆法이다. 역사는 현재와 과거의 대화도 아니며,[30] 패권자의 힘이 도달할 수 없는 시공의 영역에서 터를 잡는다. 거기서 바라보는 역사 도통은 힘없는 자의 시각에서 더욱 선명했다. 역사가 폭력의 기록이라는 전국戰國 역사관 이전에 《춘추》가 있다. 유혈이 낭자한 폐허 위에 쓰인 역사를 작作인지 술述인지를 엄밀히 따진 것은 공자였다. 제3지대에서 바라보아 힘이 이입되면 작이요, 힘과 결별했다면 술이기 때문이다. 황현의 《매천야록》이나 김구의 《백범일지》에서 《춘추》의 근본정신을 엿볼 수 있다.

> "이지용의 처 홍씨와 민영철의 처 유씨 등이 교활하고 농염한 자태로 하세가와를 만나 손을 잡고 입을 맞추며[握手接吻] 수시로 (부인회에) 드나드니 온 나라에 추문이 자자했다. 址鎔妻洪氏 泳喆妻柳氏 尤慧而艶 與長谷川 握手接吻 出入無時 醜聲喧國中"
>
> (황현 《梅泉野錄》 권4, 광무 9년 을사년(1905) 부인회의 추문)

언뜻 보아 호사가의 사적 뒷담화처럼 보인다. 그러나 이 글은 망국을 맞아 분노와 애통으로 머리를 풀어헤치고 쓴 것이다. 이 사적私的 일기

---

[30] E. H. Carr, *What is History*, Fellow of Trinity College, 1961, "History is unending dialogue between the present and the past."

는 을사오적의 하나이며 왕가 종친인 이지용의 집안 행실을 기술하며 난신적자를 탄핵한다. 야사野史는 관찬官纂 사서史書의 한계를 넘어 그 시대를 조망하는 진실의 위치에 독자를 서게 한다. 도적을 응시하며 그 추이를 추적하여 기록하니 《춘추》가 따로 없다.

"이지용이 특파대사로 일본에 갔다. 모두 이토 히로부미를 그곳에 머물게 하기 위함이었다. 그러나 후에 이지용을 가둔 것은 박영효의 사건 때문이었다. 이때 그의 아버 홍씨가 이흥경李洪卿이라는 이름을 짓고 함께 갔다. 우리나라 부녀는 예로부터 이름이 없었다. 단지 모씨로 불렸을 뿐이다. 왜국의 풍속은 각자 이름을 갖고 사회에 나가는 것이니 흥경이라는 이름을 만들었다. 이흥경은 처음에 왜국 관리 하기와라 슈이치萩原守一와 정을 통했고 또 고쿠분 쇼타로國分象太郎와도 통했으며 나중에 하세가와 요시미치長谷川好道[31]와도 통했다. 슈이치가 이에 분개하며 질투했지만 드러내지 못했다. 왜의 풍속에 남녀가 서로 만나면 필히 손을 잡고 입을 맞추었는데 이는 친근함의 표시였다. 슈이치가 귀국할 때, 이흥경이 배웅 나와 입을 맞추며 그의 입에 혀끝을 들이밀자 슈이치가 그 혀를 깨물었다. 이흥경이 아픔을 참고 돌아오자 장안 사람들이 "작설가嚼舌歌"를 지어 비웃었다. 흥경은 일본어와 영어가 통했다. 그녀는 양장차림으로 이지용의 손을 잡고 길거리를 돌아다녔다. 간혹 인력거를 타고 얼굴을 드러번 채 털먼을 물고 우쭐거리며 달렸는데, 행인들이 눈을 가렸다. 李址鎔爲特派大使 赴日本 盖爲願留博文 及錮李址鎔 朴泳孝事也 址鎔妻洪氏 自稱李洪卿 與之偕往 我國婦女舊無名 但稱某氏 至是效倭俗 各署其名 出首社會 而刱自洪卿也 洪卿始與倭官萩原守一通 又與國分象太郎通 後與長谷川好道通 守一憤妬 而未有以發 倭俗男女相見 必握手接吻 以表親昵 守一之歸也 洪卿餞之 其接吻也 出舌尖 納其口 守一咬破之 洪卿忍痛而歸 都人

---

31 하세가와 요시미치(長谷川好道, 1850~1924) 이와쿠니岩國 번藩의 사무라이 아들로 태어났다. 러일전쟁 때 압록강 회전과 랴오닝 회전에서 선전하여 1904년 6월 육군대장으로 진급, 9월에 한국주차군韓国駐剳軍司令官 사령관에 취임한다. 1916~1919 제2대 조선 총독으로 불법 무단통치를 자행했다.

作嚼舌歌 以嘲之 洪卿通倭英語 穿洋服 與址鎔携手而行 或乘人力車 露面吸卷烟 揚揚橫馳
行者掩目"

(황현, 《梅泉野錄》 권5, 광무 10년 병오년(1906))

일본 서기관들과 문란한 관계였던 이홍경이 송별 파티에서 혀를 깨
물렸다는 이야기는 단순한 가십을 옮긴 것이 아니다. 망국의 때에 매국
노의 여자가 혀끝을 물린 사실 여부를 떠나 어학적 자질을 참람되이
사용한 것을 규탄한 것이다. 같은 시대를 산 김영근(金永根, 1865~1934)
은 시국을 개탄한 시 〈전가락田家樂〉에서 "삼가 다른 나라 말 배우는 오
랑캐 무리에 들지 말라. 愼勿入齒漆聚裏學異語"며 위정척사를 위한 쇄국
의 필요성을 말하고 있다. 이항로의 주체성리主體性理를 학통으로 이은
유자들에게 "혀끝"의 망령된 사용은 원수에게 씹히는 결과로 가는 당연
한 이치로 보였다. 특히 연속적으로 사용한 용어 악수접문握手接吻에서
유자의 전통적 "손"의 관념을 나타낸다. 손을 잡을 수 있는 것은 부부
뿐인데 왜적의 손을 함부로 잡고 다시 그 손은 남편 이지용의 손에 이
끌린다. 손과 이름을 함부로 사용한 것은 매음賣淫과 매국賣國을 표현한
춘추필법이다. 《시경》 속에 손의 의미는 매우 엄숙하다.

죽든 살든 만나든 헤어지든   死生契闊
그대와 약속 이루고자 하였네   與子成說
그대의 손을 잡고   執子之手
그대와 해로하자고   與子偕老

(《詩經》 國風 邶風 擊敲 5장)

손은 예의禮儀를 초월한 애정의 표현물로 규정한다. 대체로 악수는
군자가 두 손을 모아 예를 표하는 "읍揖"을 할 수 없는 상황, 가령 양

자강 하구의 월越나라와 같이 복잡한 수로를 오가는 배에서 오르내릴 때 손을 잡아 주는 풍습으로 인정했으나 유자에게는 역시 부끄러운 난행亂行이었다. 유자에게 손을 보이는 것은 정신 능력의 육신화를 뜻했고 안중근처럼 필묵에 "수인手印"을 사용했다면, 조국의 광복에 대한 약속에 마음의 총량을 불어 넣었다는 의미였다. 《춘추》는 망국 유자의 소매 안에 늘 있었다. 《백범일지》는 임시정부 탄생의 배경을 역사 정통에서 찾고 있다.

"소위 한일합병의 참된 의미를 그전까지는 깨닫지 못하였기 때문이다. 단檀국 개국 이후 명의상으로는 이인족의 속국이 된 때도 있었고, 우리 스스로도 이씨李氏가 왕씨王氏를 혁명하고 스스로 왕이 된 전례가 있었다. 때문에 왜놈에게 병탄당해도 당唐, 원元, 명明, 청淸의 시대와 같이, 우리가 완전 자치를 하고 명의상으로만 왜倭의 속국이 되는 것으로 아는 동포가 대부분이었다. 베트남·인도에서의 불란서·영국 식민정치를 절충하려는 왜놈의 독계毒計를 꿰뚫어 보는 인사는 100분의 2, 3에 불과하였다."

(김구, 《백범일지》)

왜倭의 치통治統을 제국주의 식민통치로 통찰한 백범의 안목은 《춘추》에 의거한다. 세인은 이런 기술을 중화 중심 역사관으로 오인할 수 있다. 오랑캐의 영역에 대한 《춘추》의 왕자불치王者不治 가르침은 역사 속의 문질文質의 변화를 주시하고 패자의 폭력을 경계했다. 따라서 "큰 나라를 섬기며 작은 나라는 키우는 以事大 以養小" 국제관계에서 동아시아 나라 서열은 사실상의 외교관계를 규정했으나 일본의 모방 제국주의는 총독을 파견하여 식민 영역을 산업 노예화하였다. 역사에 없는 무엄한 일이었으니 조선 사인士人들의 망국 인식은 일본에 무례를 묻는 각자의 내적 성찰에서 말없이 심전心傳하였다. 그러므로 백범에게는 왜적을 격살할 의사義士를 파견해야 하는 분명한 명분이 되었다. 조선 유자라면 《춘추》의 가르침은 망국의 도통을 잇는 의당 행위로 이어진다. 행동하지 않고 어찌 의義가 계승되겠는가? 삼일 운동 이듬해에 부임하는 조선 총독 사이토 마코토齊藤實의 폭살을 시도한 강우규(姜宇奎, 1855~1920) 의사가 사형집행을 앞두고 남긴 시에도 《춘추》의 정수가 담겨 있다.

단두대 위에 서니 오히려 봄바람이 이는구나.　　　　　斷頭臺上 猶在春風
몸은 있으나 나라가 없으니 어찌 감상이 없겠는가!　　　有身無國 豈無感想
　　　　　　　　　　　　　　　　(1920 11. 29 서대문 감옥에서)

　입동이 지나 추운 감옥의 오싹한 처형대에 춘풍이라니 … 뜨거운 피가 뿌려져 그 감상은 조국의 광복을 향한 영감靈感이 되었다. 《춘추》에는 의혈義血의 갈증이 있다. 이처럼 유자儒者들이 역사를 보는 관점은 《춘추》에 의거한다. 조정의 행랑行廊에서든 누항陋巷의 거리에서든 역사는 사적 대화의 대상이 될 수 있었다. 사적 경험이 모인 것이 역사이기 때문이다. 《백범일지》의 도처에 보이는 역사쟁의는 "미국에 위임통치 청원서를 썼다는 이유"로 임정에서 벌어진 이승만의 탄핵 국면에서 백범이 이를 옹호하는 듯한 유연한 태도로 알 수 있다. 미국을 영토 확장의 야욕이 없는 "왕도국가"로 인식했기 때문인지는 확실치 않으나, 태평양 전쟁 기간 CBI 전구戰區[32] 연합전선에서 한국광복군에 보여 준 미국의 "가치동맹"에 그가 공감했음은 분명하다. 이런 경험으로 시국을 바라보는 《춘추》의 시각에서 백범의 넓은 안목을 알 수 있다.

　역사쟁의는 역사관의 차이에서라기보다는 정통의 일관성에서 관찰해야 한다. 그 일관성은 다수의 의견도 아니며 공론도 아니다. "역사의

---

32 CBI, Theater of China-Burma-India에 구축한 항일전선.

공론화"나 "국가가 정한 역사"는 쟁의에서 멀어지고, 이는 국민 주권의 무한성을 규제하게 된다. 《춘추》에 나타난 공자의 견해로 본다면 "국정 역사"는 "언급조차 하지 않는 것"이다. 이는 천명과 인심을 바로 세울 수 있는 역사관에서 《춘추》의 뜻이 그러하기 때문이다. 난신적자亂臣賊 子들이 두려워 떠는 유자의 침묵 역시 사적인 역사쟁의이다. 역사적 합법성의 논증은 포폄褒貶보다 삭제, 침묵으로 더욱 준열하다. 윤위閏位 에[33] 해당하는 정권, 즉 군사 반란으로 찬탈한 정권이나 선거 부정의 혐의가 있는 권력을 역사에서 언급하지 않는 것이 오히려 그 쟁점을 명확히 한다.

대한민국 헌법 전문에 명시된 임시정부의 정통성은 춘추필법의 지지를 받았다. 이 가느다란 도통道統의 명맥이 오늘날의 대한민국이기 때문이다. 법전法典은 역사쟁의의 결과로 나타나는데 역사적 합법성, 즉 법통法統의 온전함은 늘 검토의 대상이었다. 그러나 역사적으로 나타난 권력은 늘 힘을 배경으로 하고 있다. 혈통의 역사는 길고 오래되었으며 화려한 전통이 있다. 모든 역사가 "부족지"라는 냉소에서 혈통은 정통성의 가장 확실한 근거였다. 위대한 왕조를 세운 힘의 원류는 작은 마을 무뢰배의 두목이 대부분이다. 간혹 이름 있는 조상의 타이틀을 갖고 있으나 증명된 바 없다. 이들 힘의 창업자들에게는 혈통血統이 역사적 정통성을 갖는다. 이것이 비유학적인 것은 재론할 필요가 없으나, 결국 유학은 이들의 역사에 복무했다. 역사쟁의는 그러므로 아주 복잡한 고전적 근거(locus classicus)를 동반한다. 기록이 상황의 유사성을 증거하면 역사 전통을 끌어올 수 있기 때문이었다. 전제 왕조나 입헌 군주제에서 혈통이 도통이라면, 자유 민주 체제의 도통은 법통으로 이어진다. 혈통

---

33 正位의 반대, 찬탈이나 정변, 불법 선거 등으로 나타난 정권.

이 법통으로 이어지는 시기는 대개 혁명기, 유자 공화주의를 회복하려
는 국권 상실기였고, 법통이 혈통으로 바뀐 시대는 정복기, 사회 기강
이 타락한 역사의식 상실 시대였다.

법치法治, 통치의 영속성

유가는 법치를 부정했는가? 그래서 인치人治의 과인過仁에 허물이 많아 편 가르기에 머물지 않았나? 유자는 부득이한 법치의 사용에 양적 총량을 걱정한다. 이런 법 저런 법 너무 많아지면 법망에 걸리지 않을 사람이 어디 있겠냐며 형벌을 두려워한다.(君子懷刑) 교도소가 만원滿員이면 국민은 세금을 더 내야 한다. 그러므로 사회 성원 전체의 감정이 법에 이입移入되었다. 법의 최소한 해석에 인간적 덕德이 작용하길 희구한다.[34] 양계초梁啓超(1873~1929)는 전통 부정에 의한 근대사회를 그리면서도 찬란한 덕치德治의 전통에 회귀를 꿈꾸었다.[35] 그러나 인치의 최고 가치가 구현된 덕치만으로 법률 서비스 없이 사회정의가 실현될까? 인류 질서의 유지는 법 없이 가능한가? 시정市井 거리에서 통제할 수 없는 칼을 품은 무뢰배들은 어쩌란 말인가? 유자는 덕치의 현실적 적용에 예치禮治를 주장한다. 공자는 춘추시대 36개의 제후국에서 시해 사건이 일어나던 예붕락괴禮崩樂壞의 참담한 현실에서도 "인간이 예가 없으면 쥐와 같다"고[36] 예치의 시급함에 매달렸다. 예는 "지변之辨"에 의해 안과 밖을 구분하고 남과 여를 구별하며 문명과 야만을 구정區定

---

34 《禮記》〈王制〉"衆疑 救之 민중이 의심하면 풀어 주어야 한다."
35 梁啓超, 〈論正統〉, 《梁啓超 史學論著4種》, 岳麓書社, 1985.
36 《禮記》 禮運 《시경》에 이르기를, 쥐를 보니 몸이 있네, 하물며 사람이 몸이 있는데 예가 없다면 일찍 죽는 게 낫지 않은가? 詩曰 相鼠有體 人而無禮 胡不遄死"

했다.

예를 위반하면 처벌과 불이익이 따르는 강제 규범인[37] 것은 《예기》를 통해 알 수 있다. 이러한 강제성을 기반으로 유가의 예禮는 예例로써 과거 판례에 의한 자연법과 같았다. 법가法家의 법은 실정법주의에 입각하여 주권자가 정한 규율에 의거 실증하는 행동을 규제한다. 그러므로 악법도 법이기에 성긴 천망天網을 벗어날 수 없다면 죄가 되었다. 법이 "하늘의 그물"처럼 힘없고 가난한 백성이 빠져나갈 수 있게 너그러워야 하거늘 과거 한국의 독재 체제를 옹호한 실정법주의 법비法匪들은 천망을 촘촘히 하여 국민의 저항에 뻔뻔히 대응했다. 통치자의 이익을 옹호하기 위한 법치는 언제나 위험하다. 청淸 중기의 《사고전서》찬수관纂修官이었던 학자 대진(戴震, 1724~1777)은 "법을 어긴 자는 불쌍히 여김을 받지만 예를 어긴 자는 아무도 가련히 생각지 않는다."[38]고 하여 무례를 자작얼自作孽(스스로 지은 죄)로[39] 용서하지 않았다. 2016년 촛불혁명에서 한국 국민은 유자들이 주장하는 법치를 넘어선 예치禮治와 더 차원 높은 덕치德治를 요구했다. 예치와 덕치를 요구하지 않았다면 한국민은 광화문에 단두대를 세웠을 것이다.

---

37 《禮記》,〈王制〉"말을 번복하고 법을 파괴하며 正名을 어지럽혀 제도를 바꾸고 좌파로 몰아 정사를 어지럽히는 자는 죽인다. 음란한 음악과 기이한 복장, 기이한 재주로 기이한 물건을 만들어 민중을 의혹하는 자는 죽인다. 사기행각에 거짓말로 둘러대며 배웠다는데 널리 알지 못하고, 따르지 않고 편파적으로 민중을 의혹하는 자는 죽인다. 귀신에 거짓 신탁하고 때를 점쳐 민중을 미혹하는 자는 죽인다. 析言破律 亂名改作 執左道 以亂政 殺, 作淫聲異服 奇技奇器以疑衆 殺, 行僞而奸 言僞而辯 學非而博 順非而澤以疑衆 殺, 假於鬼 神 時日卜筮以疑衆 殺"

38 戴震,《孟子字義疏證》.

39 《孟子》〈仁卽榮〉에서 《書經》〈太甲〉의 글을 인용했다. "하늘이 내린 재앙은 피할 수 있어도, 스스로 지은 재앙은 피할 수 없다. 天作孽猶可違 自作孽不可活"

강희제康熙帝는 자연법과 실정법의 관계를 다음과 같이 설파하고 있다. "마음을 다루는 법은 아무리 정밀해도 다스리는 법의 보조도구이다. 제왕지학帝王之學은 유기적으로 이를 구성하며 단독으로는 존재할 수 없다"[40]라고 말하며 심법心法과 치법治法의 조화를 강조한다. 강희제는 실정법의 안정된 유지를 바라고 군주제에서 법이 군주의 이익에 복무하도록 요구했다. 바꾸어 말하면 민주제에서 실정법의 안정된 유지는 국민의 이익에 맞추도록 해야 함과 같다. 맹자는 폭군의 주벌과 역성易姓혁명을 주장했는데, 이는 "하늘의 뜻"이 곧 "백성의 뜻"이므로 자연법에 준거한다. 그러나 법가의 한비자韓非子는 하나라와 상나라를 멸망한 탕湯, 무武의 무력 찬탈을 실정법 위반으로 비난했다. 그렇다면 유가는 형벌을 부정 배제했는가? 먼저 백성에게 법을 숙지시키고 교화해야 한다고 공자는 말한다. 사나움은 너그러움에서 나오므로 먼저 관용으로 기회를 주어야 한다. 염치를 알게 하여 공동체의 덕德을 쌓고 자부심을 갖게 하며, 인격의 수양으로 인도한다. 모두 악한 세상에서 이러한 감화가 가능한가? 한비자는 인간을 의심했지만, 유자들은 인간에 대한 무한한 신뢰를 부단히 존속시키고 싶어 한다.

주권자에게 법法은 통치의 영속을 보장할 수 있어야 한다. 인치人治나 법치法治의 본질도 모두 이 범주를 벗어나지 못한다. 셰익스피어의 심오한 학생인 에이브러햄 링컨은 "영도력의 가장 어려운 과제는 정치제도의 토대를 마련하는 것이 아니라 그의 영속성永續性을 제공하는 일이다."라고[41] 말했는데, 이는 정치적 저항의 시국에 실정법 유지를 위한 강희제의 법 감정과 유사하다. 링컨은 비극 《리어왕》을 읽고 "국가를

<hr>

40 〈日講四書解義〉 강희제의 서문.
41 링컨의 연설문 〈The Perpetuation of Our Political Institutions〉

세우는 것은 인간적 덕德의 행동" 즉 덕치로 가능하나, 그것을 "영속화하는 것은 신의 도움이 필요하다"고 생각했다. 주권자가 시대의 역할이나 운명에 대한 몰이해라는 결함 때문에 "위대한 인간이며 정치적 완성체"가 파멸해 가는 것은 짧은 비극 속의 일만은 아닌 것 같다.

유학의 인치人治는 때로는 정치나 사회의 시스템을 마비시키고 '인물' 위주로 영속성을 도모하다 정치적 파멸에 이르기도 한다. 어느 공동체의 민주주의가 위험에 처했었다면, 그것은 국민 각자의 자조 노력이 부족했기 때문일 것이다. 통치의 정통성은 떼를 지어 세몰이 하며 한목소리를 가장하여 내는 것이 아니라, 각 개인의 향상된 교양과 촛불처럼 조용한 저항에서 오는 것이기 때문이다. 그러나 법치에 대한 견고한 신념을 국민 개인이 갖고 있지 않으면 한 계단 높은 인치로의 승화는 불가능하다. 이런 생각은 법가의 대표 한비자에 의해 오래전 제시되었다. Bagehot은 입헌군주제의 도통의 모호성을 《영국헌법》에서 기술했는데, 성문헌법이 없는 영국에서 20세기 이르러 군주제의 민주화가 완료된 시점에 이 책은 더 주목을 받았다. 강희제가 가졌던 '법 감정', 즉 치법治法과 심법心法은 도통의 영속을 위해 《영국헌법》에 기술한 Efficient(치법)과 Dignified(심법)과 많이 닮았다. 그러나 국가 통합이 최고조에 달했다고 해도 통치의 영속성은 보장되지 않았다. 안개 속 영국의 한 신화적인 왕 리어(King Lear)는 영국의 실제 역사에서는 한 번도 도달해 보지 못한 통일과 평화의 정점에 앉아 있었다. 역사적 사실로는 헨리 5세가 이 점의 성공에 접근했으나 왕위에 대한 문제성 있는 자격의 관점에서 볼 때, 그는 부당한 외국과의 전쟁을 이용하여 모호한 국민적 통합을 창조할 수밖에 없었다. 헨리 5세가 도통이 없는 윤위閏位였으나, 셰익스피어가 창조한 리어는 인간 최고의 정치적 기능의 달성을 그의 가장 높은 인간적 기능의 달성과 동일시同一視하도록 장치해, 리어를 인간 존재의 궁극적 완성의 상태로 꾸며 놓는다. 인치와 법치, 치통과 도통이 합일된 정치적 완성도의 장엄함과 안정감은[42] 합리적 군주제가 어쩌면 최고의 정치제도일 수 있다는 생각마저 들게 한다.

이러한 정점에서 통치의 영속성을 위한 후계자의 선택에서, 법치를 초월한 최고도의 인치를 펼쳤는데, 뜻밖에도 왕국을 3분할하는 준비된 구도構圖로 딸들이 제시하는 사랑의 강도에 비례하여 자기 딸들에게 왕국을 나누는 '고백의 시험'을 하게 한다.

> "누가 나를 가장 사랑하는지 어디 보자! Which of you shall we say doth love us most?"
>
> (〈King Lear, Act1 Scene 1 King Lear's Palace〉 51행)

늙은 주권자의 가래 섞인 낡은 목청에서 흘러나오는 이 선언은 Celtic 분위기의 성곽 안을 메아리치며 게으른 가부의 혼魂들을 흔들어 놓는다. 왕의 말은 법이고 통치의 도구이다. 건륭제乾隆帝, 1711~1799)처럼 80이 넘은 고령이지만 건강이 넘치고 말을 달려 사냥을 할 수 있는 그가, 절대권력의 오랜 수명에 의해서 경감된 주제넘은 자기 의지를 가진, 아첨에 병든 노망한 늙은이로만 보이지는 않는다. 관객은 알아차리지 못하지만, 여기에 균형감 있는 세계 분할 구도의 아주 주도면밀한 정치적 의도가 들어 있었다.

'군주는 항상 옳다'라는 절대 왕정에서나 '자유민주주의는 항상 정의

---

42 셰익스피어 《리어왕》 1막 1장, The Kittredge Players edition of the Complete Works of William Shakespeare, volume two.

롭다'라는 근대 산업 사회에서 그 주권의 절대성은 그 정의가 진실로 정의라면 그 정의가 기초를 두고 있어야만 할 바로 그 민의民意에 관한 통찰로부터 멀어지곤 한다. 모든 백성이 각성하여 "인민"이 된 무대에서 관찰할 수 있다면 더욱 그렇다. 다시 말해 현대에서 유권자는 자신을 사랑한다는 후보자들의 말을 판단하는 데 매우 혼란스럽다. 왜냐하면, 사랑의 자연스러운 표현은 인간들의 심장을 꿰뚫어 볼 수 있는 초월자에 의해서인 경우를 제외하고는 영리한 모방으로부터 구별할 수 없기 때문이다. 공자는 소인과 군자의 구별이 매우 어려움을 강조했다. 훗날 소인의 가식과 모방을[43] 경계하여 "군자를 지향하는 학자는 자기 수양을 위해 공부하고 소인을 지향하는 학자는 남에게 보이기 위해 공부한다. 君子儒爲己, 小人儒爲人"라는 말이 생긴 것은 군자를 자처하는 소인은 더욱 해롭기 때문이었다.[44] 그래서 이해利害관계와 무관한 동기를 간파하는 힘은 그것이 아무리 최선의 경우라고 하더라도 명령하는 힘과 반비례한다. 권력의 정점에 서 있는 사람의 말을 누구나 쉽게 들을 수 있는 현대 사회에서, 우리는 정상에 서면 진실을 만나기 매우 어렵다는 것을 지난 누적된 경험으로 알게 되었다.

인치와 법치의 합일이라는 이상적 주권 행사는 양극화된 다수의 악惡과 하나의 선善이 있는 상태에서는 혼란스럽다. 사랑을 법치로 표현할 수 없다는 것이 사실이라면, 사랑의 공언을 명령할 힘을 가진 자는 사랑의 진정한 표현을 거짓된 표현으로부터 구별하는 데 특히 불리한 처지에 있게 된다. 민주사회에서 선거를 앞둔 국민이 처한 입장은 이와 비슷하다. 광대는 리어에게 다음과 같이 말한다.

---

43 《論語》〈雍也〉 "子謂子夏曰 女爲君子儒, 無爲小人儒"
44 제2장, 4. 군자소인.

"글쎄요. 내가 달걀을 반으로 갈라 흰자위를 먹는데 노른자는 역시 황금판 같이 둘로 갈리고 말았지요. 폐하께서는 양쪽의 지혜를 잘라 냈고 가운데에는 아무것도 남기시지 않았네요. Why, after I have cut the egg i' th' middle and eat up the meat, the two crowns of the egg. When thou clovest thy crown i' th' middle, and gav'st away both parts … "

(〈King Lear, Act 1 Scene 4, The Duke of Albany's Palace〉 172행)

이 조롱의 말은 두 양극화된 사회로 변한 정치적 실패를 지적한다. 사악한 두 딸 거너릴과 리건이 막내딸 코딜리어의 몫인 중앙 부분(중산층)을 흡수시켜 버렸다는 것을 비유한 것이다. 망국의 왕 리어는 법치의 영속이 분할 통치가 아닌 국가 통합임을 망각했다. 그러나 왕에 복무하는 법치의 영속을 위한 리어의 정치적 묘수인 왕국의 분할은 군주의 우행愚行처럼 보이지만, 동화의 이야기처럼 그의 세 딸에게 권력을 이양하면서 리어는 셋이라는 숫자가 전통적으로 통일을 의미하며, 둘이라는 숫자가 가진 투쟁의 의미를 잘 아는 듯하다. 오직 두 개의 세력이 존재하는 곳에서보다는 어느 것도 다른 둘을 능가하지 않는 세력이 존재해야 "미래의 투쟁은 이제 예방될 수 있다."고 확신할 수 있었다. 천하를 관망하던 제갈량諸葛亮은 가장 형세가 약한 유비와 합류하여 위촉오魏蜀吳로 정립한 천하삼분지계天下三分之計를 이룬다. 그것은 촉蜀의 유비가 덕이 있어서가 아니라 끊임없는 전란으로 고생하는 백성을 염려했기 때문이었다. 한 전략가의 천하 안정을 도모하는 마음은 세상의 실정법을 초월하여 인간의 모습을 보았기에 가능했다.

웅산인은 말한다. 이미 망국인 나라의 도통은 나누어질 수 없었다. 분열 상태에서 도통의 승계가 법으로만 가능한지는 아직 더 시험을 요구한다. 법은 인간 혼의 도덕적 정화에 기여해야 한다. 법을 통치의 도구로 보는 것은 위험하다. 유자는 실정법을 부정하지 않지만, 이는 거대한 자연 안에 하룻밤 가설된 작은 거미줄과 같을 뿐이다. 아름다운 인생은 꽃보다 그윽했다. 편안한 자연은 향기를 뿜으며 한편으로 인간은 그 일부였다. 법의 근원은 자연에서 왔으며 그렇게 가혹하지 않은 것이다. 자연의 실정實情은 결국 인간의 죽음과 함께 사라진다. 그러나 통치의 영속성은 늘 조급하기만 하다. 법은 사랑을 강제할 수 없고 사랑은 법으로 보장될 때 더욱 견고하다. 유자는 이렇게 덧없는 인생에서 법을 초월할 수 있는 인간의 양심을 희망해 왔다. 사랑이 없는 이유는 쉽게 파악되지만, 사랑이 법의 보호를 받는다면 이 가혹한 세상에서 사랑의 부재 현장을 보존할 수 있다. 그래서 아직도 사랑할 수 있다.

4。 문명과 야만의 하이브리드 세계

─비국가주의의 탄생

시청 앞 국기강하식 모습

" … 나누어 가진 예禮는 예가 아니다. 피분할 지역에서 흔히 나타나는 것이 약육강식과 각자도생의 "성공신화"였다. 결국, 예를 "국민의례"로 통합하여 내면적 충만함에 의한 공동체의 사랑은 사라지고 정체를 알 수 없는 "애국"이 자리 잡았다. 이것이 허례허식이었다. 애국의 정명正名을 밝히기 어렵다면 그 공동체는 타율적이고 맹목의 헌신을 요구한다. 거짓 애국은 각성한 내면의 신념은 없고 "하면 된다."는 무지막지가 광고의 전면에 등장한다 …"

망국 유자의 의례儀禮교육과 상실

  사람들은 유자들이 도포 자락 속에 숨 막히는 위선을 숨기고 있으리라 상상한다. 유자의 내면과 자아의식은 오랜 세월 연출되지 않았다. 그들은 속을 알 수 없는 '꽁생원'이다. 때로는 허름한 갓옷에 옥을 품고 있는 양 내성內聖에 이르는 독특한 수양과정은 비밀스러워 보이기도 한다.[1] 유학의 경經들은 스승을 찾을 수 없는 시대를 대비해 수많은 주注와 소疏를 거느리고 있었다. 분명 의례儀禮를 향한 문은 언제나 열려, 스스로 존엄을 세우면 숭례崇禮하는 자 누구나 통과할 수 있었다. 그것은 부단한 사색을 거친 자화自化한 인간이 도달하는 길목에 여지없이 남겨진 표지였다. 모든 의례는 실천 가능한 것이었으나 번거로워 보였다. 20세기 물질문명은 인간의 사색마저 물화物化시켰다. 예술은 물신주의에 복무하고 염치 또한 위선이었다. 물질의 소유야말로 칸트의 "무관심한 만족감"을[2] 줄 수 있는 서구적 쾌락의 완성이었다. 그러나 아름다움이 현존하지 않는데도 발생하는 만족에 유학은 경계심을 갖고 있다. 유학으로 표현하는 아름다움은 미美라기보다는 "요樂"에 가깝다. 유자의 사적私的 관심은 적어도 내면 영역에 머물러 있지만, 아름다움을 관조觀照하며 방치하지 않는다. 아름다움을 직접 인식하는 데 물질의 영역이

---

1 제2장 유교 근본의 복원 3. 내성외왕.
2 칸트, 《판단력 비판》.

너무 넓어졌다. 유자였던 한국인은 일회용 아름다움이 진열된 편의점을 들락거리며 얻는 극단적 합리성으로 자손에게 교육할 의례儀禮를 상실해 갔다. 그리하여 내면성이 축소되면서 모든 인식의 과정이 생략되거나 왜곡되었다.

그것은 망국으로부터 비롯되었다. "망국" 역시 혼란한 용어였다. 백범이 지적했듯이 대한제국의 사인士人은 나라가 망해도 국토는 여전하리라 믿었기 때문에 무례無禮한 일본이 사직을 파헤치고 왕가의 혈통을 해하며 종묘를 희화하리라 꿈에도 생각치 못했다. 다만 군주로부터 도통을 회수함으로써 종묘 안의 신주神主는 상처없이 보존되리라 믿었다. 유자에게 국적 정체성의 혼란(Nationality Dysphoria)은 앞으로 설명할 유자의 비국가주의와 관련해서 도통의 소재를 파악해서 폭력이 장악한 국토에서 벌어진 참상을 기억하고 후세를 교육하는 데 오히려 도움이 된다. 망국의 현실에서 물질은 교묘하게 파고들어 무거운 놋그릇이 가벼운 양은洋銀에 헐값으로 팔렸다. 에도시대 초기부터 각 번주藩主인 다이묘 자신이 고리대금업자가 되어 양민을 착취하던 경험이 현해탄을 건너 재현되고 있었다. 관동의 긴자銀座와 관서의 킨자金座 사이에서 칼의 힘을 기반으로 환율을 조작했던 기법이 "신흥 망국" 조선에 서서히 부식되었다. 무신불립無信不立의 도리道理의 나라 조선은 하루아침에 "속임수로 세운 以詐立" 불신의 나라가 되었다. 가만히 생각하면 유자의 속임수에 대한 소극적 태도를 복기復記하지 않을 수 없다. 사술詐術도 순리로 보는 성리의 해석 오류는 일본에서 발전한 심학心學의 영향을 받았을 것이나, 결국 주체적 성리를 포기한 것은 망국에 이르러 풍습이 흔들리며 의례의 절차가 교란되었기 때문이었다.

이 무서운 정신세계의 파괴를 가져온 것은 유교 사상에 내재해 있는 철저한 현실 근거(實事)와 무관하지 않다. 세상이 무도하면 상황에 적응하도록 가르치거나 형편에 맞게 사고하고 예禮를 세우는 것, 허식을 배격하는 가르침은 경經의 페이지마다 쓰여 있다. 경의 해석과 왜곡도 편의성을 따라갔다. 내면성 추구의 동력이 사라진 인간과 그 사회에서 의례는 모두 허례虛禮처럼 보인다. 예의를 찾는 곳은 뇌물을 주고받는 군인, 관료들의 깜빡이는 눈빛이 닿는 곳이고 무뢰배의 패당 놀이에 늘어서서 허리 굽힌 자들의 자리이다. 이들은 진영을 가르고 끊임없는 싸움질로 세월을 보낸다. 지역할거와 북한과 일본을 상대로 적대적 공존에 의지해 정치력을 행사한다. 적례敵禮의[3] 가르침은 통하지도 않고 "못된 걸桀왕의 개가 맹목으로 제 주인을 위해 짖는"[4] 것처럼 옳고 그름을 따지지 못하고 무조건 자신의 주인을 따르다가 한 줌의 무리로 소멸한다.

예禮는 무너졌고 찾을 길이 없었다. 허다한 나라에서 질 나쁜 정치인들이 권력의 자리에 올랐다. 이념의 토호들이 좌우를 오가며, 그 목적형 대상물에 따라 저질의 정치 훈련으로 예를 와해하고 한국민을 재벌봉건 체제에 편입시켰다. 이것은 만주국에서 시험된 일본제국의 제국적 실사구시를 옮긴 것이었다. 이런 물신주의에서 예는 위선이었고 허식이었다. 군사 반역자들이 다이묘大名처럼 거느린 재벌들이 "대장군"에게 공납하는 재화는 한국민의 피눈물과 고단한 삶을 고아낸 것이었다. 그러나 이런 모순 속에는 계층 할거로 민중 선동을 통해 불량한 정치인이 끼어드는 위험이 있다. 예는 의례儀禮를 통해 사람을 통합했는데, 이

---

3 《竹簡孫子論變》, 軍形篇, 2015, 敵禮란 세력균형이 이루어진 필적匹敵의 상태, 《左傳》, 僖公 二十四年 "有喪, 拜馬"을 唐 孔穎達은 疏에 "宋 是先代之後 王以敵禮待之"라고하여 平等한 相待之禮로 해석했다.
4 《史記》〈魯仲連 鄒陽列傳〉.

것은 사회적 통증에 대한 공통된 견해를 모을 수 있었기 때문이었다. 그러나 선동으로 예가 통합되지는 않는다. 실시간 정보가 지원되는 강력한 현대 권력에서 의례는 오히려 권력 유지의 도전이며 장애였다. 의례가 없으면 권력은 그 영역을 넓힌다. 권력은 고행의 행적을 없애며 편안한 악惡이 시제품을 내놓는다. 그러나 의례가 있다면, 예가 있다면, 고통은 인간다운 모습 속에 희생된 제물에서 관람된다. 그것이 제사祭祀였다.

제사는 곧 축제祝祭이다. 행위와 대상, 사변事變을 의인화依人化하여 공포를 해소한다. 축제에는 가끔 궁귀窮鬼가 초대되어 사람들과 친근해진다. 궁귀는 사실 기억 속에 유폐된 자아이다. 궁하면 통하므로[窮則通] 고통스러운 기억을 머리에 덮은 거무튀튀한 삿갓을 쓴 노자老子가 폭죽이 터지는 지붕과 지붕 사이의 황혼을 건너뛴다. 제祭는 곧 축祝이 되어 연대連帶한 기억을 해산한다. 그가 도道의 찌꺼기가 예禮라고 말하니 초월감과 알 수 없는 희열이 마음에 충만하다. 제사는 전쟁의 전후에 빈번했다. 까마득한 옛날 군의 진퇴를 거북점에 의존했던 기억이 의례로 전승되었다. 공동체가 전투를 앞두었다면 낭하廊下에 부복하여 여귀에 고한다.[5] 여厲는 후사를 잇지 못하고 죽은 제후였다. 살생을 그에게 맡기고 전쟁 범죄는 사면받는다.[6] 여귀에 고하는 의례를 통해 전쟁의 결과를 충분히 숙고한다. 오랜 세월 논의한 전쟁의 폐해는 싸움을 삼가는 "신전愼戰의 예禮"를 세우고 "전쟁을 잘하는 자는 망한다. 善戰者亡"

---

5 《손자병법》, 죽간본 九地篇, "그러므로 전쟁을 일으키는 날, 적의 사신을 통과시키지 않는다; 종묘 위 살생의 厲鬼에게 적을 주벌할 책임을 구한다. 是故, 政舉之日, 夷關折符 無通其使; 厲於朗上, 以誅其事"

6 《죽간손자논변》, 2015, "厲는 나라에서 시제를 올리며 모시는 일곱 신의 하나를 이르던 말로 여귀는 諸侯 중에서 자식 없이 죽은 자로, 죽은 후에 殺罰을 맡아 다스린다. 즉 전쟁이라는 흉한 일을 고하는 대상으로 주술적 의미가 있다.

는 금언을 만들었다. 타자화한 망국이 의례의 망각인 것은 상당히 의도적으로 진행된 국가주의 때문이었다.

이러한 의례儀禮가 잊히거나 잃어버려 자취를 알 수 없게 되었다면, 더구나 의도적으로 "합리적 간소화"를 표명하며 왜곡한다면, 공동체의 분열을 가장 먼저 보게 된다. 나누어 가진 예禮는 예禮가 아니다. 피분할 지역에서 흔히 나타나는 것이 약육강식과 각자도생의 "성공신화"였다. 결국 예를 "국민의례"로 통합하여 내면적 충만함에 의한 공동체의 사랑은 사라지고 정체를 알 수 없는 "애국"이 자리 잡았다.[7] 이것이 허례허식이었다. 애국의 정명正名을 밝히기 어렵다면 그 공동체는 타율적이고 맹목의 헌신을 요구한다. 거짓 애국은 각성한 내면의 신념은 없고 "하면 된다."는 무지막지가 광고의 전면에 등장한다. 유교 문명의 야만은 원시에서 온 것이 아니라, 그 찬란함을 시기한 제국주의에서 온 것이다. 그 시대를 지지하려는 경經의 언어는 모두 괴뢰가 되었고 뜻을 왜곡하여 하이브리드 동력으로 사회를 끌고 갔다. 눈앞에 보이는 굶주림은 자연스러운 해결책에서 멀어져 공포가 되었다. 겁이 난 사람들이 굶주림을 해방한 지도자에게 모였다.

의례의 망실忘失은 고통에 대한 망각忘覺에서 온 것이다. 희생물을 통해서 고통을 보는 것, 예의 〈위안부 소녀상〉은 인류사적 문제에서 인간의 양심 척도를 잰다. 저질러진 수치羞恥의 총량을 알고 나누어 가진다면 미래에 다시 올지 모르는 참혹한 폐해는 예방할 수 있다. 인류 문화의 발전은 편안한 망각보다 불편한 의례를 반복하여 신과 인간, 인간과 인간관계를 회복하는 예禮로의 귀환에서 가능하다. 조선의 유자들이 일

---

7 제1장, 제국주의와 유학언어의 잔멸.

본을 예로써 대할 수 없었던 이유는 퇴계가 도이사량지변島夷蛇梁之變[8] 이후 교역을 간청하는 일본에 대응책을 논한 상소문 〈甲辰乞勿絶倭使疏〉에도 잘 남아 있다. 내용 가운데 보이는 "왕자불치이적론王者不治夷狄論"은 고려를 싫어하여 혐한嫌韓의 원조격인 소식蘇軾의 "이적금수론夷狄禽獸論"에서 가져온 것인데, 이것은 《춘추공양전》을 논한 후한後漢 하휴(何休, 129~182)의 글을 빙차하여 송宋나라 식자들에 만연한 고려에 대한 혐오감에서 나온 민망한 세론이었다. 소동파의 의도와는 달리 퇴계의 글에는 외국인 공포감(Xenophobia)을 넘어 의례에서 바라본 고통이 순환하는 도량을 보여 주니 가히 《춘추》의 올바른 독자였다 할 수 있다.

한국인은 의례를 소홀히 하여 응집한 "내부국가 Deep State"로 망령된 분할 정치를 경험했다. 공동체의 통일을 확인시키고 보장하는 것이 의례인 것을 《예기禮記》는 부단히 거론한다. 그러므로 예는 편리하다고 함부로 바꾸지 않고 소수의 의견도 존중하며(禮有以文 爲貴者),[9] 천하는 공공의 것(天下爲公)[10]이며, 권력이 각 개인에게서 나오지 않는 것을 싫어하고(力惡其不出於身),[11] 그러므로 의례를 통해 도적이 없어 바깥문을 잠그지 않는 대동의 세상(外戶而不閉 是謂大同)[12]을 꿈꾼다. 의례는 경직되지 않았으며 형편에 맞추는 것이 예(稱其財 斯之謂禮)[13]였다. 이로써 주인 스스로 정성을 다하면(主人自盡焉爾)[14] 그만이었다. 시간이 지난 무덤은 돌보지 않으니, 친구의 묘라도 풀이 자라 있으면 울지 않는다.(朋友之墓 有宿草而不哭焉)[15] 온 나라가 분묘가 되어 자연환경이 파괴되는 것을 용납

---

8 중종 39년(1544년) 왜선 20여 척이 지금의 통영 지역인 蛇梁에 침입하여 난동한 사건.
9 《禮記》〈禮器〉.
10 《禮記》〈禮運〉.
11 《禮記》〈禮運〉.
12 《禮記》〈禮運〉.
13 《禮記》〈檀弓〉下.
14 《禮記》〈檀弓〉下.

하지 않았다. 의례의 목표는 분명하다. 상식과 보편이다.

의례 상실喪失의 결과 그렇다면, 공동체에 다음과 같은 현상이 나타날 것이다. 정권이 바뀌면 계획과 실행이 모두 바뀌고 국민과 한 약속이나 외국과의 조약을 손바닥 뒤집듯 한다. 소수의 의견은 무시되고 다수결 만능으로 합법적 함정에 빠지며, 공공의 재화는 사유화되거나 가산국가의 틀에 묶이고, 개인의 주권은 개표 부정으로 농락당하고, 도략盜略과 협잡이 난무하여 국민의 세금을 도적질하고, 사치와 허식적 간판으로 장식한 껍데기 사회가 도래하여 일세를 풍미하니, 남 보이기 미용 성형이 횡행하고 자아도취로 마감한 생들이 강산을 장악한 호화 분묘 안에 갇힌 귀신으로 백魄으로 쉬고 혼魂으로 승천하지 못하여 고갯길을 막고 흐느낄 것이다. 가정에 가례가 없어 관혼상제의 통과 의례를 모르고, 마을에는 향례가 없어 시제를 못 지내며, 국가의 국조례가 문란하여 반역자들이 국립묘지에 같이 묻히니, 귀신을 정리하지 못해 천명天命을 받지 못한다. 유자의 비례非禮에 대한 유학적 결론, 정체를 규정하기 힘든 비국가주의는 이렇게 다가오고 있었다.

---

15 《禮記》〈檀弓〉上.

비|국가非國家 문야지별文野之別

　문명과 야만의 구별은 소위 "산업화"나 사회의 "개화", 번식과 모방을
추구하는 "사상 유기체"에 있지 않았다. 유자儒者의 문야지별은 제국주
의가 그토록 문명화의 사명감을 느끼는 "미개"와는 확연히 다르다. "야
野"는 개화의 대상이 아니라, 온전히 방치되어 순결한 미지의 구역이다.
서구에도 역시 이와 같은 생각이 없던 것은 아니었다. 셰익스피어의 마
지막 작품인 《템페스트》에서도 문야지별이 있다. 그것은 "주권자"의 비
국가주의라는 모순된 상황을 무대에 올려 권력의 정체를 벌거벗겼다.
권력으로부터 거리를 두었기에 비국가에 가까워진다. 이미 파산한 의례
儀禮는 사람의 성향을 더욱 노골적으로 보여 준다.

　다양한 성격들이 지중해에서 난파되어 고도孤島에 오른다. 망국의 한
은 밀라노의 주권자였던 프로스페로에게만 있다. 그는 형제의 배신으로
나라를 잃었다. 잃어버린 나라의 정치체제는 묘연杳然하며 분명하지 않
다. 서구 민주주의의 형용 모순은 망국에 이르러 격화되지 않고 숨겨진
다. 주권이 유배지로 옮겨진 것을 설명하기는 쉽지 않다. 도통道統의 근
거를 더듬으면 백범이 항저우杭州의 남북호에서 조각배에 흔들리며 가
느다란 명맥을 유지한 것과 같다. 어느 사회에서든 있을 법한 상반하는
두 경향, 찬탈 세력(閏位)과 정통 세력(正位) 간에 정치적 갈등은 여전하
다. 그래서 엘리자베스 시대의 문야지별로 극劇을 보면 섬의 모습은 각

자 성격 지워진 주체에 따라 달라 보인다. 방치된 세상에 홀로 남겨져 사회적 거리를 둔 선량한 사람에게는 아름다운 파라다이스로, 악인들에게는 "물이 흘러들지 않는 더께 낀 연못"과 "뇌물로 받은 말들의 오줌 냄새 때문에 코가 견디지 못하는" 그래서 운하를 파 강의 흐름을 장악해야 하는 너저분한 세계로 나누어진다. 그러나 이런 모든 것들은 주인공 프로스페로의 마법으로 창조된 환술의 모습이었다.

국가가 환영의 얼개로 설계되었다면, 이런 거시적 세계(Macrocosm) 속에 각자의 자유 의지로 성격 지워진 미시적 세계(Microcosm)는 비국가를 태동한다. 비국가는 곧 쇄국鎖國의 문지방에 걸린 상소문처럼 유자들이 간직한 '경經의 말씀'에 근거한 선언이었다. 나라가 망한 것이 아니라 본래부터 없었다면, 정위正位와 윤위閏位를 가르는 도통의 문제는 국사國史의 면면綿綿에 있지 않고 문야文野의 구분에서 살필 수밖에 없다. 로렌스(D. H. Lawrence)는 미국 문학 연구에서 미국인의 성격을 비국가적 내용물로 분석했다.

> "미국인 영혼의 진수는 견고하며, 고독하고 초연하며, 그리고 살의에 차 있다. 이것은 한 번도 사라지지 않았다. The essential American soul is hard, isolate, stoic, and a killer. It has never yet melted."
>
> (D. H. Lawrence, *Studies in American Literature*)

미국인의 비국가주의는 데이빗 소로우나 스콧 니어링[16]에서 급진적으로 돌출되었지만, 구세계를 버리고 이민 온 각 개인이라면 그 영혼의 정수에 세금과 국가의 간섭을 거부하는 비국가주의가 스며 있다. 미국

---

16 D. Thoreau(1817~1862) 미국의 자연주의자, *Walden*; Scott Nearing(1883~1983) 미국의 사회운동가, 반제국주의 운동가.

인의 문야지별은 문文의 억압적 상위 위치에 저항하며 자유로운 개인을 야野의 지위에 둔 것이다. 인仁의 생명 의지를 야비野卑의 질서에서 찾았는데 그 안에 든 살의殺意는 정당한 것인가? 공자의 영향을 깊이 받은 에머슨(Ralph Waldo Emerson, 1803~1882)[17] 이후 미국의 초절주의(Transcendentalism)는 자연 속에서 개인은 더 신성하다고 말한다. 미국을 한편으로 골수 깊은 '비국가주의 나라'로 보는 것은 아이러니하다. 미국인에게 흔히 보이는 국적 정체성의 혼란(Nationality Dysphoria)은 유학적이다. 20세기에 참혹한 양개 대전을 겪으면서, 이런 비극의 원인이 미국의 고립주의(Isolationism) 때문이라고 보는 주장도 있다.[18] 다른 나라의 갈등에 얽히지 않겠다는 선언 이후에 꼭 끔찍한 전쟁을 치렀다는 모순된 논쟁에 문야지별을 설명할 알고리즘이 보인다. "고독하고 초연하며, 살의에 차 있는 미국인"을 완전히 타자화할 수 있는 국가는 없다. 최근 미국에 고립주의 정치가 늘어나는 경향에 세계의 주요 구석에서 그들의 영향력이 철수할 거라는 생각은 위험하다. 더구나 이런 고립주의의 원인을 "에너지의 자급"에 의한다는 주장 역시 미국의 비국가주의자 영혼에 들어 있는 정수를 이해하지 못하기 때문이다. 미국인에게 역사 도통의 문제는 불간섭, 인권, 자유, 정의에 대한 개인의 감정에서 시작한다. 이것은 도덕과는 거리가 멀고, 미국 가치 동맹의 '영역' 안에서도 치명적이지 않으며, 문야지별이라는 유학적인 설명으로 실체에 근접할 수 있다. 헌법이 규정한 고유 영토인 '강역疆域'보다 미국인은 그 강역에서 인간의 덕이 어떤 모습으로 표현되었는지가 중요하다.

---

17 에머슨의 유교 영향은 그가 19세인 1824년의 저널에 보이지만, 이해를 깊이하고 사서 삼경의 구절을 인용한 것은 1843년 *Boston Athenaeun*에 실은 〈David Collie's complete translation of The Four Books〉에 대한 기고문에서부터이다. Ref: *Confucian and Emerson*, Albany: State University of New York Press, 2007.
18 US Department of State, Office of Historian, 〈American Isolationism〉 인터넷 history.state.gov 2019년 11월 12일 접속.

피와 잉크(혈통과 법통)를 구분하지 않는 구대륙의 기독교인과는 달리 미국인은 매우 유학적이게도, 주권이 각 개인에게서 나오지 않는다면[19] 그는 야인野人으로 남아 있을 것이다.

망국의 도통은 비국가주의 유자가 한몸에 지닐 수 없는 모순인지도 모른다. 망국과 비국가는 서로 대위代位하지 않을 뿐더러 언어 모순이다. 이것은 망국을 권력의 종말과 혼동하여 체제 붕괴로 본다면 더욱 그렇다. 그러므로 개인과 국가의 공화관계에서 똑똑히 볼 수 있다면 국가를 도통 안에 잡아넣을 수 있는 야인野人의 위치를 비국가 안에서 발견하게 된다. 문야지별이 개인적 세계인 것은 사적私的인 기록인 《춘추》에 보이는 왕자불치이적론王者不治夷狄論에서 알 수 있다. 문文과 야野는 사회 분위기일 뿐 개인의 지위를 규정하지 않는다. 문야로 구별한 본래 중화사상은 중화 중심주의(Sinocentrism)와는 거리가 있었다. "오는 오랑캐 막지 않고 가는 오랑캐 잡지 않는" 중국의 코스모폴리탄 사상은 그대로 유자에 계승되었다. 이렇게 중화 문명의 구심력은 방치된 외부 천하와의 관계에 평화를 유지하고 인재를 끌어들였다. 세계화된 제국인 당唐에서 이 점이 두드러진 것은, 비단 당나라의 집권층이 달단인(타타르인) 계열 선비족의 후손이기 때문이 아니라 중원에 잠재하고 있는 초월적 화이관華夷觀 때문이었다. 인간사의 성패를 하찮게 여기는 태도는 국제주의 안에 은밀한 비국가주의로 나타난다. 당唐제국에서 천의무봉天衣無縫의 시어를 구사한 이백李白의 출현은 이 점을 시사한다. 곽말약의 《이백李白전기》에는 이태백이 중앙아시아 키르기스의 수압(Suyab-페르시아어로 "전방의 물", 碎葉)에서 태어났다고 복잡한 고증을 들어 설명하고

---

19 《禮記》〈禮運〉, "재화를 함부로 버리는 것을 싫어하지만 굳이 자기 것으로 감추지 않고, 권력이 각 개인에서 나오지 않음을 미워하지만 굳이 사적으로 쓰지 않는다. 貨惡弃於地也 不必藏於己 力惡其不出於身也 不必爲己"

있다. 또 다른 연구에는 그가 동페르시아의 영향에 있던 대식국大食國 (타지크)에서 태어나 위구르 다반达板에서 성장 후 십 대에 중국 장안으로 왔다는 주장도 있다. 실크로드 거점이고 오아시스 도시인 이 지역은 문야지별의 안과 밖이었다. 순례길에서 성장한 이태백은 "여러 나라 상인과 오랑캐들이 잡거하는 諸國商胡雜居" 곳에서 어떻게 위대한 시정 詩情을 키울 수 있었을까? 곽말약이 코스모폴리탄인 이백을 중국인으로 만드는 각별한 노력은 그의 집요한 국가관 내에서만 인정된다. 초월적 화이관은 문명의 구심력뿐 아니라 원심력으로 작용하여 월남에서는 남화喃華, 일본에서는 화혼和魂 그리고 조선에서는 소중화小中華로 계승한다. 그러나 유학 안에 들어 있는 비국가주의의 내용이 없었다면 가능하지 않았을 것이다. 이백의 "중국화"에 그가 한족漢族이었는지 호족胡族이었는지 논의는 무의미하다. 조상이 죄를 짓고 서역으로 도망갔다가

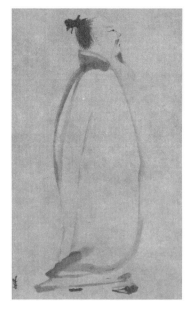

이태백(701~762 당나라 시인)

슬그머니 되돌아와 출신이 한미寒微했다면, 장안에서 그의 방자한 행동을 설명하기 어렵다. 이백이 55세가 되던 서기 755년 국제화된 도시 장안에는 페르시아계의 안록산安祿山이 휘하에 32명의 비한인非漢人 장군을 거느리고 불온한 내부 분위기를 감추고 있었다. 장안에는 대명궁大明宮을 짓고 보수하는 백제인 포로들이 이미 질곡에서 벗어나 발의 족쇄를 풀고 상당한 지위와 권한이 있었다. 고구려 유민의 아들 고선지(高仙芝, ?~755)는 서역에서 전공을 세우고 현종의

높은 신임을 받았다. 현종은 쿠데타를 막을 수 있는 요충지에 하서절도
사河西節度使로 그를 임명해 휘하에 대규모 병력을 통제하며 티베트와
위구르로 통하는 길목을 지키게 했다. 당시 장안의 거리는 오늘날 뉴욕
의 브로드웨이를 걸을 때의 느낌과 다르지 않았을 것이다. 그러므로 이
백의 시대는 화이관을 초월하여 인물의 출신과 배경을 중화주의로 일부
러 윤색하지 않았고 오로지 능력에 의한 실력사회(Meritocracy)였다. 그
러나 부실하고 방치된 실력사회 풍조는 부와 지위의 양극화를 가져와
사회가 불안해진다. 안록산은 환관들과 정치적 대립 끝에 그해 11월 범
양范陽(지금의 베이징 남쪽)에서 난을 일으켰다. 반란군과 진압군 역시
두 갈래의 중외中外 세력이었는데, 안록산의 군대는 동북 면에 위치한
몽골 튀르크계였고 진압군은 주로 서북 면을 지키던 티베트 위구르계로
황태자인 이형李亨이 이끌었다. 이런 세계화된 내란에서 문야지별文野之
別의 논의가 있을 수 없었지만, 《신당서新唐書》에는 오랑캐 장수들 간의
종족적 멸시가 한화漢化 정도에 따른다는 기록이 보인다. 반란군인 알
루샨과 진압군 장수 커쉬칸(哥舒翰 투르키시 후예) 사이에 주고받은 욕설
에서 커쉬칸의 문재文才를 평가한다. 후에 왕부지王夫之는 《신당서》를
주注하며 "커쉬칸이 《좌씨춘추左氏春秋》와 《한서漢書》를 통독하여" 그가
화이변별을 갖춘 귀순자임을 칭찬한다.[20] 명청 교체기에 망국의 한으로
살았던 왕부지의 이런 태도에는 역시 오랑캐에 대한 경멸이 들어 있다.
왕부지는 청의 통치를 부정하려고 유학 내의 비국가주의를 끌어냈으나
그는 국가의 틀 안에서 국가를 부정해야 하는 모순에 빠져 있었다.

　　유자에게서 문명과 야만의 구분은 다분히 개인적이고 시대 상황에
엮여 있다. 군자는 "야만"인 질質을 잘 다듬어 문명으로 승화하는 책임

---

20 《新唐書》列傳 第六十〈哥舒高封〉.

이 있다. 그 과정에 유자는 필연적으로 문명과 야만의 하이브리드 세계 속에 살아간다. 망국에서 야인이 된 사인士人들이 도통을 끌어낸 토양이 야만 속에 있었다. 양계초가 겪은 고단한 반동과 역반동은 그의 주장대로 문화의 우열에서 생기는 침투 동화 간의 작용으로만 보이지는 않는다. 그 속에는 헤아릴 수 없는 문질의 미묘한 자리바꿈이 있었다. 불가역적 반동은 내부국가(Deep State)의 뼈대로 보이지만 실상은 유자가 문文과 야野, 문文과 질質을 구분하는 기본 토양으로 항상 방정方正한 모습을 하고 있었다. 다시 설명하면, 비국가의 본질은 허황한 국가 권력에 있지 않고 부정할 수 없는 유자의 개인성에 속해 있어 아주 사적인 각성에 도달하여 '체증'할 수 있기 때문이다. 대부분 오랑캐는 질박함의 편의성을 외부로부터 운반해 오곤 했다. 그러나 끊임없고 끝이 없는 질의 추구는 문약文弱에서 얻는 삶의 잔잔한 감상과 휴식, 청빈의 나른함과 같은 인간성의 다른 부분을 편식偏蝕한다. 국가가 없어야 한다는 정당성에 이르지 못하면서 이태백의 데카당은 이런 기강이 무너지면서 나타난 반동 같다. 인종 변별辨別이 없었던 당제국에서 다시 50여 년 동안 오대십국五代十國의 질의 시대로 간 것은 분명 일문일질一文一質의 역사적 추동이었다.

일문일질一文一質의 이해

한 번 양陽이면 한 번 음陰인 것이 도道였다. 세계 안에서는 이런 음양의 변화가 있으나 이것이 측정 가능하지 않다면 그것은 신神이었다. 왕필王弼은 '신'을 주注하며 "형形으로 맺을 수 없는 것"이라 말한다.[21] 《춘추》 이후 유자들은 신을 세계 밖으로 몰아내고 공경하되 가까이하지 않았다. 이제는 추방된 신에게 더는 물을 것이 없었다. 신탁은 폐기 되었고 하늘은 공허했다. 변화를 아무도 주관하지 않는 것이라면 '인간의 자리'도 파악되지 않는 것이었다. 문질의 변화는 꼭 경험에 의한 것이 아니었다. 그래서 일문일질一文一質을 이해하려면 《주역》의 역사 발전 논리를 먼저 파악해야 한다. 작게는 정치적 환국換局에서 크게는 왕조의 교체 역시 문질의 성쇠에 따르는 것이므로 문질 내의 음양의 변화도 관심이었다. 이런 이원론적 대립은 변화에 대한 갈구이면서 동시에 원하지 않는 변화에 대한 체념과 위안이 되었다. 망국의 시기에 결절한 유자들은 대개 문질론을 싫어해서 기氣 일원론에 집착했다. 세계의 변천을 허망하게 본 것이다. 빼앗긴 세계를 살아야 하는 김시습에게서도 극단적인 기氣 세계관이 보인다.[22] 신질서의 명분을 주리主理에서 보는 찬탈 세력을 증오했기에 그의 주기主氣 철학 관념은 다분히 사회적 대

---

21 《周易》〈繫辭上傳〉, "一陽一陰之謂道" "陰陽不測之謂神" 王弼云 "神也者, 變化之極, 妙萬物而爲言, 不可以形結"
22 김시습, 《매월당집》〈잡저 服氣〉.

립의 결과였다. 그러나 한편 망국 유자들이 이기理氣의 대립 속에서만 흥망을 관찰했다고 보이지는 않는다. 청에 대한 분노와 갈망의 이중적 감정을 가졌던 송시열과 그 학맥인 이항로는 힘의 질서인 주기론에 저항하고 청의 역사 도통을 부정하기 위해 주리론을 세웠다. 이 점은 김시습이 힘으로 정권을 찬탈한 계유년 난신亂臣들을 비꼬기 위한 기일원론과는 맥락이 다르다.

문질의 변화를 포착하는 것은 어렵다.[23] 분단의 고통 속에서는 사는 시대가 문인지 질인지 알기도 쉽지 않다. 전前시대를 어떻게 이해하느냐에 따라 문질의 순서가 정해질 것이다. 유자들은 대개 망국을 문文에서 질質로 변화로, 건국을 질에서 문으로의 변화로 보는데, 문화적 자부심의 증보證保를 흥망의 척도로 하기 때문이었다. 문질의 교대가 필연인지는 알 수 없다. 시대적 요청에 따라 필연이기를 바랄 수도 있겠고, 도통을 회수하며 우연이라고 할 수도 있을 것이다. 어느 날 문을 열고 밖에 나가보니 나라가 망했다면, 역사의 변화는 그저 사적인 관점에서 옳은 것이다. 2차 대전을 모르고 시베리아 타이가 숲에 살았던 초절주의 러시아 정교회 주민처럼, 역사로부터 벗어나 살았던 사람의 삶도 역사이기 때문이다. 역사가 반드시 변해야 하는 "구변九變"이라면 문과 질의 극極에서 유자가 학습해야 할 과제가 필시 보일 것이다.

문질의 변화 자체를 부정하는 성리 철학의 성향이 있었다. 변화를 부정하여 문질의 정체를 정확히 하기 위해서였다. 특히 정치적 혼돈이나 망국의 위기에서는 문과 질이 궤도를 이탈하여 분계를 넘지 못하며 사색이 정돈되지 못했다. 혼돈 속에서는 도덕감정의 원인을 설명할 수 없

---

23 참고인물 연표, 道統 인식의 흐름.

었다. 망국과 내부국가(Deep State)가 들어선 예붕락괴의 시대에 여성이 성리학적 공평률을 위기로 본 것도 불행한 일이지만 문질의 변화를 체감할 수 없었기 때문이었다.[24] 서한 시대의 인물 동중서董仲舒가 천지, 남녀, 군신에 존비의 질서를 부여하면서[25] 문질의 순서가 착란하고 "수평적 상보적 윤리였던 오륜五倫"이 수직적 억압 관계로 바뀐 것 역시 문질지변의 왜곡으로 설명된다.[26] 이이(李珥, 1537~1584)는 "기발이승일도설氣發理乘一途說"에서 시공時空의 틈이 없다면 역사 변질이 발생하지 못할 것을 추정케 하는 주장을 했다. 시간의 선후先後가 없고 공간의 이합離合이 없는 정주학程朱學의 원칙대로 리理를 존엄화하여 결국은 주리론을 옹호한 것이나 방법론은 기氣를 사용해 유물적이다. 청년 시절 어지러운 문정왕후(文定王后, 1501~1565)의 시대를 겪은 율곡의 고민은 이해할 만하다. 대개 기질氣質이 창궐하면 사회가 황음荒淫하여 도리의 반동이 일어난다. 기독교의 핵심 언어인 "태초에 말씀이 있었다."면[27] 정해진 숙명이 자리 잡아 역사 변질에는 관심이 가벼워진다. 기독교의 신처럼 리理의 모습으로만 남아, 빅뱅 이전인 혼륜무간渾淪無間에서 선후와 이합이 없었다면 오늘날 물리학에서 설명하는 시공의 탄생과는 거리가 멀어진다. 현재 물리학에서 현행 우주 앞에 다른 우주가 존재했다는 주장은 조선 성리학의 주리적 우주관과 유사한 점이 있다. 이전 우주의 흔적들을 찾는 "등각순환우주론 等角循環宇宙論"은[28] 우주 배경 복

24 참고인물 연표, 나혜석(1896~1948).

25 《춘추번로》 43편 〈陽尊陰卑〉; Robin D. Wang, "Dong Zhongshu's Transformation of Yin-Yang Theory and Contesting of Gender Identity", in *Philosophy East and West*, 2005.

26 강숙자, 《한국 여성 해방 이론》 3장, 3. 유교의 여성관(지식산업사, 2005).

27 《Bible》 요한복음 1장 1절

28 《共形的 또는 等角的 우주순환론》, Roger Penrose, 《Cycles of Time》에서 "Conformal Cyclic Cosmology: CCC"를 통해 스티븐 호킹과 함께 우주 빅뱅이 탄생과 소멸을 반복한다고 주장하고 "호킹 복사이론"을 토대로 이전 우주에서 소멸된 블랙홀이 우주 배

사의 흔적으로 보아 빅뱅 역시 무한히 반복한다고 주장한다. 율곡의 기
발이승氣發理乘에 시간의 선후가 없으므로 하나의 우주만 존재하나, 최
근의 등각순환우주론(CCC)의 주장처럼 새로운 우주 빅뱅의 순간 우주
〔時空〕에 주름이 생겨 2차 파동에 시공의 틈이 생긴 것은 오히려 퇴계
의 "이기호발理氣互發"에 가깝다. 블랙홀에 남겨진 흔적, 틈을 따라 시간
이동과 순간 공간 이동이 가능하다면 우리는 그 길을 웜홀(Wormhole)
이라고 하기보다는 좀 더 관념적인 "퇴계통로"라 할 수 있을 것이다.
격물의 상대성 이론에 의한 공간과 시간의 왜곡을 조선 성리학의 입장
에서는 우주의 이성理性 속에 포섭할 수밖에 없다. 망국의 유자가 공역
空域을 상실해도 '도통의 클라우드 저장'[29]이 가능한 것은 문질의 호발
때문이다. 일문일질이 우주의 생리라 여길 수 없다면 성즉리性卽理의 조
선 전통 유학은 붕괴한다. 성리에 어찌 수직적 억압이 있었겠는가? 퇴
계의 호발설을 부정한 율곡은 리理를 옹호함에 기氣가 먼저 발하여 가
능케 함으로 유물론처럼 보인다.

웅산인은 말한다. 훗날 누가 우리의 시대를 평가한다면 그것이 문질
의 어떤 모습인지 알지 않고는 좋은 역사관이라 할 수 없을 것이다. 전
시대를 감옥에 가두어야 하는 어려운 시간을 견디며 문질의 철리哲理와
정론政論이 일치해야 한다는 율곡의 말은 위안이다. 정치 혼란을 철학
으로 설명하거나, 시대정신과 철학의 빈곤을 정치 현상으로 논증하면
문질의 모습을 후세에 전할 수 있기 때문이다. 유자의 개인적 삶에서도
그의 '문화 창달의 활동'이라는 '게으르고 비생산적인' 일이 질적質的 평

경 복사에 흔적을 남겨 다음 우주로 이어진다는 이론을 전제로 한다.

29 영어권에서 클라우드 저장은 다음과 같이 정의된다. "Cloudy is a spectral synthesis
code designed to simulate conditions in interstellar matter under a broad range of
conditions. It is provided for general use under an open source."

가를 받기 어려울 것이다. 어느 시대이든 사인士人이 생활 방편을 마련하기는 쉽지 않다. 기껏 영책(另冊, 블랙리스트)에 들어 지하 자금을 받거나, 정책(正冊, 화이트리스트)에 들어 권력이 주는 몇 푼 받으며, 앞가림도 못하면서 음풍농월한다는 비웃음을 듣기 마련이다. 그러나 그는 스스로 변화하여 고치를 벗고 나온 나비처럼 자유롭기를 바랄 뿐이다. 문질의 가역적 위치 변이 역시 생각해 볼 일이다. 등용문登龍門에 오른 많은 사인이 타락하여 "내부자"로 남아 저질底質의 얼빠진 삶을 살고, 낙방한 유자〔落儒〕가 양질良質의 정신세계를 이어갔는데, 부언하자면 질質인 듯 보였지만 문文이었고 문文 같았으나 질質인 경우가 있기 때문이다. 이런 문질 변별辨別의 어려움을 성리학이 지도하지 않은 것은 아니다.

조선 성리학의 심각한 철학적 사변을 벗어난 설명도 가능하다. 퇴계의 이기호발理氣互發에 율곡이 기발이승일도氣發理乘一途로 도전한 틀거지로 보는 것도 마땅치 않다. 빅뱅 이후에 "빅뱅이 있었다." 말씀을 만든 율곡에게 "빅뱅이 있으라 하여 빅뱅이 있는" 퇴계는 우주에 객관자가 있는 넘을 수 없는 스승이다. 현대 물리학에서 시공의 이동로가 탐색되면서, 어떤 시공의 틈새를 틈타 들어온 생각을 잡아 두기에는 여기 두 가지 주리론主理論의 다른 해석에 긴장을 완화할 필요가 있다. 특히 망국을 당하여 견딜 수 없어 머리를 풀어헤치고 흙탕물에 소매를 더럽힌 유자가 경經의 말씀을 사색하거나, 우주의 주름이 보이는 이기理氣의 사이를 한가히 산책할 수 없다. 바야흐로 존비의 차별성과 수직적 억압으로 세상의 모습을 설명하려는 '유학적 내부자'들이 득의하고 있었다. 문질의 변화에 고통스러웠다면 그는 퇴로를 찾을 수밖에 없다. 진퇴를 찾는 통로는 사색 안에서만 존재하는 것이 아니라, 생각하는 인간의 모든 가능한 언어에 담겨 문질이 귀환하는 곳으로 향해 있다. 따라서 리理를 찾을 수 있는 시골구석은 어디에나 있었다. 이른바 "이인里仁"을 따지는 곳도 아니고 야비한 농부가 이익에 몰두한 곳일 수도 있다. 그러나 잘못 들어서면 사색의 종말이나 명상 끝에 졸음일 수 있었다. 생각에 문질이 있다면 그 변화의 방향은 은퇴가 아니며 퇴로에서 세계를 조망眺望하지 않는다. 어쩌면 그가 15세의 어린 나이에 이미 깨달은 사색을 혹사하지 않으며 학문하는 자세를 말하는 것일 수 있다.

한평생 산 속 샘물에 웅크리고   生涯一掬山泉裏
江湖의 물이 얼마인지 묻지도 않네.   不問江湖水幾何

그러므로 가까운 것은 순식간에 주변에 있었다. 자연은 근사했다. 고만考滿하고[30] 돌아가면 보이는 것이 자연이었다. 변화의 극〔九變〕에서 일어난 문질의 변형에 발승發乘의 앞뒤가 맞았는지는 묻지 않는다. 오로지 이성理性만이 있을 뿐이었다면, 아무리 세상이 무도無道해도 인간은 정의로운 객관자의 응시를 받는다. 그것은 생각하는 자의 성리性理에 포섭되어, 쫓겨난 객관자 역시 벗어날 수 없기 때문이다. 귀향하여 주변을 살피는 눈이 생기면 유자는 "자연을 아끼고 사람을 사랑하는 節用而愛人" 성리학의 중심 이념에 귀착하기 마련이었다.

---

30 考滿, 벼슬의 임기가 만료되는 것 《조선왕조실록》 태종 6~7년의 기록.

낙유落儒의 귀향과 마음의 탄생

사양斜陽의 긴 그림자를 끌고 과거에 낙방한 유생 향일맥向日麥이 고개 숙인 해바라기가 늘어서 있는 구부러진 길을 걸어왔다. 힘없는 발걸음이 멈춘 곳은 그의 집 사립문 앞이었다. 떨어진 짚신을 아궁이에 던져 넣고 우물로 가 두레박을 내렸다. 시원한 물을 들이켜니 마침 잊고 있던 청량한 여름이 한창이라는 걸 깨닫는다. 빨간 노을을 등에 지고 밭에서 돌아온 아내는 당장 먹을 쌀이 없다고 바가지를 긁는다. 향일맥은 굶주린 처를 부둥켜안고 운다. 배고픈 아이들은 술 재강〔糟糠〕을 먹었는지 불콰한 얼굴로 이미 잠이 들었다. 아내가 품 팔아 어렵게 마련한 경전들이 방 안 구석에 켜켜이 쌓여 있다. 주자朱子가 약속한 계천입극繼天入極의 충만감은 다 어디 갔는가? 공맹을 읊는 유자라면 급제와 낙방에 초연해야 했다. 창밖에 맹꽁이 소리만 요란하다. 서얼인 그에게 과시의 문이 열린 것은 그의 나이 서른이 넘어서였다. 그러나 19세기 조선의 과거제도는 타락했다. 대리시험이 횡행했다. 돈으로 매수해야 하는 무뢰배인 선접군先接軍의 횡포로 과시장에 들기도 힘들었다. 사전에 빼돌린 답안을 나누어 가진 고관 자제들의 음험한 웃음소리가 귀에서 맴돌았다. 세도가 자제의 과시 입시 때마다 시험 날짜와 출제의 항목이 바뀌었다.[31] 한양에는 전문적으로 시문試文을 대필해 주는 거벽

---

31 제1장, 1. 망국유자의 삶, 김구의 과시 경험 《백범일지》.

과 사수라는 아르바이트 유생들이 있었다.[32]

향일맥은 서얼이지만 양인이었으니 부역을 지지 않았다. 임금을 향한 해바라기 같은 마음을 버린 것은, 그가 과거에 세 번이나 낙방했기 때문만은 아니었다. 임금은 세도정치의 비선 실세에 의리를 넘겨 버렸다. 그러나 과시 공부에서 외운 경의 가르침이 "군신의 의"가 더 이상 없는 세상에서 살아갈 방편을 보여 주었다. 그가 비국가주의자가 되었는지는 모르겠다. 다만 유자로서 미치지 않고 살려면 이미 무너진 정명正名을 수직이 아닌 수평으로 다시 세울 필요가 있었다. 과거 시험이 유학적이지 않다는 것을 문득 깨달은 낙유 향일맥은 자유민의 실존을 경험한다. 이제 초가삼간은 우주의 넓이이다. 그동안 손보지 못한 지붕을 억새풀로 다시 엮고 뒤틀린 사립문도 바로 세울 것이다. 손에 닿는 가까운 것부터 생각하니 마음은 어느새 충만하고 경經의 말씀이 저절로 새겨졌다.

태초에 시간과 공간은 하나였다. 임금은 멀고 백성은 가까워 천하를 걱정함에 먼 곳은 소원疎遠하고 가까운 곳은 친했다. 그러나 유자와 국가의 친소親疏 관계는 비국非國 시국是國에 영향을 주지는 않는다. 이 의미를 정리하면, 도통은 시공적 역사에 근거하지 않았다. 망국을 당하여 역사 정통의 쟁취는 참절된 국토나 점령 기간을 떠나 먼 과거에서 찾아 되돌릴 수 있기 때문이다. 비국가주의 유자는 가까운 주변에 국가의 개입을 차단하면서 탄생한다. 유자의 공간 인식은 《근사록》이 가르치듯 시각적 요소를 부정하지 않는다. 유자의 불우 이웃 또한 늘 주변에 있고 먼 나라에 있지 않다. 즉 위험요소를 식별하고 알 수 있는 공간 영역에서의 사건에 관심이 집중된다. 그가 누워 다리를 뻗을 수 있는

---

32 강명관, 《조선의 뒷골목 풍경》, 푸른역사, 2003.

방은 사방 아홉자로 삼칸이다. 적절한 공간 내에서 균형 있는 정보량을 유지하면 상념을 넓힐 수 있다. 제갈량처럼 초려草廬에서 천하삼분지계 天下三分之計의 웅대한 꿈도 꿀 수 있다. 이런 모든 중심에 집이 있다. 향일맥은 툇마루에 앉아 밖을 보았다. 그는 망국이 가까웠음을 안다. 그러나 이 상념은 그의 시각에 멀어져 있다. 다만 집에서 보이는 건 숲 과 들판, 강과 언덕 그리고 변화하며 사라지는 구름이다. 유자에게서 자연 사물의 소친疏親은 집에서 시작한다. 다소 떨어진 거리에 사는 다 른 궁유窮儒의 시끄러운 상소나 연판장은 나무에 똬리 틀고 있는 뱀의 요설 같은 작은 참여일 뿐이었다. 귀향 전 참여는 의미가 부실했다. 참 여들이 연대하여 세금을 뜯어먹으니 그들의 상소문은 너널너덜했다. 돌 아보니 자신의 모습은 마치 들러리가 되어 파한 잔치의 끝을 지키는 것이었고, 저녁 무렵 광화문이 바라보이는 시전거리에 놓인 팔리지 않 은 문방구처럼 쓰임새가 초라했다.

과거에 떨어진 유자의 귀향은 적막하다. 도성으로부터 멀리 있어 형 벌이 두려운 생각에도 거리를 둔다.[33] 법을 어길 일이 없어서가 아니라 이미 자연법에 귀속하여 의를 마음에 모았기 때문이다. 그러나 정말 집 의集義가 마음에 모였는지 두고 볼 일이다. 향일맥은 땅을 넓혀 나갈 생각이다. 서자였지만 인자한 아버지는 그를 불쌍히 여겨 상당한 땅을 물려주었다. 하늘 아래 왕토王土 아닌 곳이 없고 그러므로 땅은 주권과 등가치였으나, 땅을 재는 아전과 서리의 잣대가 문제였다. 그렇다고 장 원莊苑의 부동산만 생각하는 소인이라는 비난도[34] 듣지 않는다. 향일맥 은 도망친 노비들에게 물려받은 땅을 주어 개간케 했다. 백 년이 지나

---

33 《論語》〈里仁〉, "君子懷刑(形)"
34 《論語》〈里仁〉, "小人懷土"

나라가 망한 지 오래되었다면, 인간사 도통道統은 잊었지만 여전히 자연은 경외의 대상이며 한편에는 보호의 주체였다. 비록 자연에 악의적 섭리가 있어 재해를 당해도 그 흐름과 막음을 함부로 바꾸지 않았다. 자연과 인간은 항상 보완 관계이며 조화로웠다.[35] 유학이 가르치는 환경 지혜(Ecosophia)는 노장老莊 사상과는 다르다. 어머니인 자연의 부분으로 인간 역시 다른 미물과 다를 게 없는 심층 생태학〈Deep ecology〉은 유자에게는 불인不仁한 것이다. "仁이란 천지자연의 본래적 성품, 질서 있는 생명의 의지"라고 이승환[36]은 말한다. 생태학에 질서가 있음은 과인過仁을 경계한 것이다. 때때로 자연은 여성적이지 않으며 사납고 위협적인 비인간非人間이다. 그렇다고 어머니인 자연을 숭배하는 사람들처럼 신성한 레드우드를 위해 결사 항쟁하는 '자연 운동권'을 폭력으로 제거하자는 야만은 더욱 아니다.[37] 유자의 경제는 인간 섭생의 자족과 조화를 이루면 더는 성장하지 않아야 하며 현상 유지 속에서 환경친화적인 산업만이 허가돼야 한다. 조선 정조 때에 필요 이상의 물건을 생산 유통하는 사회를 깊이 염려하며 인욕과 소비의 문제를 전망한 채제공(蔡濟恭, 1720~1799)은 당시 실학자들의 건의를 방해 묵살해서 주자학 반동의 흉유凶儒로 비난을 받았다. 청淸제국이라는 질質의 팽창의 시대에 문文의 수축을 사색한 채제공의 역사 감각은 주목할 만하다. 지금 산업 쓰레기 더미에 앉아 유학적 이상국가의 모습을 그린다면 그를 당연히 재평가해야 한다.

---

35 《禮記》〈王制〉 "일이 없는데 사냥하지 않음은 삶을 공경할 줄 모른다 이르고, 禮로써 사냥하지 않음은 자연을 훼손한다 이른다. 無事而不田 曰不敬 田不以禮 曰暴天物"
36 이승환, 철학자.
37 미국의 자연보존운동가 폭탄 테러 사건 Judi Bari, *The Feminization of Earth First*, 1991.

시골 궁유이며 샌님인 향일맥은 땔감을 구하러 산을 뒤졌을 것이다. 그의 지게에 담긴 것은 Deep Ecolgist들이 생각하는 파괴된 자연이 아니라 죽은 레드우드 잔가지일 것이다. 유자는 자연을 신으로 보지 않고 미물로도 보지 않으며 '비인간을 인간적'으로 볼 뿐이다. 인간은 자연 일부일 뿐만 아니라 대등한 관계이므로 적대적 자연은 개조의 대상이다. 치수治水나 터잡이 기술(풍수)은 유학적이지 않으나 자연을 가공할 수 있도록 묵인되었다. 그러므로 고대로부터 이른바 "유학적 도시 설계"가 가능했다. 유자의 관념상의 도시는 《삼도부三都賦》에[38] 잘 나타나 있다. "무릇 그 설계에서는 천문을 식별할 수 있어야 하고, 물질과 토양의 건설 재료를 씀에 지리를 분석해야 한다. 夫 上圖景宿 辨於天文者也 下料物土 析於地理者"[39] 즉 정신과 물질의 조합으로 도시가 탄생한다. 도시는 권력이 사는 곳이고 방어용 전술 기지이다. 그러나 도시에 이익이 너무 모이고 권력이 집중되면 전쟁으로 황무荒蕪해지지 않을 수 없다.[40] 그래서 어진 자는 도시에서 살지 않았다. 도都는 임금이 사는 곳이고 출사한 자들이 모여 있는 곳이지 보통사람의 생활터전은 아니었다. 도시는 전쟁터임과 동시에 전쟁 방어물이고 시골은 무방비의 평화로운 휴식처이다.

그렇다고 유자가 도시를 혐오한 것은 아니다. 경기京畿의 공간적 필요는 철인 통치에 근거한다. 도통을 회수하여 둘 장소 역시 도시이다. 도심에서 발생하는 혁명의 기운은 난류亂流이지만 망국의 도통은 사람

---

38 《三都賦》는 西晉의 左思(250~305)가 지었다. 세간에는 알려지지 않다가 당시 이름 높은 皇甫謐이 서문을 써 주어 유명해졌다. 최근 傅璇琮의 考證으로 《三都賦》가 써진 시기는 오나라의 멸망 전인 太康 元年(280년)에서 291년 사이로 보고 있다.

39 《三都賦》吳都賦, 東吳王 孫輳의 말 인용

40 《三都賦》魏都賦, "於時運距陽九 漢網絶維 姦回內䢅 兵纏紫微. 翼翼京室 眈眈帝宇 巢焚原燎 變爲煨燼 故荊棘旅庭也. 殷殷寰內 繩繩八區 鋒鏑縱橫 化爲戰場 故麋鹿寅城也"

이 모이는 도시에 숨어 있다. 대신 촌락에는 사상이 고여 있다. 촌락의 중심은 우물이고 환경의 중심은 물이었다. 물이 견디고 있는 것은 중력이며 언제나 최선을 다해 낮은 곳에 거했다. 책을 찍어내는 장각藏閣은 불을 경계해 물 곁에 있고, 이상적인 도시의 중심에는 도서관이 있었다. 뤄양洛陽의 도서관 사서였던 노자老子는 우물가에서 물의 흐름을 관찰한다.[41] 노자의 상선약수上善若水, 손자孫子의 상병약수上兵若水의 사색에는 어쩌면 물과 군대가 모이는 도시를 피하라는 반대 은유가 숨어 있다. 시간의 끝인 천간天干의 마지막 "계癸"는 물이 모이는 형상에서 취했다. 도시를 휘감아 흐르는 강의 깊은 곳에는 언제나 교룡蛟龍이 꿈틀거려 위험했다. 사실, 용과 교룡을 식별하긴 매우 어렵다. 그러나 오랜 관찰을 통해 깨달은 것은 교룡들은 싸우는 것 같지만 한몸이었다. 머리로 싸우면 안 보이는 꼬리 부분이 붙어 있고, 꼬리로 싸우면 안 보이는 머리가 하나였던 것이다. 싸움으로 땅이 두꺼워지고 우물이 깊어 물을 길을 수 없으면 용龍도 사라지고 사람들은 도시를 옮겼다.

낙방한 날 밤 향일맥은 비로소 깊은 잠을 잘 수 있었다. 맹꽁이 울음은 문지방 너머 고조곤히 멀었다. 폭력적인 과시장의 악몽은 더 이상 없었다. 세도가 자제들이 농단하는 과시 시간표를 따라 이리저리 쫓길 일도 없었다. 마음속 깊은 곳에서 몸이 분리되었다. 마음의 탄생이었다. 참된 나는 적연부동의 상태에서 성정性情의 충돌 없이 "나"를 지속해 왔다. 거기에는 잊을 것도 없었고 잊어버린 것도 없었다. 기억이 소멸하면서 마음이 탄생하자 가까운 것이 눈에 띄기 시작했다. 이른 아침 남한강 상류의 물가에 나온 향일맥은 근처 움막에 사는 은자 허죽虛竹에게 갔다. 죄가 없는데 하늘을 두려워한 것[42]으로 사람을 가두는 세상

---

41 제5장 유자유종, 시간순환.

이니, 전전긍긍 조심하는 동안 세상은 바뀔 것이다. 그러나 교룡이 지배하는 지금은 그것이 참기 어려웠다. 패거리에서 떨어진 이상 호소할 곳을 찾는 것 또한 불온한 일이었다. 사람은 능히 성誠하여야 순수하고 선한 성性을 보존할 수 있는가 보다. 향일맥은 스스로 글렀다고 생각했다. 한마디로 망령됨이 없는 것이라는 허죽虛竹의 말은 속이 비었다. 향일맥은 수수깡 같이 마른 허리를 가까스로 세우고 서울을 바라보며 어디쯤 있을 유자의 정원을 상상했다.

반평생 혼탁한 세상에 살았지만	人生一半在紅塵
대나무 스승처럼 마음 비워 분수를 아니	心虛師竹知足分
늙어 병든 몸에 많은 칼자국	終年持病刺痕多
책을 베개 삼아 누워 용 비늘로 변했네	臥身枕書化龍鱗
푸른 학 불러 숨을 곳을 찾아봐도	號出靑鶴審隱處
뜨거운 여름 시원한 곳은 강희안의 정원이네	熱夏淸凉希顔庭

---

42 《詩經》〈小雅〉, 巧言 6章, "昊天已威 予愼無罪"

유자의 정원

고사관수도(강희안이 그린 인물산수화)

은자에게는 늘 실낙원失樂園의 경험이 있다. 낙원은 물론 비국가 非國家였다. 《예기禮記》에서 제시한 대동大同사회보다 그리고 과도기의 약속인 소강小康사회보다 비국가주 의에 전체대용全體大用을 삼은 정 원에서 낙원을 찾았다. 낙원의 복 원은 소인小人이 건설한 팬더모니 엄 정치판을 벗어나 비원秘園을 하 나 갖는 것이다. 이 시크릿 가든에 는 물과 돌과 그늘이 구성요소이 다. 오히려 꽃과 나무는 거론하지

않고, 다음은 바람의 방향과 재생 가능한 물건의 배치이다. 그러나 이 런 "마이크로 풍수風水"는 돌보지 않으면 곧 사라지도록 장치한다. 자료 가 많지 않아 제시할 수 없으나 조선 전기의 정원은 유자 정원의 모범 이었다. 조선 정원의 철학은 시간이 지나면 터를 발견할 수 없게 하는 것이어서 생각만 전승되고 물증과 설계가 없다. 《양화소록養花小錄》의 저자인 강희안(姜希顔, 1417~1464)은 지금부터 600년이나 먼 고인古人 이다. 그의 정원이 어디에 있었는지 지금 그 자취조차 알 수 없다. 세

종世宗 때 주로 관직에 나간 사람이었지만 왕의 처조카였기에 더욱 몸을 굽혀 오히려 뛰어난 재능을 숨기고 한직閒職에 머물렀다. 불혹을 넘긴 1456년 여름 그는 사육신이 거열車裂되던 군기감 앞 다리 위에 서 있었다. 그의 이름을 끝내 대지 않는 성삼문의 눈을 바라보며 부끄러움과 치욕으로 몸을 떨었다. 그는 정원으로 도망쳤다. 세조世祖 치세에 들어서 관직은 외양 근사했으나 마음의 내상이 깊어 실의失意한 까닭에 꽃 가꾸기에 열중하다 48세의 나이로 죽었다.

군신의 의리가 쇠衰하면 유자는 은둔을 찾는다. 몸을 숨길 정원은 뜻밖에도 가장 가까운 곳에 있다. 계곡물을 끌거나 우물을 새로 파면서 몸을 보존할 핑계를 찾아야 했다. 한국 최고最古의 원예서 《양화소록》은 계유정난(1453) 이후 강희안의 졸년卒年인 1464년 사이에 쓰인 것으로 짐작된다. 감히 부끄러워 충忠과 의義 자字를 사용치 않았으니, 한적漢籍에 이런 글자가 보이지 않는 것은 매우 이례적인 일이다. 그의 동생인 강희맹姜希孟이 자신의 사적인 문집 안에 편집하였으므로 의도적이었는지는 알 수 없다. 다만 인간세에서 비인간을 창조하고 화초와 덕을 견주어[比德] 충의忠義의 고단함을 비판하고 양생의 길에서 유자됨을 회복한다. 꽃이 꺼리는 것을 기술하며 "오징어 뼈로 꽃나무를 찌르면 바로 죽는다. 효자孝子나 잉부孕婦가 꽃나무를 손으로 꺾으면 몇 년이 지나도록 꽃이 피지 않는다." 위선적인 효孝의 번거로움을 풍자한 것인지, 임산부의 노동을 경계한 것인지 이런 말들은 지금은 이해하기 힘든 그의 사적 경험일 것이다.

실의하고 낯가림이 심한 유자가 건설한 정원은 어떤 모습이었을까? 답은 그의 그림에 있다. 볼수록 감탄을 자아내는 의석관류화倚石觀流畵

(후세에 이를 높여 고사관수도高士觀水圖로 화제畵題가 바뀐)는 마치 그의 자화상自畵像을 그린 듯, 우인동안愚人童顏의 얼굴이다. 손에 묻은 말똥 거름은 풍성한 긴 소매로 가리고 흐르는 물을 바라보고 있다. 고사高士 는 그가 바라지 않았던 칭호일 것이다. 류流 또한 부정적이니, 차라리 돌과 물을 대조하여 "의석관수화倚石觀水畵"라 함이 타당하겠다. 그림에 는 고대 페르시아인들이 정원의 구성을 규정한 "돌, 물, 그림자" 삼재원 三材源이 그대로 표현되어 신기하다. 이 고졸古拙한 치인痴人 강희안은 책을 내지 않았다. 부끄럼을 탔던 《양화소록》의 탄생은 가을날 마지막 서리를 맞고 피는 국화처럼 더디었다. 시서화詩書畵에 모두 뛰어난 당대 의 삼절三絕이며 그토록 총명했던 사람이 자신의 흔적을 세상에 나타내 기 꺼린 것을 그의 아우가 문집 《진산세고晉山世稿》의 일부로 수록하여 전해졌다. 본인이 살아 있었다면 도道의 찌꺼기를 남겼다고 꾸중 들을 것이었다. 동생인 강희맹이 쓴 서문은 이렇다.

"큰 덕을 지닌 선비가 암군暗君의 시대에 때를 만나지 못하면 도道를 마음에 담아 둘 뿐 펼치지 못하여 교화는 자신의 집안으로만 그치고 넓혀지지 못한다. 그러므로 작은 일, 꽃 가꾸는 정원 일에 의탁하여 전체대용全體大用의 신묘함을 담는다. 이것은 선비의 불행이기는 하지만 작은 일을 단서로 하여 큰일을 본보기로 삼는 것이다."

강희안이 세상을 떠난 지 9년 뒤인 어느 봄날, 희맹은 아직 끈을 묶지 않은 책을 손에 들고, 가꾸지 않아 잡초가 우거지고 꽃과 나무가 망가진 그의 정원을 찾아 배회하며 고인에 대한 그리움과 존경으로 복받치는 감정을 주체하지 못했다. 유자의 정원에는 매梅, 난蘭, 국菊, 죽竹 등 사군자四君子와 요란하지 않은 소박한 야생화, 그리고 산에서 흔히 보이는 평범한 나무, 침묵하는 괴석이 있다. 또한 모름지기 정원을 가진 유자는 이들의 특성과 재배법을 알고 가르칠 수 있어야 한다. 모두 자신이 손수 화초와 나무를 키우면서 알게 된 경험을 기초로 옛사람의 기록을 인용하고 살핀다. 그는 정원의 고된 노동으로 해진 옷을 입고 있다. 꽃을 키우는 마음은 엄격하고 방법에 부심腐心한다.

"무릇 꽃나무를 분盆에 심을 때는 반드시 기름진 흙을 써야 한다. 겨울에 양지쪽 도랑 진흙을 파서 볕에 쬐어 말리고 채로 기와 쪽이나 자갈을 쳐 버리고 인분을 앙구어 띄운다. 이처럼 서너 번 되풀이한 뒤에 마른풀을 한 겹 깔고 흙을 한 겹 깔고 하여 불을 놓아 태워서 간직해 두었다가 정월쯤에서 꽃을 심는다. 구덩이를 파고 나무를 심거나 혹은 꽃씨를 심고 날마다 통을 이용하여 닭털이나 오리털이 섞인 오물을 걸러 내서 기름 물에 타서 주어야 한다."

《養花小錄》

　　그는 멋진 고택古宅에 살지 않으며 소매에는 늘 거름 냄새가 난다. 원치 않는 사람이 오면 문 앞에 거름 물을 뿌렸다. 똥냄새 나는 세상에 대한 의례였다. 사람이 찾아오길 바라지 않아 문 앞에는 풀이 높이 자랐다. 그러나 혹 손님을 맞아야 하면, 구부러진 진창길(迂遲)에 옷을 더럽힌 채 툇마루에 앉아 식물의 품격을 시와 문장으로 논할 수 있어야 한다. 정원의 격조는 그 주인의 심경心境의 세계에 달려 있다. 대황大荒의 변경으로 쫓거나 풀 한 포기 없는 사막을 차용하더라도 마음이 의연하면 그의 정원은 아름답다. 그러나 무엇보다도 양생법養生法을 두둔할 수 있어야 하고 과도한 노동은 금물이다. 유자는 은둔隱遁하든 출사出仕하여 뜻을 펼치든, 다투지 않는 심불경心不競의 마음을 간직하기 위해 꽃을 키우는 이유를 말하지 않는다. 꽃을 키우는 데 이유를 말하면 불온했다. 유자들의 양생법은 자연을 보되 인간처럼 보고 인간을 보되

자연처럼 보는 것이다. 《양화소록》 속에도 꽃과 인간이 다르지 않음을 은연隱然히 말하고 있다.

캘리포니아 산타 로사(Santa Rosa)에 살았던 루터 버뱅크(Luther Burbank, 1849~1926)는 천여 종 신품종을 개발한 원예의 마술사였다. 그의 짧은 수필집 《인간이라는 식물 기르기》에는[43] 식물의 세계와 교감하는 인간의 본성을 묘사하고 있다. 버뱅크 자신이 충분한 학교 교육을 받지 않은 "not the product of academia"였으니 그의 자연과 그 순환에 대한 표현은 직관적이다. 아이들은 어떻게 자라는가? 마치 《소학小學》의 가르침과 같이, 최초의 본성에의 귀환 그리고 유자됨의 시작인 학문의 기쁨[學說]을 아이들이 놓치지 않으려면 다음과 같은 부모의 노력이 필요하다.

> "어린이들에게는 교과서에 실린 지식을 강요하는 것보다 건강한 정신을 갖게 하는 것이 더 중요하다. 지식 습득을 강요하는 것은 아이들의 자발적인 행위, 즉 노는 것을 잃게 한다. 아이들은 고통을 통해서가 아니라, 기쁨을 통해서 배워야 한다. 아이들이 후일 살아가는 데 진정으로 필요한 것은 놀이라든가 자연과의 유대를 통해 얻어지게 되는 것이다."
>
> (Luther Burbank, *Training of the Human Plant*)

버뱅크의 수필집은 양아소록養兒小錄이다. 강희안과 버뱅크는 나란히 서서 똑같은 말을 우리에게 던지고 있다. 부모가 같이 놀아 주며 아이(꽃)의 이름을 불러 주라는 충고이다. 아이들과 같이 산과 들을 다니며 꽃과 나무의 이름을 같이 불러 주어 그 존재감이 충만하다면, 그 아이는 훌륭한 인간으로 성장할 것이다. 유자의 정원에서 식물의 천성天性

---

[43] *Training of the Human Plant*, the Century Co., 1907.

은 곧 인간의 내성內性이다. 소나무의 지조志操, 국화의 은일隱逸, 매화의 품격品格, 창포에 있는 고한孤寒의 절개節槪, 괴석怪石이 가진 부동不動의 덕德은 모두 천성을 지킴으로 군자君子의 벗이 될 수 있었다.

"그러므로 비록 풀 한 포기, 나무 한 그루의 미물이라도 각각 그 이치를 탐구하여 그 근원으로 들어가면 그 지식이 두루 미치지 않음이 없고 마음을 꿰뚫지 못하는 것이 없으니, 나의 마음은 자연스럽게 사물과 분리되지 않고 만물의 겉모습에 구애받지 않게 된다."

강희안의 말이다. 그러나 몸과 마음을 이렇게 온전히 보존하더라도, 암군暗君의 시대에 세상을 생각할 때 마음이 어지럽다. 가꾸던 정원에 주저앉아, 지는 해를 바라보며 유자는 정명正名을 생각한다. "세상 사람들은 꽃들의 이름과 품종에 대해 잘 몰라 이름을 바꾸어 부르거나, 그 이름을 불러 주지 못한다. 이렇게 같고 다름을 구별하지 못하고 참과 거짓이 서로 뒤섞이니, 어찌 꽃의 이름뿐이겠는가. 세상일이 모두 이와 같다." 수양의 패거리들로 세상은 무도無道했다. 강희안의 정원도 이제 사라질 것이다. 종말을 준비하며 병든 몸으로 홀로 읊는다.

남쪽 창에 종일 앉아 때를 몰랐노라.	南忿終日坐妄機
사람 없는 정원에 어린 새 나는 법 배워	庭院無人鳥學飛
가는 풀 그윽한 향기 나는 곳 찾기 어렵고	細草暗香難覓處
흩은 연기 속 지는 빛에 비는 부슬부슬	澉煙殘照雨霏霏

(강희안, 〈병을 앓으며 홀로 읊음病餘獨吟〉)

정원 속에서 종신終身한 강희안은 행복하다. 강희안의 "명때림"은 《양화소록》 도처에 숨겨져 있다. 생명을 상하는 충忠과 의義는 모두 부질없었다. 사백여 년이 지나 어지러운 조선 말의 시골 궁유窮儒인 김영근의 《원유일록遠遊日錄》의 시를[44] 다시 보면, 그는 정원이 바라보이는 따뜻한 남쪽 창이 아니라 어수선한 여관의 창을 내다본다. 그것도 반나절 뿐이다.

반나절 여관 창에 기대 홀로 근심하여 앉았지만 半日旅窓愁獨坐

천지에 나 있고 없고 누가 알겠나? 誰知天地有無余

망해 가는 나라에 상실한 것이 정원뿐이겠는가? 외로운 몸 의탁할 곳 없어 이리저리 떠돌면, 그는 더욱 정원을 찾는 데 몸부림친다. 망국의 유유遺儒들이 세상과의 결절, 내면의 평온, 이웃과의 통달 그리고 매예를 통해 저항하고 몸을 숨길 곳이 정원이었다. 갈등과 동란의 시대를 겪으며 정원을 거닐던 유자의 그림자가 사라지고, 황폐한 소로에서 풀에 정강이를 베었다. 마침내 길도 없어지고 더북쑥이 머리를 넘긴다. 상투를 풀어 미친 듯 길을 찾다 강가에 다다른다. 고인이 아끼고 사모했던 사군자四君子는 달에서 내려와 강물에 어른거린다. 월광에 꽃의 색깔은 모두 하나 되었다. "달님이 꽃 위에 비추던 月兒照在花上" 빛을 따라가도 망국의 한은 끝이 없다. 과거와의 화해도 소용이 없다. 나라가 없으니 과거도 없었다. 유자의 정원은 쑥밭이 되어 후세에 찾을 길이 없다. 그러나 "정녕 난초가 되어 꺾이고 옥이 되어 부서질지라도 개쑥으로 무성하거나 약쑥으로 번성하지 않겠다. 寧爲蘭摧玉折 不作蕭敷艾榮"[45]는 맹서는 남았다. "산에 맹세하면 풀과 나무가 아는 법 盟山草木知"[46] 주인 없는 정원의 나무와 꽃들은 여전히 자신의 모습에 충실하여 자연을 찬양하고 있다. "망국인들 뭐 대수인가?" 입을 삐쭉거리는 경회

---

44 제2장, 2. 온전한 신용사회.

45 《世說新語》, 2 言語.

46 《이충무공전서》15권, "陳中吟"부분 誓海魚龍動 盟山草木知

景晦에게 시국은 늘 그믐밤이다. 천지간에 없는 것은 김영근 그 자신뿐 아니라 나라도 마찬가지였다.

일상에서 만족을 얻고 작은 행복이 소중한 줄 알면 고통은 유자의 정원에 세운 괴석같이 편안한 관조의 대상이 될 수 있다. 정원의 정령은 사랑에 목말라 있다. 훗날 강희안의 정원을 찾은 유자는 없었다. 후사後嗣없이 죽어 여귀厲鬼가 됨을 두려워한 동생 희맹이 그를 계승하고 작품을 숨겼기에 흔적은 있다. 그러나 희안은 시서화詩書畵 모두 남기는 것을 꺼렸기에, 유자정원의 제1법칙이 "사라져야 하는 것"이라면 모든 인식의 표적물들은 몰락의 대상이다. 정원의 삼재원三材源인 물과 돌과 그늘은 홀로 나약하고 고독하다. 결코 사라질 수 없는 견고한 리理의 세계에서 온 것이다. 유자의 정원은 은둔에서 만들어지나? 그래서 대숲을 통과하거나 준령峻嶺의 고송孤松을 지나야 하나? 침울한 늪지가 가로 놓여 포구에서 사공을 달래야 하나? 은둔을 보좌하는 식물들은 "산이 다 하고 물이 막힌 山盡水窮" 자리에 있지 않다. 은둔은 식물과의 동거였다. 비국가의 선택지가 그렇듯이 장소의 물리적 좌표는 중요하지 않다. 어디서든 인간은 식물과 함께 있을 때 가장 행복하고 편안한 기분을 느낀다. 그것은 충만감에 젖어 있는 식물들이 중력을 이기며 일어나 춤추는데, 그 본능적 진동과 자연에 대한 찬양을 심미審美한 인간이 느끼기 때문이다. 이렇게 버릴 수 없는 주기론主氣論을 수긍하다 마음은 움츠러들고 더 작은 세계에 의탁하였으니 난초 사랑에 빠지고 말았다.

비국가의 시민 난인蘭人들

난蘭은 정원의 축소판이었기에 정원을 가꾸기 어렵다면 유자는 난을 키웠다. 난이 자연의 대용 공간이라면, 분재盆栽와는 달리 가까이 들이는 난은 자연을 대표하고 온전한 모습 없이는 자리를 차지할 수 없었다. 바꾸어 말하면 난과 인간 사이에는 접점이 없는 긴장감이 있다. 난한 축으로 비국가주의가 실현되었다. 난으로 축약된 세계에 더는 양보할 수 없는 위엄과 타락한 세계에서 회수한 도통과 마침내 뿌리까지 땅에서 철수한 노근露根의 처절한 한이 있었다. 난에 군자의 상징을 부여한 것은, 낭창 야들한 허리를 가진 소인小人의 생명력이 부러워서였다. 바람이 불면 기꺼이 허리를 굽혀 능청을 떨 때, 향기는 더 요란하다. 여말선초를 거치면서 난은 승려들의 완상물에서 사대부의 성리학 신념을 표상한다. 난이 망국의 땅에 자랄 때 유자는 가슴이 아프다. 뿌리가 없어지거나 몸서리치듯 흙을 털어낸다. 동란의 때는 돌보지 않아 시들고, 무도한 세상에는 난분蘭盆을 뒤집는다.

계유정난癸酉靖難 후 도리道理 없는 동네 나리들을 두루두루 면박 주던 김시습金時習이 2년 후인 1455년 삼각산을 내려오고 있었다. 고약한 수양의 무리가 도성을 장악하고 무뢰배들과 주막에서 떠드는 소리가 밤에는 그가 묵는 삼각산 중흥사까지 들렸다. 어두워지며 화성火星이 하늘 중앙에 있었다. 그때 종자가 전해 준 수양의 등극 소식을 듣고는 슬

그머니 일어나 측간厠間으로 가 똥
통에 빠졌다. 정난공신들은 거리에
서 그와 마주칠까 두려웠다. 똥물
든 옷소매를 골목에서 흔들면 아
이들은 박수를 치며 그를 따랐다.
그날 밤 수많은 사대부 집 분란盆
蘭들이 뒤집어 엎어졌다. 난초 화
분에서 똥 냄새가 났다. 이듬해
같은 오뉴월 가랑비가 촉촉이 내
릴 때 군기감軍器監 앞 다리 아래
를 사람들이 내려 보고 있었다.
비안개에 텁텁한 공기를 여러 결

김시습(1435~1493, 세조 때 저항시인)

의 피 냄새가 갈라놓으며 비위 약한 사람을 토하게 했다. 이개, 성삼문
등 10여 명이 환열轘裂되었다.[47] 문 안의 기생들이 일제히 분란을 뒤집
어 던졌다. 뿌리 뽑힌 난들의 하얀 속살이 외설스럽고 어지러웠다. 그
날부터 사대부들은 난에 물을 주지 않았다. 난은 난화蘭畵 속에 시들었
다. 어두워지자 육시랄(六身割) 된 사육신의 고기 조각을 주섬주섬 주워
모아 달구지에 싣고 다시 작은 야거리배로 옮겨 한강을 건너 노량진으
로 가는 중이 보였다. 시습이었다.[48]

군신君臣이 도道를 주고받으며 이렇게 사백 년이 지났다. 추사 김정
희 역시 난을 잘 쳤다. 난 그리는 법을 예서隷書 쓰는 법에 비유해 말
하기도 한다. 서권기 문자향의 기氣와 향香은 분명 난에서 온 것이다.

---

[47] 《세조실록》 4권, 2년 병자년(1456년) 기록.
[48] 《연려실기술》.

유배지인 제주에서 그의 처절한 고독을 난이 위로했다. 남풍이 불면 난이 읍揖하고 허리를 굽히니 예의 미니멀리즘, 대례필간大禮必簡의 경지에 도달한다. 난은 추웠으며 제주의 검붉은 화산석에 맨발을 드러내 서 있었다. 아슬아슬한 노근의 경계에서 추사는 털어내고, 덜어내고, 줄이고, 뒤집어엎었다. 우란분盂蘭盆 구도현求倒懸이 따로 있었나? 난 잎 한 줄에 중국 명사의 찬가가 줄줄이 달려 있다. 난은 의기 넘쳐 대역죄였고, 난은 향기로워 위리안치되었다. 글씨는 점점 형상에서 분리되어 의미로만 남았고, 의미 또한 마침내 증발하여 서법에서 사라졌으니 막연한 추사체를 그 누가 설명할 수 있으랴! 사라지는 것의 예감이었을까? 난을 지극히 사랑한 남송의 유신 정사초는[49] 망국의 한이 끝없음을 난초에 비유했다. 그는 끝까지 원조元朝에 출사하지 않고 가난한 생을 살았는데 빼앗긴 땅을 비유해 뿌리 없는 난을 그렸다.

가을바람에 난초 꽃은 갈풀처럼 메마르고 　　　　　秋風蘭蕙化為茅

남쪽 나라 처량한 기운에 이미 시들었네 　　　　　南國淒涼氣已消

그래도 강남을 향한 마음 바뀌지 않아 　　　　　只有所南心不改

샘솟는 눈물로 그린 묵화 이소 닮았네 　　　　　淚泉和墨寫離騷

(鄭思肖의 蘭花題詩 가운데 〈蘭, 因國亡而無根〉)

그래도 생생한 춘란의 기억을 잊을 수 없었다. 송의 멸망과 함께 뿌리를 내릴 흙도, 그리고 마침내 뿌리마저 사라진다. "꽃과 난잎은 시들

---

49 송宋의 유신遺臣이었던 정사초(鄭思肖, 1241~1318)는 남송이 망하고 원이 들어서자 이름을 趙씨의 송나라를 생각한다는 "사초"로 바꾸고 원나라의 흙을 밟지 않겠다는 뜻으로 뿌리 없는 無根蘭을 그렸다. 그의 유필로 알려진 《心史》는 그가 43세에 철함에 넣고 봉하여 蘇州府 성안 承天寺 부근의 마른 우물에 묻은 것으로, 명나라 말(崇禎 11년, 1639) 겨울에 발견되었으나 僞書의 의심을 받고 있다. 후에 자신의 결연한 의지를 담은 문서나 책을 우물에 보관한다는 "心史井函"이라는 성어가 생겼다.

어 소소하고 花葉蕭疏" 말라 흩어져 돌아갈 흙도 없으니 천년의 한이다. 세월이 지나 후인들은 그를 추모하며 사당 명비에 글을 새긴다.

송의 늙은 유자 죽지 못해 원의 불온한 백성 되어   宋之遺老 元之逸民
우물에 숨긴 한 편의 역사 천 년의 한 품어   一編心史 抱恨千春
                                                            〈宋 太學生 鄭公思肖〉

  일민逸民을 권력을 따르지 않는 백성만으로 보기는 어려울 것이다. '일민'은 비국가주의 시민이다. 유遺는 타율적으로 남겨진 것이고 일逸은 스스로의 의지여서 자율적 비협조이다. 꽃을 피우고 싶어도 뿌리내릴 흙이 없어 그저 뿌리 없이 살다 죽을 뿐이다. 부유浮游하여 바람에 날리니 잎은 메마르고 초모草茅처럼 까칠하다. 난으로 표현한 망국의 슬픔이 처연하다. 황종희의 말대로 망국은 어느 대代나 있으나 뿌리내릴 땅마저 없다면, "나라는 부서져도 산하는 여전한 國破山河在"의[50] 위로마저 없는 것이니 무근란의 애통함은 한이 없다.

  1864년 봄, 삿갓을 벗은 난고蘭皐 김병연(1807~1864)은[51] 화순 동복의 석회암 절벽을 타고 춘란春蘭을 캐고 있었다. 이미 개화한 난에는 손을 뻗지 않고 향내만 맡았다. 뜻밖에 편안한 언덕에서 가득한 난초를 보았다. 창창蒼蒼한 난엽이 봄바람에 물결치듯 눕기도 하고 일어서기도 했다. 난 한 촉을 캐니 백옥 같은 뿌리가 드러나 두루 이어졌다. 빼앗겨 더러워진 땅이 싫어 뿌리를 드러내는 노근란露根蘭이면 더 좋다는 송宋나라 시인을 생각했다. 세도 부리는 안동 김씨의 짓거리로 보아 군

---

50 당 시인 杜甫의 시.
51 김병연(김삿갓)의 생몰 연대는 정확치 않다. 김응수 편, 《김삿갓 풍자시 전집》, 평양 국립출판사, 1956에는 그가 1864년 3월 29일 동복의 한 농가에서 卒했다고 되어 있다.

신의 의리는 끝났다. 산에서 내려와 물염정勿染亭에서 잠시 쉬었다. 세상에 물들지 않고 살았다. 배롱나무꽃은 더 있어야 본다. 대신 붉게 타는 황혼에 바람꽃이 내리고 있었다. 눈앞에 보이는 산마루를 넘어야 신세 지고 있는 정창렬의 집이다. 그러나 힘이 부쳐 고개를 넘지 못했다. 굶주린 아이들이 칡뿌리를 캐며 파놓은 구덩이에 걸려 넘어지면서 겨우 일어서 걸었지만, 마침내 그는 똥을 쌓아 둔 고갯마루 멧똥재에서 쓰러진다. 자학적 유자답게 이 똥통 같은 세상에 보내는 마지막 항거였다. 정씨 집으로 옮겨진 그의 손에 여전히 춘란 한 촉이 쥐어져 있었다. 조선 유자의 서슬 푸른 모습이지만 문명과 야만이 아무런 경계 없이 뒤섞여 있다. 김병연이 비국가주의자인 증거는 부족하다. 그는 망국을 예측하지 않았고 끊임없이 민심을 걱정했다. 그의 무력한 의협심과 격화된 자학감 역시 혼돈이다. 거름 밭 위에 쓰러진 조선 최고의 시인 김삿갓의 삶이야말로 문명과 야만의 하이브리드였다.

이병기(1891~1968, 시조시인)

1942년 이병기(1891~1968)가 조선어학회 사건으로 흥원 경찰서로 끌려가 함흥 형무소에서 1년을 살고 이듬해 초가을(43년 9월 19일) 집에 와 보니 그가 키우던 난은 반수 이상이 죽어 있었다. 황량한 식민지 조선 땅에서 가람의 유일한 낙은 난을 키우는 것이었다. 솜씨 있게 조근造根한 해형蟹形 수선화는 낙향 비용을 마련해 준 월탄 박종화에게 주었다. 그리고는 비린내 나는 왜인倭人이 우글거리는 서울을 버리고 고향인 여산으로 내려갔다. 일제강점 40년, 한 세대가 지났어도 "망국이 어느 왕조건 없었겠냐만 이 한은 진정 끝이 없었다. 亡國何代無 此恨眞無窮"

명동에서 진고개에 이르는 왜항倭巷의 거리에는 사고 싶은 난蘭과 혜蕙가 환하게 웃는 듯했다. 이태준, 박종화, 노천명, 정지용 등이 그의 집에 모여 난담蘭談을 나누고 난향蘭香을 맡으며 난교蘭交를 다졌다. 난꽃이 피면 축하 파티를 열고 꽃이 지면 다시 모여 술을 마셨다. 1944년 봄 제국은 무너지고 있었다. 노천명은 일제를 찬양하는 잡다한 글을 쓰고 수치심으로 인지 부조화에 빠져 있었다. 46년 늦은 가을 이태준은 월북하고, 폭력의 내부국가로 분리한 해방공간에서 난들이 요란한 복향馥香을 뿜었다. 50년 6월 말 포성이 점점 남으로 내려갈 때 이병기는 임화와 같이 북에서 내려온 이태준을 월북 문인 클럽에서 만난다. 가람이 인민군 환영 플래카드를 서울대 정문에 걸고 혼이 나간 듯 혜화동 거리를 배회한 것은 그 다음 날이었다. 그 무렵 그의 난들은 거의 모두 죽어 버렸다.

유자가 혼란의 시대에 살 때, 불러들일 수 있는 것은 오래도록 대척 관계에 있던 도교적 혼돈이었다. 카오스에서 분분紛紛한 삶은 논리적 공격을 피할 수 있었다. 인간의 삶이 혼돈에 가려지면 세상과의 소통방식은 혼돈에 따라야 한다. 그는 "인간처럼 세상을 이해하려 7개의 구멍을 내면 죽어 버린다."[52] 난의 로고스는 드러난 뿌리의 처연함에 있었다. 외설의 부끄러움보다 어쩌면 잃어버린 외연을 치장하는 무늬〔文〕가 사라진 질폭質暴한 시대가 갑작스러웠다. 몸과 정신을 길거리에 내맡기고 옷소매는 얼룩이 졌다. 진영을 만들어 폭력이 난무하는 가혹한 세상

---

52 《莊子》〈應帝王〉9장, "七日而渾沌死"

에서 행위는 무의미했다. 유자의 신념은 "비록 동란의 때라도 본래의 참진은 흩어지지 않는다. 雖動而眞不散也"[53] 그러므로 분란盆蘭이 깨져 흩어지고 돌보지 않아 말라 시들어 우리 인생도 "어지럽게 뒤섞이고 흐트러져도 그대로 마친다. 粉而封戎一以是終"[54] 가람과 난초 사이에 구멍 난 문풍지가 펄렁거렸다. 그는 점령지의 비국가 시민이 되어 그 구멍을 들여다본다. 난잎으로 얼굴을 가렸으나 민적民籍은 이미 총독부에 있다. 식민지 수탈과 전란으로 뒤죽박죽인 살림살이 가운데 어느 날 아침 난에 새순이 난다. 아슬아슬했던 화경花莖이 갑자기 자라 일경구화一莖九花로 개화하면 유자는 친구에게 축하 편지를 받는다.

조선의 선비들은 난꽃이 피는 날 친구를 모아 불러 잔치를 벌였다. 건란建蘭, 풍란風蘭, 한란寒蘭, 오란筽蘭, 사란絲蘭을 방열放列한 사랑방은 자랑거리요, "화려하되 사치하지 않았다. 華而不侈"비가 후득 후득 떨어지면 낙숫물받이 옆 한 자 거리에 난을 놓아두었다. 찢어진 우산으로 바람을 막고 난엽이 꺾이지 않게 돕는다. 문간방을 건너 창으로 바라보이는 작은 연못에는 남생이가 자맥질이다. 가까이 거주하는 친일 문인들의 집에는 교토에서 가져온 구사리토이鎖樋가 처마 끝에서 연못의 수면에 닿아 있었다. 아름다우나 미웠고, 미웠으나 체념했었다. 가람은 그의 시조 〈난초 2〉에서 이렇게 쓰고 있다.[55]

> 새로 난 난초잎을 바람이 휘젓는다.
> 깊이 잠이나 들어 모르면 모르려니와
> 눈 뜨고 깊이는 양을 차마 어찌 보리아.

---

53 郭象의《莊子》〈應帝王〉7장의 해석.
54 《莊子》〈應帝王〉7장.
55 鎖樋, 구사리토이, 장식적인 컵 체인으로 연결된 낙숫물 송수관.

나라 없이 뻔뻔한 얼굴에 찬바람을 쐬인지 어언 40년, 인간 친구는 뿔뿔이 흩어지는데, 홀로 곁을 지키며 한겨울에도 다분히 여름을 품은 자태에 마음 끌리지 않을 수 없었다. 과연 군자 아닌가! 음흉한 배신과 저주의 말이 오가는 시절에 난의 죽음은 우정의 파탄과 절교를 예정한다. 시대가 망가지고 패륜 정치가 발호하면 난에서 악취가 났다.

《고려사》〈세가世家〉편 문종 10년(1056년) 9월의 기록에 불가佛家의 타락을 비난하는 내용이 보인다. "(중들이) 화원을 어지럽히고 난분에 더러운 냄새를 피웠다. 喧雜花院 穢臭蘭盆" 그러나 이 문장은 해석이 구구하다. 통상 기생이 기거하는 화원에서 중들이 벌린 "orgy party"로 풀이하나, "난분"은 난초 화분이 아니라 범어(Sanskrit)에서 연오演誤한 것이다. 난분蘭盆은 신라 시대 이래 전해 온 〈우란분경盂蘭盆經〉의 줄임말이다. 이는 범어로 "우란바나Ullanbana"이고, 한역으로 오람바나烏藍婆拏이다. 그 뜻은 구도현求倒懸으로 번역되었는데, 세상을 "거꾸로 뒤집어엎어 걸어두는 것을 바라는" 의미였다. 이로써 불행한 과거를 되돌리거나 죽은 자의 왕생을 기원했다. 일본에는 우라본(Urabon 盂蘭盆)으로 전래하였다. 난 화분을 거꾸로 뒤집는 난장판은 성적性的 상징성이 있는 복분覆盆을 상기시킨다.

웅산인은 상해와 중경의 누항의 거리를 헤매던 김구를 상상한다. 상해 의거 후[56] 항저우 남북호南北湖의 별장 움막에[57] 숨어 있으며 그는 난을 돌보았다. 왜적倭賊이 뒤집혀 멸망하기를 꿈꾸는 주문 우란바나를 외울 때 젊은 시절 그가 도망쳤던 마곡사가 그리웠다. 알 수 없는 불안이 엄습했다. 모두 바다 건너 망국을 잊었단 말인가! 어느 비 뿌리는

---

56 1932년 4월 29일 윤봉길의 상해 홍구공원 의거.
57 남북호의 載青別墅.

날 백범은 역정逆情이 나서 난 화분 하나를 뒤엎는다. 왜인이 점령한 지나해支那海가 시궁 물로 보였다. 산은 잔산殘山이요 물은 잉수剩水였다. 위장 부부로 같이 사는 주아이바오朱愛寶가 옆으로 다가왔다.[58] 백범의 피난처는 처음 자싱嘉興의 비단 종이 공장인 수륜사창秀綸紗廠이었으나 자싱에서 일제 밀정의 탐문이 시작되자 남북호로 옮겼다. "오늘은 남문 밖 호숫가에서 자고, 내일은 북문 밖 운하에서 자는"[59] 습한 선상 생활이었으나 젊은 아이바오의 따뜻한 몸이 옆에 있었다. 임정 요원이 비밀리 찾아오면 회의는 배 위에서 열렸다. 한 나라의 꺼져 가는 명맥이 작은 배 위에 있었다. 아무것도 모르는 아이바오는 그 배를 열심히 저었다. 이 무렵 김구는 《도왜실기屠倭實記》를 쓴다. 달은 남호南湖에 비치고 두성斗星은 북호北湖에 떠 있었다. 장 라오콩老公(김구의 당시 가명은 장진구張振球였다)이 가르쳐 준 별 이름이다.

"뒷날 뒤 있어 스스로 나라를 사랑했다 이를 양이면 스스로의 가슴에 조용히 손을 얹고 白凡 가신 이의 생애에다 물어보지 않고는 스스로 아무나 나라를 사랑했다 생각하지 말아라."

(박두진 〈噫! 白凡先生〉)

난 한 분이 왔다. 도피를 지원해 주고 있는 상해 법대 학장 주푸청楮輔成의 며느리 주가예朱佳蕊가 보낸 것이었다. 그의 이름에서 난의 꽃술을 연상케 한다. 단아한 자태로 호수로 열린 창가 선반에 앉아 있었다. 흔하게 보이는 상해란上海蘭이 아닌 촉도蜀途를 건너 쿤밍昆明에서나 볼 수 있는 일경구화一莖九花의 난이었다. 그 난을 백범은 뒤집어엎었다. 아이바오의 새 점占은 그날 불길했다. 한간漢奸 밀정들이 호수의 건너편

---

58 중국 작가 夏輦生의 Faction 소설 《船月》, 人民文學出版社, 1999.
59 《백범일지》.

에서 눈에 불을 켜고 있었다. 그들은 호수로 내려오는 번개처럼 가까이 있었다. 아이바오는 재빨리 그의 라오콩을 나룻배에 싣고 움막의 그늘로 숨었다. 밤이 되어 달빛이 배 위를 한 번 훑고 지나가자 재청별서載靑別墅로 돌아왔다. 그 시대에 양난養蘭은 편안하고 윤택한 친일의 몫이었다. 유자들은 "외물을 사랑하면 뜻을 잃는 완물상지玩物喪志"를 잘 알고 있다. 그러나 난 한 촉에 마음을 빼앗겨 오랑캐에 더럽혀진 땅에서 미치지 않고 살 수 있었는지 모른다. 그러다 어느 순간 난에서 악취가 난다면, 세상은 이미 뒤집힌 것이다.[60]

을사년(1905년) 늦은 가을 날씨는 을씨년스러웠다. 피맛길의 진창에 유생들은 일부러 옷자락을 더럽히며 걷고 있었다. 종로 신작로는 일본 군마의 말오줌 냄새로 다니기 어려웠고, 머리 풀어헤친 광유狂儒와 기이하게 커다란 삿갓이 공연히 길을 막았다. 광화문에서 좌통우달로 이어진 서촌과 북촌에는 화병으로 누운 사람을 위한 부적이 문마다 붙어 있었고 탕약 냄새가 아련했다. 이듬해 눈이 녹은 붉은 황톳길을 걷고 걸어 도성 밖 노량진에 도착한 김창숙(金昌淑, 1879~1962)이 손에 든 〈청참오적소請斬五賊疏〉는 구겨져 빗물에 젖었다. 을사오적을 주살誅殺하고 그

김창숙(1879~1962. 독립운동가·유학자)

---

60 임시 정부의 浙江 杭州 시기(1932년 5월 16일~1935년 11월 24일경)의 한국 독립운동 활동은 주요자료가 절강성 성정부 당안관檔案館에 보관되어 있으나 공개를 불허하고 있다.

도 죽을 결심이었다. 나라가 망했는데 무슨 난을 키우나! 성주星州 집을 나오며 심산心山은 난 화분을 뒤집었다. 몸으로 행동하지 못하면 성현의 가르침도, 성리학의 오의奧意도 모두 허위를 면치 못하는 것이다. 결국, 오 년이 지나 경술국치의 충격에 그는 폭음과 양광佯狂 상태로 한동안 몸을 추스르지 못했다. 나라가 망한 것은 유학이 먼저 망했기 때문이었다. 3·1 운동 33인의 명단에 유자의 이름이 없는 것이 너무 부끄러웠다.

1927년 6월 상해에서 "순박한 유생으로부터 불령 자금을 탈취한 죄"로 잡혀 와 고문을 당하자 심산은 점잖게 일경을 타이른다. 그는 이미 자신이 군유軍儒로서 적과 무력 투쟁을 하고 있음을 세상에 알린 후였으므로 나가사키, 부산, 대구 형무소를 거치며 스스로 적의 전쟁 포로라고 생각했다.[61]

> 광복을 도모하여 어언 십 년   籌謀光復十年間
> 목숨도 가정도 돌아보지 않았다   性命身家摠不關
> 뇌락한 나의 일생 백일하에 분명한데   磊落平生如白日
> 어찌 고문을 많이 할 필요 있는가?   何須刑訊苦多端
>
>   (《心山遺稿》, 김창숙문존 17쪽)

형무소에서 일경에게 써 보인 것으로 알려진 이 시는 의열투쟁의 의연함이 가득하다. 그는 전쟁 포로임을 주장하며 변호사 선임을 거부한다. 일제 예심판사와의 대담에서 그는 이렇게 말한다.

"… 일본이 무한한 욕심을 채우고자 침략과 망동을 계속한다면 우리 한

---

61 《心山謾草》; 《벽옹 73년 회상기》.

국과 중국이 힘을 합하여 일본에 대항할 뿐 아니라 이를 저원하는 천하 만국이 반드시 일본의 적를 물어 군대를 동원할 것이다. 고소성姑蘇城의 사슴이 일본의 에도江戶의 들에서 늘지 않으리라 어찌 믿겠나?"[62]

고소성은 중국 강남 문화의 중심인 쑤저우蘇州에 있다. 춘추 오월의 패권 전쟁이 벌어진 곳이고, 원청元淸 침공의 시대에는 저항시의 본고 장이었다. 수많은 시인 묵객이 이곳을 지나며 감회를 읊었다. 영어囹圄 의 몸으로 이런 대담한 진술은 이항로의 학통을 이어받은 주리적主理的 도통관道統觀에 의한 국제 관계의 조명에서 나온 것이다. 또한 나라 흥 망의 덧없음을 상징하기도 한다. 김창숙의 일생은 평생 썩은 유생들[腐 儒]과의 싸움이었다. 기록에 보이는 그의 품성은 매서운 조선 선비의 서릿발 같다. "성품性品과 기질氣質이 무뚝뚝하고 강직하여 남에게 지지 않으니 동료들이 다 꺼렸다. 性氣木剛而不下人 同隊皆憚之"라고 하니, 수 구守舊 유생의 외연 같으나 진유眞儒와 위유僞儒가 뒤섞인 세상에서 면 모를 가다듬는 데 강경해질 수밖에 없었다. 이는 전통화된 관념 안에서 여전히 유학이 인간을 속박하는 사상으로 전해졌다. 유학이 사람을 차 별하고 내친다는 것이다. 그러니 "그들은 '유교적 가족의 보호와 속박의 틀' 안에 있지 못했던 가난한 소녀들이거나 …"[63]와 같은 구태의 생각 이 아직도 식자의 머리에 똬리 틀고 남아 있다. 유교적 가족 보호 기능 이 가부장제의 강제성에 있다는 생각은 부자유친과 부부유별의 가르침 을 왜곡 전승한 것이다.

패망 일본은 한반도에서 철수하며 교활하게도 친일 단체인 조선유도 연합회에 자금을 남겨 둔다. 이들은 곧 이승만을 등에 업고 궁향부유窮

---

62 《김창숙 문존》 309~310쪽.
63 박유하, 《제국의 위안부》, 뿌리와 이파리, 2019, 21쪽.

비국가의 시민 난인蘭人들   237

鄕腐儒들을 모아 정치 관변단체를 만들었다. 김창숙은 이에 대항하여 유도회儒道會를 결성하고 성균관의 친일 세력을 내쫓았다. 이승만은 임정 시절 미국의 신탁통치를 주장하다 탄핵에 앞장섰던 그를 미워했다. 1957년 7월 이승만의 김창숙 축출 밀명을 받은 성균관 재단파가 폭력으로 유도회와 성균관대를 차지했다. 이들은 유도회 및 지방 향교 대표자 회의에 난입해 회의를 난장판으로 만들었다. 이들의 정체는 일제에 부역하던 일경들로 해방 후 살길을 모색해 결집한 자유당 정치 브로커들이었다. 어처구니없게도 유도회 총재에는 이승만이, 최고 고문에는 이기붕이 추대되었는데 모두 기독교 신자였다. 한국인 유자에게는 모욕이었고 대의로 살아온 심산에게 가한 문화적 테러였다. 무도한 세상에서 유자의 삶은 고단하다. 오로지 대의명분에 의하지 않고는 삶을 만들지 않는다. 심산의 만년은 셋방과 여관을 전전하며 잠시 적막했다. 유자의 마지막 선택지인 비국가주의 시민이 되었다. 의연하게 마지막을 기다리는 병원에서 주마등처럼 그의 머리를 스치는 만고에 처량한 인간들을 조소했다. 박정희가 문병 오자 뒤집힌 난처럼 외면하여 돌아누웠다.

비국가의 공간역 풍수風水

비국가의 시간 영역을 다루기 전, 공간역空間域에 대한 망국 유자의 태도를 살필 필요가 있다. 풍수가 초자연적인지의 여부는 논란이지만, 영토를 상실한 동란의 때에 일정한 공간을 선택지로 살아야 한다면 유학적 관상觀賞이 작용했음은 분명하다. 게다가 비유학적인 천지감응天地感應 사상이 침투 동화되어 존비尊卑의 차별상이 생기고,[64] 유자의 비국가 공간역에 대한 분별이 어려워졌다. 이런 혼란에 풍수가 끼어들어 유자의 공간세계를 대표하게 되자 이른바 "리인里仁" 세계의 자리매김이 더 치밀해졌다. 성리학이 권력인 조선에서 풍수가 권력 행사에 동원되었기에 강호의 의리가 차지하는 공간역은 조선 후기에 견고한 문지방이 생겨 타락한 풍수가 이를 넘지 못하게 했다. 그러므로 "쇄국鎖國"은 나라의 문호를 잠근 것이 아니라 이미 비국가의 영역에 유자 개인주의 공간을 규정한 것이다. 가히 "부지영역보호권不知領域保護權"이라 말할 수 있는 이 같은 인식의 영외 지역에 대한 불간섭이 점점 모호해지면, 제국주의가 들어와 구역을 가르고 푯말을 세웠다. 마치 아라비아 사막에서 치통治統 구역을 정하고 오아시스와 오아시스를 연결하여 베두인 가족 국가를 하늘의 칼리프로 올려놓은 영국의 중동 분열 통치처럼 "부지영역"을 침범하여 영역의 빈곤을 가져온다면,[65] 오히려 영토를 생략한

---

64 제3장 4. 역사쟁의 춘추필법, 동중서.

비국가에 도통을 모실 수 있었다. 이런 자리에 풍수가 스며들었는데, 뒤에 언급하지만 풍수는 역사적으로 영토의 상실 시기에 발생하고 발전했다. 감화와 인식의 범위가 아니고 힘의 경계가 국경이라면, 쇄국이란 유자에게 공감할 수 없는 모든 구역에 문을 닫는 것이었다. 그러나 나라 문을 잠궜다고 도적이 못 들어오는 것이 아님을 알았기에 망국의 때에 말문을 닫고, 갓으로 귀를 가려듣지 않았다. 유학 내에서 영토 없는 국가가 가능한 것은, 역사 도통이 오직 의리에 있기 때문이었으니 권력이 풍수에 집착하는 "소인회토小人懷土"의[66] 시대에 덕을 생각할 수 있는 공간역은 풍수에서 흉지라고 버려진 땅들이었다.

조선에서 지리의 세勢에 대한 잘못된 믿음은 오랫동안 큰 병폐였다. 왕가에서 역시 풍수는 초미의 관심사였다. 전통적으로 조선의 풍수가들은 경복궁의 내맥來脈을 잇는 북악北岳의 산세가 약하다고 평가했다. 또한 남쪽의 관악冠岳으로 받는 화기를 걱정해 동아시아의 도시 계획에 중심인 주작대로朱雀大路를 만들지 않았다. 광화문 남으로는 오히려 황토마루를 쌓아 빛을 흐리게[光化]하고 지기地氣를 모았다. 성종 연산군에 걸친 권신 윤필상(尹弼商, 1427~1504)이 이곳의 지맥地脈을 배양하는 방안을 제시하여 산등성이로 출입을 금하고 민가와 전지田地를 철거해 숲을 복원하고, 황토마루에는 길이 나지 않도록 단속했다. 그러나 일제 강점기 백두로부터 이어지는 그곳의 기맥을 눌러 그 정기를 차단하고 백성을 위압하기 위해 총독 관저를 의도적으로 이곳에 지었으니 바로

---

65 Raphael Patai, *The Arab Mind*, second edition, 2002, Hatherleigh Press, Chapter XIII Unity and Conflict. Pata는 아랍의 국가분할이 꼭 영국의 책임이 아니라 주장한다. 본래 아랍인의 마음에 있는 "이슬람엔 국가란 없다. Laumamfi'l-Islam"는 아랍의 식자들이 근대적 서구화를 희망하며 "유럽 국가"모델을 희구했기 때문이라 말한다.

66 《論語》〈里仁〉.

지금의 청와대 터이다. 풍수학은 이 터가 지기地氣를 배분하는 곳이므로 인공물이 들어서면 자연을 능멸하고 인사人事가 천도天道를 넘봐 흉하다고 보고 청와대의 이전을 주장한다.[67] 경복궁 터에 대한 의심은 임진왜란으로 불탄 궁궐을 복원하지 않은 것으로도 알 수 있다. 결국 1617년(광해군 9년) 김일룡이라는 술사가 광해군의 이복동생인 정원군 집터가 있는 새문동에 "왕기가 서렸다"는 상소로 새 궁궐을 지으니 그것이 경덕궁이요 영조 이후 이름을 바꿔 경희궁이다. '밝고 넓게 트여 정사를 논하기 좋은 곳'이라 하여 귀화한 중국인 시문용(施文用, 1572~1643?)이 경덕궁의 터를 잡으며 평한 곳이다. 시문용은 처음에는 인왕산 아래로 새 궁궐을 지을 것을 주장했으나 혈처穴處를 정함에 김일룡의 주장을 따르고 정전正殿의 좌향坐向을 정함에는 광해군이 시문용의 주장을 승인했다.

중국인은 생전에 사는 집 자리를 찾는 양택陽宅 풍수에 몰두했지만, 조선은 사후 무덤 자리인 음택陰宅 풍수에 집안의 명운을 걸었다. 마음속에 의義가 모인 호연지기浩然之氣의 다른 표현인 "하늘의 형形"이 제대로 내면에 정립하지 않으면 지세地勢는 허망한 것이다. 지형地形과 천형天形은 분리되지 않았고, 진한지제秦漢之際까지는 형刑과 형形은 음이 같아 통가자通假字로 쓰였다. 군자회형과 군자회토가 같은 문장의 대구로 《논어》에 보이는 것은 의미심장하다. 형은 군사적 형세 이전에 "이미 정해져 바꿀 수 없는 하늘의 뜻"이었다. 이것은 공간역에서 발견할 수 없는 도리이므로 유자가 터전을 가질 수 없다고 없는 것이 아니다. 유자의 비국가 공간역 인식은 더 먼 기원을 갖고 있다. 《주역》의 계사전에는 공간의 문제를 원圓과 방方으로 다루고 있는데, 원은 물론 하늘

---

67 최창조, 《한국의 풍수지리》, 민음사, 1993, 65~72쪽.

이고 방은 땅이다. 천명天命은 끊임없이 변화하여 구르는 원처럼 운동하며 그치지 않지만, 지덕地德은 방정方正하고 고요하여 머물러야 할 곳에 머물며 이동하지 않는다.

> "점서의 덕은 둥글어 불가지[神]고, 괘의 덕은 반듯해 알 수 있다. 蓍之德圓而神 卦之德方以知"
>
> 《周易》〈繫辭傳〉上)

《주역정의周易正義》〈계사전〉에 보이는 공영달(孔穎達, 574~648)의 소疏에[68] "땅은 늘 머물러 있어 공평히 나눌 수 있는 것"으로 풀이한 것은 각자의 분수에 맞으면 족하여 편안하기 때문이었다. 땅은 국가에 의해 분리되지 않으며 경계를 지어 이미 구분한 것은 그곳을 개척한 선주민이다. 풍수가 감히 사람의 덕을 넘을 수 없었다. 양휘(楊輝, 1238~1298, 남송의 수학자)가 《구장산술》의 주석에서 "사각이라 이름은 수의 형이다. 謂方者 數之形也"라고 말한 것은, 땅을 측량하고 소출의 합을 고르게 분배하는 마방진魔方陣을 이용해 "땅이라 이름은 하늘로부터 받은 분배이다"라고 재해석할 수 있다. 그는 원시적 형의 자형을 은연중 다시 사용한 듯 보인다. "형形"은 우물에 비친 하늘의 모습이고 칼을 든 병사가 지키게 한 것을 상형한 것이다. 형形은 후한後漢 이후에 지형地形과 천형天形으로 나뉘어 군사적 문제로 사변화했다. 산동山東 은작산銀雀山 한묘漢墓에서 발굴된 전한前漢 시대의 죽간에는 아직 형形의 뜻이 천과 지로 분리되지 않았는데, 인간의 운이 하늘과 감응 관계가 없다는 생각은 양한兩漢 시대를 거치며 나타났다.[69] 전한 말 정치가 문란하여

---

68 圓者至方也 正義曰 "圓者運而不窮"者 謂團圓之物 運轉無窮已 猶阪上走丸也 蓍亦運動不已 故稱圓也 言 "方者止而有分"者 方謂處所 既有處所 則是止而有分 且物方者 蓍地則安 其卦既成 更不移動 亦是止而有分 故卦稱方也

소인이 득세하는 상황을 하늘의 뜻이라 하기 어려웠을 것이다. 그러므로 지형 역시 인간과 감응하지 않고 군사적 관심 사항에 머물렀다.

임진왜란 때 명군에 종군하며 조선에 들어온 지관地官 두사충杜師忠은 풍수에 관한 민간 설화에서 인기 있는 인물이다. 이여송의 지리 참모로서 그의 직함은 수륙지획주사水陸地劃主事로 군진軍陳의 위치를 정하고 행군로를 파악하는 임무였다. 병법에는 군의 이동에서 삼사三事를[70] 중요시하는데, 원정군의 작전계획[客之道]에 가장 중요한 것은 전장정보(IPB)[71]이다. 또한 천시天時보다 지리地利가 더 작전에 영향을 끼친다는 것은 당나라 이후 제국주의 전쟁에서 경험한바, 이런 개념은 병법에 주로 반영되어 있었다. 그러므로 두사충의 전장 풍수戰場風水는 도가적道家的 비인간非人間의 세계를 살피는 것이 아닌 유가의 병학적 형세를 보았다. 더구나 종군 지관인 두사충은 중국의 전통적 양택 풍수를 군사적 형세 판단에서 조선의 지형에 적용했을 것이다. 그러므로 자연환경을 보는 그의 관점은 조선 술사術士의 지리도참地理圖讖 음택 풍수와 다른 유자의 자연 생태와 삶의 친화성을 따졌다.

전혀 유학적이지 않은 풍수가 유학의 구태의연한 파생물이라는 누명은 이런 역사적 복합성과 관계있다. 삶의 터전을 새로 찾아야 하는 급박함을 설명하려 할 때, 용어 사용의 시대적 타당성이나 오류가 보인다면 오히려 그 안에 오래된 근거가 남아 있기 마련이다. 풍수사들의 바이블인 한대漢代의 《청오경靑烏經》과 위진魏晉 시대의 《금낭경錦囊經》의 서지

---

69 王充, 《論衡》 "天人感應" 비판.
70 《손자병법》〈九地篇〉 조조의 注: "三事란 제후국(적국 또는 제3국), 지형, 지형 개척 수단을 말한다."
71 IPB: Intelligence Preparation for Battlefield.

학적 분석에서 "풍수"라는 용어가 원元, 명明대 이후에 나왔을 것으로 추정한다면,[72] 중국 풍수의 실제 시작은 빨라도 송대宋代 이후일 것이다. 그렇지 않다면, 활발한 고문적 지식이 융합된 한당漢唐 시기에 이미 유학과 교섭이 일어났을 것이나, 그 시대에 유행한 음양감응설陰陽感應說이 풍수와 결합한 그런 문헌은 찾을 수 없다. 말하자면, 풍수는 잔산잉수殘山剩水의 비극적 충격이 산하에 미친 위진 남북조의 의관남도衣冠南渡 사태[73] 이후나 또는 송나라 말부터 오행과 결합하여 설명되기 시작한 것으로 보인다. 오랑캐에 짓밟힌 중원의 땅을 내주고 강남으로 이주한 망국 사인士人들에게 새로운 삶의 터전을 찾는 데 풍수는 중요했다. 그러므로 산이 무너져 내리고 물은 넘쳐나는〔殘山剩水〕 비통한 심정에 산수의 풍수적 원모源貌를 다음과 같이 그렸다.

"산은 나아가려 하고 물은 안정되려 한다. 山欲其迎 水欲其澄"

《青烏經》

산수를 관상觀相하는 이런 원칙은 결국 중국과 천하가 원元의 통치하에 오랑캐의 노예가 되었음을 암시하는 다음 글로 이어진다. "산이 달려 나가고 물이 세차게 흘러나가면 남의 종이 되어 밥을 빌어먹는다. 山走水直 從人寄食, 《청오경》" 등과 같은 기술은 엄연한 잔산잉수殘山剩水의 심경이다. 곽박의 말은 이에 주註로 인용되었는데, "곽박이 말한 바 '(기氣는) 물에 이르면 멈춘다' 璞云 界水則止"라는 말은 북방의 군사적 위협에 운하와 호수로 연결된 강남의 지형적 방어 이점을 연상케 한다. 물론 《청오경》이 원조元朝 이후의 위서라면 동진東晋의 곽박(郭璞, 276~

72 최창조 역주, 《青烏經》, 청오경 해제.
73 의관남도: 五胡十六國(304~439) 시기 북방민족의 남하로 중원의 한족(晋)이 강남으로 남천, 문화적 역량이 있는 士人의 푸젠과 저장 지역 이동 정착을 말한다.

324)이 《청오경》을 읽었을 리 없다.

임진왜란 이후 민간에는 서지학적 분석이 불가능한 책 《정감록鄭鑑錄》이 불온서적으로 떠돌아다녔다. 《정감록》의 출현이 고려 말부터라고 하나 신뢰하기 어렵다. 그러나 언더그라운드의 금서禁書가 가진 매력은 상당해서 박해를 받을수록 신화는 신뢰로 변했다. 정감록의 〈감결鑑訣〉에는 난세에 숨을 곳 열 군데 이른바 십승지十勝地를 말하고 있다.

"一日 豊基車岩金鷄東峽이요. 許多事는 不可盡記云爾니라. 村이니 小白 山兩水之間이니라.(경북 영주시 풍기읍 금계리) 二曰 花山召嶺古基니 在靑陽縣하여 越入奉化東村이니라.(경북 봉화군 춘양면 도심리) 三曰 報恩俗離山 四甑項延地니 當亂藏身하면 萬無一傷이니라(속리산). 四曰 雲峰杏村이니라.(전북 남원시 운봉군) 五曰 醴泉金塘室 이니 此地에 兵戈不入이라. 然이라 玉駕來臨則否也니라.(경북 예천군 용문면 상금곡리) 六日 公州鷄龍山이니 維鳩 麻谷 兩水之間에 周回二百里라 可以避難이니라.(충북 공주시 유구읍) 七日 寧月正東上流니 家藏亂踪이나 然이나 無髮者 先入則否也니라.(강원도 영월 진천 사이 조양강) 八日 茂朱 舞鳳山北銅傍 相洞이니 無不避難이니라.(전북 무주군 무풍면) 九日 扶安 壺岩下니 最奇니라.(전북 부안군 변산면) 十日 峽川 伽倻山 萬壽洞이니 周回二百里라 可得永保니라. 東北旋善縣 上元山 鷄龍峰이니 亦可니라.(경남 합천군 가야산 남산 제일봉)"

《鄭鑑錄》 鑑訣, 十勝地)

모두 남한의 지명만 묘사하고 있어 의문이다. 속리산 지역을 보은報恩으로 칭한 것과 무주茂朱, 부안현扶安縣이 형성된 것은 태종 때이니 그 이후 위작僞作으로 보인다. 내용은 황무한 잡설에 불과하나 민중 심리에 큰 영향을 끼친 것은 부인할 수 없다. 주목할 것은 기술된 10승지가 임진왜란 당시 왜군과 명군의 기동로인 부산, 한양을 잇는 경부 축선 상에서 군진의 퇴로로 예상되는 지점이라는 것인데, 명의 지관인 두사충의 말이 어느 정도 교섭했는지 알 수 있다. 국왕이 도성을 비우고 도망간 망국의 위기에서 각자도생의 희망 사항인 듯 보인다. 위의 비결秘訣을 보면서 정확히 그 위치를 가늠하긴 쉽지 않다. 또 몇 군데를 제외하고는 사람마다 의견이 다르고, 지명은 행정 구역 개편과 시대적으로 일치하지 않는다.

민간에 구전된 생지, 피난지는 산불근山不近 수불근水不近 인불근人不近이다. 즉 산과 바다, 강의 물가에도 살지 말고 사람 많은 곳은 피하라고 충고한다. 이 전언傳言은 풍광이나 편리를 좇아 살지 말고 산수山水의 세勢와 인심을 보고 천인재지변을 살피라는 뜻이다. 그러나 유자에게서 풍수는 운명을 의탁하는 대상이 아니고 의연한 주관을 갖고 개척할 자연물이었다. 군자가 뜻을 정한 곳이면 어디든 명당明堂이었다. 땅은 반듯하여 고요히 멈춰 있었다. 그러나 세태가 비루하여 생텍쥐베리의 《어린왕자》 말대로 "어디에서 사니?"라고 물을 때, "부겐비야 꽃이 현관을 가린 아침에 밀물이 들어오는 바다가 보이는 집"이라 대답하면 못 알아듣고, "얼마짜리 집"이라고 말해야 알아듣는 세상에서는 더욱 그렇다.

조선 후기 양반 토호들은 강상綱常의 가르침과는 다른, 맹목과 해석할 수 없는 권위를 비결秘訣에 적용하여 강산을 무덤으로 만들어 갔다. 소위 명당을 자본가와 권력이 다 차지하고 있는 지금의 추악한 풍수에서처럼, 환경 지혜(Ecosophia)는 찾을 길이 없고 심층 생태학(Deep Ecology)의 부끄러운 연구 대상이었다. 식민지 정책 자료로써 《조선의 풍수》를[74] 쓴 무라야마 지준村山智順은 조선의 귀신, 풍수, 무속 민간 신앙을 연구

---

[74] 《朝鮮の風水》, 조선총독부 刊, 1931.

하면서 한국인에게 심리적 타격을 가한다. 조선의 풍수는 곧 고도의 학문 연구에 도달한 유학자의 '은퇴 전관예우의 돈벌이'였으며 풍수사風水師는 한문을 읽을 수 있는 지식층이나 경전을 수련한 승려로 제한되었다고 말한다. 그들은 조선의 자연환경을 중국 문헌에 맞게 자의적으로 끼워 맞추어 '거짓 권위'를 유지했으며 이런 지관地官들이 조선 말까지 전국에 5천여 명이 존재했다는 통계를 제시했다.[75]

물론 풍수의 폐단이 없었던 것은 아니다. 조선 중기 이후에는 묏자리의 길흉이 당자사들의 토지 소유권의 문제를 벗어나 일가의 운명을 결정한다는 믿음에서 묘지의 쟁송이 일어나면 가산을 탕진해서라도 맹렬히 싸우는 송사가 자주 생겨, 이런 과정에 지관이 끼어들어 이득을 취했다. 정약용은 《목민심서》 산송山訟에서 이런 폐속弊俗을 개탄하고 있다.

"생각건대 지사地師는 중국의 장무葬巫이다. 대저 장무의 이利는 신점新占에 있다. 그러므로 선영先塋 옆에 여혈餘穴이 아직 많이 있어도 억지로 하자瑕疵를 찾아내서 불길하다고 한다. 그리하여 상주와 함께 딴 곳에서 산을 구하고 신혈新穴을 점하려고 꾀한다. 대개 신혈은 모두 남의 땅이다. 어찌 송訟이 없겠는가? 쟁송의 번다繁多는 모두 지사로 말미암는다."

(《목민심서》, 山訟)

조선말 성리학의 위선이 노골적이 되고 '알바 풍수사'가 되어 신념과 행동이 만신창이인 유자들이 누추한 습관을 반복하고 있을 때, 개화론자들의 초조한 심정과는 달리 조급한 개화에 반대하는 유교 근본주의자들이 있었다. 풍수의 생태학적 관점도 지금과 일치하기에, 이들이 먼

---

75 《朝鮮の風水》, 289~297, 521쪽.

미래를 바라보며 내면성의 귀중한 가치를 지키는 "마지막 인간"인지, 세계의 조류를 모르는 편벽한 "불통의 환자"인지의 포폄褒貶은 아직 미정이다. 지구 유산을 절용節用함은 성리학의 분명한 테두리이기 때문이다. 이 시기에 눈에 띄는 것은 유학 사상의 국가로부터 철수이다. 권력자들에게 주자학이 국시인 것은 여전하지만 군신의 의리를 찾을 수 없고 회수해야 할 권력이 세도가에 사유私有되었다면 유자는 비국가적 미개척의 땅을 바라볼 수밖에 없다. 결국 '미개지'를 경작하여 장원莊園을 꿈꾸는 사람이 생겨났는데, 19세기 초 서유구(徐有榘, 1764~1845)는 독특한 유자상儒者象을 남겼다. 그의 유명한 저서 《임원16지林園十六志》[76]는 하늘의 형形이 부실할 때 성리의 가르침을 방정方正한 장원에서 찾을 수 있음을 시사한다. 1806년 더 이상 조정에 발을 디딜 수 없음을 안 그는 18년 동안 장원莊園을 살피며 당시 이른바 경화세족京華世族인 서씨 집안의[77] 방대한 장서를 모아 구축한 사색을 토대로 "유자의 유토피아"를 꿈꾸었다. 그는 중국과 일본에서 수입한 장서를 물려받은 책물림의 금수저였다. 900여 종의 장서에서 발췌한 "콜라쥬"《임원16지》를 농촌에서의 양반의 물질적 안정을 추구한 "지침서"이나, "유물론적 실학"의 범주에 묶는 것은 옳지 않다. 조선 성리학이 그 시대적 상황에 적응해 시골을 리理의 근거지로 삼았기 때문이었다. 서유구는 인간다움이 성리性理를 벗어날 수 없음을 오히려 완물玩物 속에 발견한다.

---

76 《임원16지》는 20세기 초에 이르러 총론으로 책을 주합하여 題目에 "經齊"가 삽입《임원경제지》로 알려졌다. 동아시아에서 "경제"란 용어는 오규 소라이의 제자인 다자이 슌다이(太宰春臺, 1680~1747)의 《經濟錄》(1729)에 최초로 등장하나, 후에 후쿠자와 유키치가 "Political Economy"를 "經濟"로 번역한 것과 의미가 다르다. 서유구가 슌다이의 《경제록》을 읽고 이 용어를 차용했는지는 알 수 없다.

77 서유구의 조부는 홍문관과 예문관의 대제학을 지낸 서명응이고 그의 아버지는 규장각 직제학이며 그 유명한 "중국서적 수입통로"인 서호수였다.

이즈음 도망친 노비를 따라 황폐한 장원으로 간 유자들이 향촌을 재설계하기 시작했는데, 특히 이항로(李恒老, 1792~1868)의 학통을 이은 사람들이 시골 벽촌을 위정척사衛正斥邪의 근거지로 삼았다. 서유구도 이런 분위기에 편승했음을 추정할 수 있다. 입에 담기 힘들었으나 망국이 예정되었으니 노비들은 모두 도망갔다. 노비 해방은 모호한 계층 이동의 결과였지 개혁이라 보기 어렵다.[78] 조선말의 민란을 노변奴變으로 볼 수 없는 것은 그 리더들이 양반 계층이기 때문이다. 조선의 노비가 과연 서구적 의미의 "노예"였는지는 더 연구가 필요하다. 정복지에서 얻은 노동력도 아니고, 전쟁 포로로 잡은 타민족이 아닌 같은 민족을 노예화한 것은 세계에 유래가 없는 극악한 일이라고 조선 노비를 보는 시각도 있다. 어쨌든 경제의 중심에 있는 노비의 향촌 이동에 양반 유자들이 합류했다. 사직을 버리고 도성都城을 등진 것은 도통을 임금으로부터 회수하고 당분간 정통의 근거를 살피기 위함이 그 명분이었다.

살 자리를 살피는 데 풍수라는 관습이 자리 잡고 있었다. 유자들은 풍수를 사술邪術로 배격했으나 적당한 범주 안에서 이기理氣의 논리 안에 땅의 모습을 찾는 이도 있었다. 정통 유자에게 지기地氣는 그 주체인 지리地理가 없다면 거짓이었다. 주리主理 철학의 대가 이항로는 시골을 리理가 존중되고 기氣는 그 아래인 이존기비理尊氣卑의 중심 지역으로 정하고 그의 제자들을 파견한다. 리는 물론 소중화小中華인 조선 문명이고 기는 비천한 서구의 물질문명이었다. 각기 발전의 템포가 다른 리理와 기氣는 조선말의 시점에서 리의 위태로움을 걱정한 것이었다.

---

[78] 노비제의 폐지는 1801년 정순왕후 김씨의 6만여 명 공노비 해방을 효시로 보나, 이는 정조의 사망 후 악화된 왕실 재정 때문이었다. 갑오개혁(1894) 이후 사노비의 폐지는 이미 기능상 정지된 사회 구조 안에서 개혁이었다. 갈 곳 없는 대부분의 노비들은 '주인양반' 집에 그대로 머물렀다.

리가 주체가 되어 기의 역할이 정상인 이주기역理主氣役이면 세상이 잘 다스'려지나 그 반대이면 천하는 불안했다. 이 강렬한 주체 의식은 강산의 풍수를 장악한 세도가를 위협했는데, 그의 이런 심전설心專設을 계승한 최익현, 김영근은 이미 외세와 결탁한 세도는 주체가 없는 것이고 이들을 지킬 아무런 명분도 없다고 생각했다. 게다가 폭력이 답지하는 도성을 버려야 생명 사랑(Biophilia)이 가능하다는 결론에서, 그 실천력은 권력과의 거리에 반비례했다. 그들은 문호 개방의 침략적 속성을 꿰뚫어 보고 있었다. 위정척사는 모순이지만 당대의 비국가주의라는 양면성이 있다. 내막을 모르는 양계초는 비웃었지만, 조선 진유眞儒는 모두 시골에 숨어 망국은 아주 조용히 진행되었다.

"비바람 가릴 집 있고,
제사 받들만한 논밭이 있다.　　　　有屋可以庇風雨 有田可以供粢盛
자손 가르칠 책이 있고,
성정 기쁨 줄 술이 있다.　　　　有書可以敎子孫 有酒可以怡性情
삼가 벼로에 가 쌀장사하지 말고,
삼가 양놈의 기교한 재주 배우지 말라.　　　　愼勿向蘇衛作米商 愼勿向羊鬼效奇技
삼가 다른 나라 말 배우는 오랑캐 무리에 들지 말고,
삼가 천주당에 들어 사귀에 절하지 말라.

慎勿入齒漆聚裏學異語[79]　慎勿向天主堂中拜邪鬼

불의한 부귀는 의로운 가난보다 못하고,
빈천하다고 꼭 죽는 것은 아니다.　　　　不義而富貴不若守義而貧賤 貧賤未必至死亡
불의로 살기보다 의를 지키다 죽는 게 나으니,

---

79 "齒漆"은 이를 검게 물들이는 남만이나 왜 등의 오랑캐를 뜻하는 용어였다. 유래는 1760년인 건륭 25년~26년 동지사 사절로 연경에 간 이상봉李商鳳(1733~1801)이 〈북원록北轅錄〉에 그가 월남 사절 Lê Quý Đôn(黎貴淳, 1726~1784)과 만나 대담한 기록에 월남의 풍습을 묻는 "被髮漆齒"라는 말이 보인다.

죽어서 오히려 천명은 온전하다.　　　　　不義而生不若守義而死 死亡猶得全天常

청컨대 그대는 인간사를 말하지 말라.

내 그대에게 농촌의 즐거움을 말해 주노라.　請君休道人間事 爲君說與田家樂"

군자는 정한 뜻이 있고, 야인은 정해진 업이 있다.　　君子有定志 野人有恒業

해가 뜨면 남산 양지에 밭을 갈고,

해가 지면 가축들과 함께 쉬노니　　　　日出耕田南山陽 日入群動共休息

평생 예의 없는 땅을 안 밟고,

평생 예의 없는 말 하지 않는다.　　　　平生不踐非禮地 平生不道非禮言

살아서는 예의의 백성이고,

죽어서는 예의의 혼이 되련다.　　　　生爲禮義民 死作禮義魂

안회도 늘 빈천한 골목에 살았고, 맹자는 천명을 알았다.顔生居陋巷 孟氏知天命

분수에 따라 행할 줄 알면,

응당 그대는 천고의 거울이 되리니　　　素位自得知 應爾留與千古面鏡

어찌 창자와 심장을 불로 지져 백설조百舌鳥(시끄러운 새)처럼

시국을 타고 날뛰기를 사모하지만　　　　豈有膏火煎心腸 時鵾騰雖可慕

필경 지위가 오르고 버려옴에 누가 낫고 못할까.　　畢竟乘除誰短長"

　　　　　　　　　　　　(景晦 김영곤의 심경을 노래한 시, 〈전가락田家樂〉)

　국가는 허상인가? 제국주의가 설계한 이론 "영토, 주권, 국민"은 영
토 없는 주권이 가느다란 도통으로 남은 항저우에서 보았고, 황국신민
으로 편입되어 주권 없는 영토를 유령처럼 거닐기도 했다. 완전한 유자
이려면 민적民籍이 없어야 한다. 유자의 비국가주의는 도통의 선명함이
흐려지며 나타난다. 그에게는 이미 분수分數로 나뉜 하늘이 부여한 땅
이 있다. 망국이 천고의 세월이었다고 해도 여기 백 년 망국 기간의 고
통을 김영근이 위로한다.

한말 정미의병 모습

" … 죽음 앞에 충분히 숙성되고 충만해 있는가? 유자는 사후
의 일을 전혀 생각하지 않는가? 죽음은 아무도 거역할 수 없는
무한한 평등이다. 삶과 죽음의 관계를 잘 정돈하고 경계를 분명히
한 것은 공자였다. 그는 저승[幽]과 이승[明] 사이에 이치가 둘이
아니라며 유계幽界와의 소통을 거부했다 … "

망국의 위안 시간 순환

물의 종착지가 망국이었다. 천간天干의 마지막 계癸의 뜻은 고인물이다. 시간은 순환하므로 망국은 시간의 끝이 아니다. 바다 건너 바라보면 망국은 시간대로 구분되는 편년체라기보다는 감정과 재미가 섞인 기전체에서 선명하다. 사마천은 공화 원년(기원전 841)을 기년으로 삼아 역사를 통속화했다. 고대의 본초 시계인 물은 시간을 액정液晶으로 나누어 돌리며 황하黃河로 흘렀다. 서울 자격루의 물도 청계로 흘러 한강과 합류하니, 유행流行하여 되돌아오지 못하는 듯했다. 물이 망령되이 휩쓸려 나간 자리에 역사는 매몰되고 흔적은 사라져 시간은 유사有史 이전에 머물러 있었다. 시공時空의 합작물인 지층에서 보는 역사는 공허하다. 서울과 시안西安, 카이펑開封, 난징南京 그리고 쿄토京都에서 퇴적물과 화산재 아래 보는 것은 흘러간 시간이다. 유교 사회의 시간 정체성停滯性을 보는 눈도 시간을 따라 흘렀다. 변화의 주체가 다른 서구인에게 문질文質의 교대를 설명할 유자는 없다. 소위 "정체된 미개"가 고인물처럼 썩은 19세기 아시아에서 신의 아들의 탄생을 원년으로 기념하는 달력이 가져온 의문점은 그저 망국의 날짜를 표시해 두는 것뿐이었다.

웅산인은 묻는다. 시간은 순환하는가? 아니면 무한으로 가는가? 시간을 "변화의 척도"나 "기억의 산물"로 보지 않고 "실체"로 이해한 사람은 뉴튼이었으나 그는 시간의 방향을 제시하지 않았다. 최근의 등각 순환 우주론(CCC)은 우주의 탄생과 소멸이 반복하여 순환하므로 시간의 순환 가능성을 열어 놓았다. 시간의 재사용이라는 인식은 지구 자원의 한계를 알고 재활용과 절용節用의 가르침과 짝을 이룬다. 인간은 물리적 시간이 실제로 존재하는지 증명하지 못한다. 인간의 지적 총화로 추측한 것은 수학 공식일 뿐이다. 신화 속 치수治水의 인물 우禹가 세운 하夏나라는 흘러가 버렸다. 은상의 탕湯이 하의 걸桀을 몰아내고, 피라미드에 올라 10개의 태양을 회전시킨 이래, 원시 주술사요 서기인 정인貞人들은 이 정체 모를 시간을 잡아 두는 것이 급했다. 은상 제5기 제을帝乙(기원전 1101~1076) 시기에 갑골에 계각(글각)契刻한 간지각사干支刻辭에 이미 60갑자가 정립되어 있었다. 천간天干은 태양의 이름이었고 은殷 천자는 태어난 해로 이름하였다. 지지地支로는 12개월과 시간을 나누었는데, 갑골에 보이는 10간干은 갑甲-갑옷, 을乙-새, 병丙-물고기 꼬리, 정丁-못, 무戊-도끼, 기己-새끼줄 기록, 경庚-탈곡기, 신辛-노예의 얼굴에 문신 새기는 칼, 임壬-남녀의 교접과 임신, 계癸-물이 모인 곳을 지키는 고대 병기 극戟이었다. 10간의 다수가 무기 모양을 상형한 것은 권력자가 군사력을 태양으로부터 받은 신용장 같다.

12지支는 자子-씨앗 어린아이, 축丑-사람의 손, 인寅-화살, 묘卯-땅 구덩이, 진辰-풀매는 농기구, 사巳-태아, 오午-절굿공이, 미未-잎이 무성한 나무, 신申-번갯불 신, 유酉-술, 술戌-도끼, 해亥-돼지였다. 12지가 동물로 상징하여 연형演形한 것은 한대漢代에 음양오행술이 유행하고 군사적으로 방위나 시간에 대응하면서 대중에 쉽게 전파하기 위함이었는데 동물 상형의 정착은 빨라도 위진魏晉 이후로 보인다.

기원전 11세기에 인간의 평균 수명이 60세였는지는 알 수 없다. 한 해를 뜻하는 해[年]나 나이를 표시하는 세歲라는 글자는 갑골에도 보이나 본래 "자른다"는 의미에서 농작물을 해마다 한 차례 수확하므로 후세에 그 뜻이 확장된 것이다. 시간은 늘 죽음을 향하고 있었는데, 죽음으로 시간을 벗어나려면 정확한 시간 의례儀禮가 필요했다. 《예기禮記》에 "하나라는 검은빛을 숭상하여 상을 당하면 어두운 때에 염했고, 은나라는 흰빛을 숭상하여 상을 당하면 한낮에 염했고, 주나라는 붉은빛을 숭상하여 상을 당하면 해 돋을 때에 염했다. 夏后氏 尚黑, 大事 斂用昏, 殷人 尚白, 大事 斂用日中, 周人 尚赤, 大事 斂用日出"[1]라는 표현은 왕조의 교체는 인간의 죽음처럼 필연이고, 이는 뒤에 동중서에 의해 역사도통의 순환을 주장한 〈삼통론三統論〉의 근거가 된다. 삼통은 하은주 삼대를 흑통黑統, 백통白統, 적통赤統으로 흥망의 순환을 서사했으니, 시간을 관장하는 태양 빛에 인간의 심경이 감응한 그림자였다.

태양인 천간天干은 생산과 소비, 전쟁과 평화, 추위와 더위, 음과 양, 건기와 우기의 생활상이나 공동체가 실천할 지침을 제공한다. 한 번 질質이면 한 번 문文과 같이 변증법적 발전을 위해 자연의 양면성에 순응하도록 계도한다. 간양干陽인 갑옷[甲], 물고기[丙], 도끼[戊], 탈곡기[庚], 남녀의 교접[壬]은 생산적이고 전투적이다. 이와 교대하는 간음干陰인 새 사냥[乙], 못의 사용[丁], 기록[己], 노예 관리[辛], 병장기의 수리[癸]는 평시의 소비 생활이며 문화 활동이었다. 은상의 칼렌더는 매우 정확해서 제국 통치와 의전에 강력한 기물이었다. 천문에 의한 시간의 순환은 주의 무武가 은상의 주紂(帝辛)를 멸하고 주 왕조를 열면서 중단되었으나, 은상의 망국 제후諸侯 기자箕子가 요동 지역을 할양받아 고조선에 편입되면서 한반도

ı 《禮記》〈檀弓〉上.

에서 은상의 피라미드는 여전히 시간을 순환시킬 수 있었다. 기자가 중원의 도통을 계승했다면 이는 중요하고 처절한 역사 쟁점을 예고한 것이다.

주周는 하夏의 물을 이어받아 시간을 돌렸다. 이번에는 강물이 아니라 우물물이었다. 정전제井田制인 주나라에서 해시계를 버리고 물시계로 복귀하되 하늘에서 내린 물은 쓰지 않았다. 허황된 하늘의 괘사卦辭를 버리고 오로지 인간에 대한 믿음과 노력만이 있었다. 태양이 드리운 그림자와 거북의 균열은 사람의 마음에 감응할 수 없었다. 바야흐로 덕으로 운명을 대신하는 이덕대점以德代占의 시대가 열렸다. 종주주의자인 공자는 주나라의 이러한 인문의 세계를 그리워했다. 공자의 시간은 물이었으나 한 번 흘러가 되돌아오지 않는[流] 것을 경계하여 물의 보편성과 근원으로의 복귀[復禮]를 강조한다. 형이상의 시간 문文과 형이하의 시간 질質이 나선을 그리며 더 커다란 문의 공간을 선회한다면 그 이상은 불가사의하다. 최초에서 무한으로 가는 문文의 시간과 끊임없이 순환하는 질質의 시간은 왕조의 교체를 설명하기도 했는데, 그것은 문질의 교대 생성이라는 필연으로 받아들여졌다.

夏(문) ─ 殷(질) ─ 周(문) ─ 춘추전국, 秦(질) ─ 漢(문)

왕조 사이에 끼어 있는 수많은 망국은 공포스러웠다. 한漢의 유자들은 왕조의 영원을 기리며 시간이 무한 방향에 가도록 모색했을 것이다. 그러나 이들의 사색 속에 충돌하는 음양과 오행은 분명히 회전과 순환의 동력이 있었다. 전한 시기에 유행한 방술方術(궁궐에 기거하며 황제의 장수를 기원한 방사의 장생술)은 시간을 되돌리려는 노력이었다. 한무제

漢武帝는 이에 몰두하여 단약丹藥에 중독된 눈으로 지는 해를 바라보며 "잡을 수 없다"고 한탄한다. 같은 시기에 조정에서 소인이 득세하고 군자가 내쫓기는 거꾸로 된 천명을 유자들이 설명할 수 없자, 유학에 대한 반동으로 더 자유로운 인간상을 추구하는 사상이 자파子派를 형성했는데, 노자老子의 입을 빌려 "최고의 선은 물과 같은 상선약수上善若水"로 시간의 초월성을 약속한다. 질박質朴한 노자에게서 물은 흘러 가버리는 것이 아니라 낮은 데로 모여 고여 있으며, 정체한 물의 종말점에서 다시 공자의 문채文彩로 되돌아와 "군자는 화합하되 휩쓸리지 않는, 君子和而不流"[2]경지에 이른다. 이렇게 문질빈빈文質彬彬은[3] 고수되고 주어진 시간이 적다고 애걸하지 않으며 천명을 따를 뿐이었다. 물의 종착지는 가장 낮고 평탄한 지역이었으니, 마침내 천간의 마지막 계癸를 고인 물이 차지한다.[4] 금문(주) →소전(진) → 간백(한)에서 계癸자의 변화는 흥미롭다.

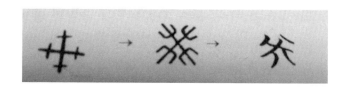

해와 물의 시간 순환과 무한성, 초월과 회귀의 사색이 마무리된 후한後漢으로부터 사백여 년이 지나고 당唐 시인 왕지환王之渙(?688~742)은 서북쪽 황하 상류가 보이는 누각에 올라 다음과 같은 감회를 읊는다.

관작루에 올라   登鸛雀樓

---

2 《中庸》 10장
3 제1장 2절- 오래된 망국.
4 癸의 본의는 고대 병기였다. 천간의 마지막 열번째 자리에 온 것은 은주지제殷周之際 시기로 추정된다. 《설문해자》에는 "象水從四方流入地中之形"으로 癸를 물이 사방에서 흘러들어 모인 상형에서 왔다고 풀이했다.

밝은 해는 산에 걸리고   白日依山盡
황하는 바다로 흘러들어   黃河入海流
천 리 더 멀리 바라보고자   欲窮千里目
다시 새로이 한 층을 오르네.   更上一層樓

   관작루는 산서성山西省 영제시永濟市 포주고성蒲州古城 안에 있다. 남북조 시대에 북주北周의 전략 요충지로 건설되었고 황하의 동안東岸에서 서쪽을 면하고 있다. 원元나라 초기에 전화로 불타 없어졌으나 2002년 재건되었다. 두루미의 일종인 관작鸛雀이 누각 주변에 모이기에 관작루라 명명되었지만, 음운상의 관작은 관작觀雀과 같아 붉은 주작으로 상징되는 태양을 바라본다는 의미가 깃들어 있다. 해와 물로 끌려간 시간의 덧없음을 한탄하며, 어찌 한 층을 올라 천 리를 더 볼 수 있겠냐마는, 해야 할 일을 하지 않을 수 없는 군자는 수신修身을 게을리할 수 없었다.

   시간의 영겁회귀永劫回歸는 유자에게는 철학적이지 않다. 그는 시국時局을 응시하며 시간에 매이지 않았다. 결국 망국을 접하여 시간 속에 문질文質의 교대는 불가역인 방향성이 있다. 무한한 우주에 무한한 '특이점'이 있다면 어쩌면 특정 시간을 이기理氣의 증명이 불필요한 감성적感性的 영역에서 언제든 되돌릴 수 있었을 것이다. 20세기에 이르러 아인슈타인에 의해 시간의 절대성이 부인되었지만, 시간이 불후不朽라는 현실적 환상은 이미 은상의 피라미드와 함께 사라진 지 삼천여 년이 지났다. 남아 있는 것은 여전히 해답이 미궁인 죽음뿐이었다. 망국으로 발생한 평등한 무가치가 아니고, 자칫하면 손에서 놓칠 수 있는 강렬한 현실감으로 수렴하는 것이었다.

두 개의 Deep States

내부국가는 국정의 효과적 운용에 착안한 권력 측근의 모임이라는 외연이 있다. 그러나 역사적으로 권력의 사적 공간에서 논의가 공식 관료기구를 통제하며 나타난 국정 농단은 수없이 많았다. 환관과 외척이 권력을 장악하여 내조內朝를 형성하면, 이런 불하받은 권력은 유학의 가치관을 부정하게 된다. 하늘의 뜻인 민의民意가 권력의 브로커들에게는 이익으로 환원되기 쉬웠다. 한국에서 적어도 그 이익은 잔류식민세력, 군부, 운동권, 언론, 검찰 등으로 이어지며 치밀한 내연관계로 얽혀 있었다. 내부국가는 도통의 참절로 이해하기는 어렵다. 궁핍한 시민을 열광케 하는 소속감은 이렇다 할 사회개선 정책을 내놓을 수 없는 권력 의지가 이용하는 중요한 수단이었다. 1930년 9월 독일의 처참한 금융위기 이후 히틀러가 급격히 부상한 것은, 소위 국민이 권력에 '참여'하는 찬란한 소속감을 부추겼기 때문이었다. 일본의 내부국가인 이른바 "일본회의"는 장차 재일 한국인을 과거 독일의 유대인 박해 양상으로 몰아갈 것이다. 1948년 8월과 9월에 한반도의 남북에 부식한 두 개의 Deep States는 '이념의 소속' 말고도 한국인 유자의 공화주의와 개인 관계의 약점이 외세에 의해 조장된 비극이었다. 그 유자의 약점이란 바로 주권쟁의의 결과물을 개인적으로 점유하지 않고 '누군가의 선의'를 믿고 맡긴 것이다. 그러므로 권력의 회수가 어려워졌고, 권력이 죽어 계엄이 선포되어도 내부국가의 바이탈 싸인은 더욱 높아지기만 했다. 사회가

끼리끼리 모이게 되면 유자는 입을 닥치고 문을 걸어 잠근다.

문밖에 풀은 빨리 자라고 백 년의 망국은 그렇게 지나갔다. 내부 국가끼리 큰 싸움이 있는 날 유자는 양손에 태극기와 인공기를 들고 사거리에 서서 군인들을 안내했다. 포성砲聲이 남으로 내려가면 이념의 Deep Sub-States(內分朝)로 갈라져 종파주의자를 처단했고 포성이 북으로 오르면 출신 차별의 Deep Sub-States가 지연, 학연, 혈연으로 출신을 가르고 상대를 배척했다. 한국의 유자가 깃발을 내리고 빈 깃대에 경례한 지 백 년이 되었다. 깊이를 알 수 없는 내면의 심연은 흐려져 있었다. 한 세대가 지나 풀을 베지 않은 무덤은 다시 경작지가 되고, 두 세대가 지나면 슬그머니 집을 짓는 택지가 되었다. 항원恒遠한 시간이 있는 줄 알았으나 세 세대가 지나니 백 년간 세금을 내었던 '국가'는 존재하지 않았다. 착취와 억압의 두 개축을 굴리는 내부국가 패거리들의 선전물과 리얼리티 쇼가 광고판에 덕지덕지 붙어 있는 동안 유자는 두문불출 집을 나오지 않았다.

두 나라의 망국 너머에 보이는 시간은 무엇일까? 철통의 방호벽을 친 이념의 토호들은 공화국과 왕정의 틀거지를 세우고 내부국가의 기틀을 다져간다. 그러나 혹 문질의 교대에 대입해 망국 너머를 볼 수 있을지 모른다. 다시 정리하면, 형이상의 문文과 형이하의 질質이 통일 공간을 선회하여 이 고통스런 두 개의 내부국가를 혼합한다면 문질의 교대 생성이 필연이라는 희망이 있다. 선회하는 문질의 교대는 가속이 붙어 점점 빨라진다.

夏(문) - 殷 고조선(질) - 周. 기자조선(문) - 춘추전국, 秦, 고조선(질) - 漢 삼국(문) - 고려(질) - 조선(문) - 남북한국(질) - 통일한국(문)

남북 내부국가의 토호들과 추종자들은 체제의 영원을 바라며 시간이 무한 방향에 가도록 국민을 일렬로 세워 두었다. 최근의 신중국은 '역사적 관성歷史的 慣性'[5] 이론을 내세워 한자 문화권에 속한 주변국들을 중화 제국화하려는 영토영역의 기질적氣質的 전망을 내놓았다. 이는 미국과의 갈등을 "가짜 친구와의 전략 관계假朋的 戰略關係"로 규정하고 내부국가인 중국 공산당의 세계 패권이 시간문제임을 자신한다. 지금의 중국이 '공자의 나라'가 아닌 '손자병법의 나라'라는 것은 잘 알려진 사실이다. 그러나 신중국 스스로 그들이 중화 문명의 적통자임을 자신하고 있는지는 의문이다. 역사 예측에서 문질의 교대는 거부할 수 없다. 중국은 지금 미래보다 과거의 예측이 더 어렵다. 동아시아 100년의 해방공간에서 시간은 세를 좌우로 흔들어 키질하며 검부러기를 날리고, 채반에 걸러진 돌들은 토호들의 무덤을 덮는다. 역사에 관성이 있다면 도통의 순환과 교대 안에 있을 것이다. 내부국가의 발호가 비국가주의를 태동하게 했을까? 그렇지 않을 것이다. 비국가는 '생성'으로 설명할 수 없다. 비국가는 망국의 터에 자리 잡지도 않았다. 한 개인의 유자가 국가 전체를 소환할 수 있기 때문이다. 거듭 말하지만 비국가는 공간역에 있지 않다.

---

5 閻學通, 《歷史的 慣性》, 淸華大 國際關係硏究所, 中信出版社, 2012.

은둔隱遁과 무위無爲로 저항한 내부 국가(Deep State)

　　은둔은 숨겨진 자아와의 싸움이다. 망국은 은둔에 의해 조용히 진행되었으나 국가는 여전히 강인한 철골 구조로 세워져 있었다. 국가는 팔기 위해 만들어진 부동산 같았다. 괴뢰국이든 식민의 총독령이든 도통이 없는 곳에서도 국가는 세워져 흥청거렸다. 은둔자는 일단 국가에 대항할 수 없으므로 몸을 숨기고 국가 내의 국가(Deep State)를 식별하고 응시한다. 세상에 해를 끼치지 않으려 욕망을 차폐하고 몸을 숨기는 것은 자신의 덕과 재능이 소인에 의해 그르게 사용 않도록 하기 위함이었다. 유자에게 은둔의 방법론이 있다면 그것은 무위無爲일 것이다. 어디에 살든, 무얼 먹고 살든 개의치 않는 사람도 무얼 하고 사냐라는 질문에는 망설이거나 또는 대답을 보류하고 이런 질문을 무례하게 생각한다. 생활인이라면 질문 이전에 이미 직업에 따라 "결정된 신분"에 사회적 지위를 계급장처럼 달고 있는데 무슨 말이냐고 되물을 것이다. 인간은 평등하되 능력은 고르지 않다는 21세기 카스트 제도의 문명 비평은 더 한층 교묘하다. 그러나 은둔하여 어렵게 생계를 잇는 동안 모든 사람을 평등하게 볼 수 있었다. 은둔으로 비국가을 조망하면서, 은둔이 사회에 충격을 준 것은 아이러니하다. 은둔은 꽤 요란한 침묵이었다. 중세 유럽에서 은둔은 불온했는데, 은둔이 상상되는 수도원에 오히려 신의 시야는 가려졌다. 은둔이 감추어진 시기에 Deep State로 통하는 교황청 지하도에 침묵과 정숙의 표지가 붙어 있었다. 르네상스 시대에 은둔의 모습은 상상하기 어려웠다. 다빈치 이후 국가를 권력에서 끌어내어 '관리자'의 자리에 앉힌 피렌체에서는 행위를 미덕으로 하는 집단 지혜가 국가의 공정한 관리를 감시했다. 은둔의 모습이 옅어지던 18세기 초, 서구에는 "태초에 말이 있었다." 그러나 기독교가 더 이상 자연과학을 지도할 수 없는 시기 유럽에 나타난 "괴테라는 현상"의 최초 명제는 "태초에 행위가 있었다."였다. 행위를 통해 증명해야 하는 신神은 끝내 십자가에 달려야 했고, 행위하지 않고는 사랑도 자유도 모두 허위를 면치 못했다. 그러나 20세기 들어와 잔혹한 두 차례의 전쟁을 겪고 핵무기와 대량살상 기술에 대한 공포가 널리 퍼지면서 행위로 인해 "증명된 신神은 더 이상 신神이 아니다."[6]라고 절규하게 되었을 때, 서구인은 행위의 영역에 대해서 더 넓은 외곽이 있음을 깨닫게 되었다.

그것이 무위無爲였다. 그래서 "태초에 무위가 있었다." 무위는 노자老子의 《도덕경道德經》에서 언어로 생산되었으나, 그 실체는 은둔에서 온 것이다. 무위와 은둔은 도가道家에서 독점한 사상은 아니다. 많은 유자들이 그에게 매혹되어 이 "늙은이"를 따라 부조리한 사회의 함곡관函谷關을 지나 현실의 중원中原 밖으로 나가고 싶어 했다. 국가는 이미 조정朝廷의 울타리에 갇히고 권력의 최측근 환관이 'Deep State'를 건국했다. 유자의 비국가주의를 조명하려면 이 '내부 국가'를 해체해야 한다. 역사상 나타난 괴뢰국에는 이 내부 국가의 모습이 매우 선명하다. 유자는 은둔이란 외부에서 소속감에 홀려 편파를 이룬 사람들을 바라본다. 그렇다고 은둔이 외부에만 있는 것은 아니다. 결국 삶의 외부 문제, 행위 밖의 행위를 탐구하는 아웃사이더의 질문은 은둔으로부터 시작되었다. 은둔의 권유는 현실 도피가 아니라 규제된 행위로써 더 엄격하고 경건한 삶에의

---

6 Karl Jaspers, 《비극론》.

합류를 인도하기 위해서였다. 황허黃虛들을 배격해 온 유자들에게 은둔하며 바라본 《노자》는 어쩌면 문질의 발전에서 필연적이다. 노자의 정치사상의 핵심이라는 무위자화無爲自化는 내부국가에서 벌어지는 난정亂政을 향해 "권력자여! 차라리 엄한 짓 허튼짓하지 말고 가만히 있어라."라는 싸구려 정론政論으로 오해할 수도 있다. 무위의 뒤에 따라붙는 자화(而民自化)는 백성이 스스로 향상심을 갖고 감화된다는 의미이고 이것이 곧 위정자의 무위를 유발한다는 역설적인 해석도 가능하다. 바꾸어 말하면 백성이 자신을 발전 고양했을 때 불량한 정치인들이 창궐하지 않는다는 것이다.

이옥평(1915~2015, 미국 인권운동가)

미국의 풀뿌리 민주주의의 지도자이고, 자기 채소 가꾸어 먹기-Grow your own Food 운동의 주창자인 Grace Lee Boggs(李玉平 1915~2015, 중국계 이민 후손, 철학자, 여성 인권운동가)는 "정치는 파워 게임이 아니고 파워의 점유나 변경, 분배는 더욱 아니다. 정치는 한순간의 불균형, 기압 차를 해소하는 바람일 뿐이다."라며 어떤 형태로든 무위의 정치가 존재할 수 있음을 주장했다. 무가치한 "집단 항거(Mass Protests)"는 소위 "정치인이 기생할 수 있는 자리를 만들 뿐이다." 그레이스 리 보그스의 말이다. "그럼, 권력이 없이 어떻게 인민의 이익을 보존할 수 있는가?"라는 질문에 "국가가 과연 진정한 권력이 있는가?"라는 답변은 의미심장하다.[7] 이옥

---

7 2009, PBS.TV Bill Moyers Journal 인터뷰.

평李玉平은 1870년대 광동 태성台城에서 미국으로 이주한 6만여 명의 중국인 이민 가족의 후손이었다. 그는 망국의 슬픔과 국가의 태만한 역할을 뼈저리게 느끼는 가정에서 자랐다. 결국 그가 발견한 것은 깨어있는 개인의 적극적 무위였다. 정치의 최선의 속성이 무위라면, 그 무위 속에서 행사되는 권력은 자연스럽게 인민 속에 남아 자화自化되어 있다는 것이다. 그리하여 자화의 의미는 더욱 분명해졌다. 그것은 쉬지 않는 자강(自彊不息)이요 개체 독립화된 자유로운 개인 권력이다. 은둔과 무위는 같은 축에서 돌고 있지는 않다. 역설적이게도 은둔은 유위有爲에 가깝고 무위는 출사出仕한 인간의 덕목이었다.

　미국에서 진보와 혁명이 신문의 헤드라인으로 나타난 적은 없었지만, 비국가를 향한 노력은 지금도 서서히 진행되며 모범적인 "무위자화"를 실천하고 있다. 그러나 문질文質의 발전에서 그렇듯 저항도 강하다. "카터 이후 미국의 진보사회는 레이건의 강력한 반동의 시대를 초래했고 그로 인해 9.11이나 아프간 전쟁의 근원적 원인이 되었다."라고 보그스는 풀이했다. 결국 진보적이었으나 풀뿌리 밑바닥에 흡착력을 갖고 있지 못한 오바마에서 격렬한 반동인 트럼프의 등장은 예견된 것이었다. 하지만 권력은 공허한 것이다. 국가의 권력이 공허하다면 나라를 잃고 노예가 된 경험이 있는 한국민韓國民에게 '국가'의 의미는 설명이 어렵다. 한국민에게 무위자화가 얼마나 힘든 것인지 근간의 망국적 정치사를 보면 알 수 있고, 한국 정치인에게 "무얼 하고 사니?"라고 물으면 그들은 한쪽 눈을 깜박이며 "국가와 민족을 위해서 무엇이든지 한다."라고 거짓말을 둘러댄다. 포스트 노무현 이후에 시골에서 오리 새끼 한 마리가 무위자화의 의미가 있다는 것을 깨닫는 진보세력이 한국에 얼마나 남아 있는지 알 수 없지만, 노무현이 "정치란 낮은 위치에서의 봉사"

라는 무위자화의 큰 역사적 흔적을 남겼다는 위안은 한국인의 마음에 남았다. 이미 훼손된 세상에서 벗어나, 타인이나 자본 세력에게 휘둘리지 않고 자유혼이 자연 속에 깃들도록 훈련하는 은둔과 무위는 미국의 New England Puritanism에도 잘 나타나 계승되었다. 데이비드 소로우 (David Thoreau, 1817~1862)의 *Walden*을 읽는다면 필시 그가 American Confucian이었다고 느끼게 된다. 은둔의 가호를 받는 전통이 있는 뉴 잉글랜드 숲에서는 자본 세력이 만든 거짓 문명과 싸우던 위대한 혼들을 만날 수 있다. 스콧 니어링(Scott Nearing, 1883~1983)이 남긴 외로운 저항의 저술에도 강력한 무위자화의 메시지가 들어 있다.

인류가 누리고 있는 자유와 권리는 조금은 '불순분자'였던 이런 사람들의 덕이기도 하다. 과연 진정한 변화의 힘은 은둔에서 나왔는지 모른다. 사람들 그리고 사회 인프라와 떨어져 "Off Grid Life"로[8] 자급자족하는 독특하고 절제된 생활방식을 고수하는 초절주의(American transcendentalism) 은자隱者들이 아직도 미국의 숲에 남아 있다. 한국의 귀촌인들 역시 은둔과 무위의 덕을 알고 실천하기 시작했다. 이들은 유기 농장에서 구부정한 몸으로 오리 논 쌀, 감자밭을 가꾸는 팔꿈치를 누덕누덕 기운 옷을 입은 주름진 얼굴의 괴팍한 사람들이다. 이들은 생애를 통해 어떤 정치가나 사회 운동가보다 더 분명한 메시지를 전하고 있다. 국가의 의미 재설정, 장차 도래할 탈산업화 공간의 이용, 먹을 양식의 자경화自耕化, 폭압적 자본으로부터의 독립에 대한 로드맵과 처방전 등 비범한 견해는 이들에게서 나올 것이다.

은둔 하면 유위有爲하고 출사 하면 무위無爲하는 역전 현상은 유자

---

8 에너지의 공급 라인(Grid)으로부터 떨어진 독립된 생활

공동체에서는 모순이다. 유자들은 권력 내부에서 응집하는 '내부 국가'의 형성을 늘 우려한다. 위선적 은둔자가 노리는 것은 바로 이 'Deep State'의 밀실에서 논의하는 농단이었다. 도성都城에 앉은 권력자에게 유자의 은둔은 마치 출사에 대비한 인재人材 풀과 같이 여겨졌다. 죽림칠현竹林七賢이 끊임없이 권력과 소통 라인을 유지하고 욕망으로 축축한 엉덩이를 대 닢에 말리던 시절, 천하는 바야흐로 동란(三國-魏晉 교체)이 끝나가고 있었다. 난세에는 덕능德能이 있는 영웅들이 세상을 칼로 경륜했다. 그러나 천하가 태평하면 이들의 끼를 펼칠 길이 없으니 남의 주목을 받고 싶은 기인奇人 괴사怪士들이 출현하기 마련이다. 게다가 서기 3세기에 이르러 후한 시기에 발명된 종이의 비약적인 보급이 시작된다. 재사才士들이 자신의 능력을 알릴 수 있는 매체가 생긴 것이다.

8세기 성당盛唐 시기 말에 나타난 시인 이백李白은 산동 조래산徂徠山에 들어 죽계육일竹溪六逸[9]의 한 사람으로 불리며 세속에 초연한 척했으나, 그는 늘 장안을 그리워하며 벼슬자리를 갈망했다. "영달하면 함께 천하를 구하고 곤궁하면 홀로 그 몸을 닦는다. 達則兼善天下 窮則獨善其身"는 그의 말은 위선이었다. 은거하면서 이름을 날리는 것 또한 출사의 기회를 잡는 첩경이었다. 종남산에 살며 벼슬에 직천直薦되는 "종남첩경終南捷經"이라는 말도 이백이 살던 시기에 생긴 고사성어이다. 종남산은 장안의 남쪽에 있는 해발 2,604미터 높이의 산이다. 태을太乙, 태백太白, 중남中南, 주남周南으로 불린 이 산은 고대 정치의 중심인 시안(장안)과 가까워 실의한 독서인들이 기거하며 중앙 정치에 선을 대는 베이스 캠프였다. "종남첩경"은 후대에 거짓 은사의 위선을 풍자하는

---

9 죽계竹溪, 산동성山東省 태안현泰安縣에 있는 지명, 이백李白, 한준韓准, 공소보孔巢父, 배정裴政, 장숙명張叔明, 도면陶沔 등이 결성한 시사詩社 죽계육일로 불린다.

데 사용되었다.[10]

여말선초麗末鮮初에도 은둔이 유행했음을 알 수 있다. 포은圃隱 정몽주鄭夢周, 야은冶隱 길재吉再, 목은牧隱 이색李穡의 삼은三隱, 여기에 도은陶隱 이숭인李崇仁과 농은農隱 조원길趙元吉을 합쳐 오은五隱, 어떤 이들은 더 끌어들여 팔은八隱, 구은九隱으로 은둔 현자들이 도열해 있다. 호에서 볼 수 있듯이 이들 '직업적 은둔자'들은 은둔에 뜻을 둔 듯하나 천수를 누린 야은과 농은을 제외하고는 모두 정치적 이해를 좇다 비명횡사했다. 그러나 은둔이 적극적 시국관에 의한 행동임은 분명하다. 숨거나 도망치는 '유위有爲'를 호사가들은 산에 숨는 소은(小隱 隱於山), 저잣거리에 숨는 대은(大隱 隱於市), 바보처럼 행동하여 조정의 무가치한 정치 패거리에 숨는 우은(愚隱 隱於朝) 그리고 다소 생소하지만 군대와 전쟁 속에 숨는 전은(戰隱 隱於役)으로 나눈다.[11] 소은은 강호江湖에 숨어 자신의 그림자를 은근히 내보인다. 권력자의 시선을 끌기 위해 기행奇行을 하며 궁향 속유窮鄕俗儒들의 입에 오르내린다. 그는 목표와 수단을 달리 보이게 하는 우직지계迂直之計를 마음에 품고 있다. 소은의 무리들은 정치가 자유로웠던 공화의 시대에 주정공周定公의 영지인 주남 지역의 산과 들, 소목공召穆公의 영지인 소남 지역의 강과 호수에 눈에 띄게 기거했다. 소은이 숨은 산은 오지의 먼 산이 아니라 경기(京畿, 사방 육백 리 이내)의 가까운 종남산과 같은 국왕이 남면하여 내다보는 남산이었다.

대은은 저잣거리에 숨어 생계를 유지하며 숨은 것을 감추는 적극적

---

10 모리펑(莫礪鋒), 《詩意人生》, 2014. 《시의 격려》로 번역되어 있다.
11 은둔의 구분은 전통적으로 대은과 소은 이외에 중은을 두기도 하나 시대와 상황에 따라 다르다.

은둔이었다. 혹 숲에 은둔하여 빛을 키우더라도 (頤光山林) 가족을 먹이는 일은 소홀할 수 없다. 시끄러운 아침 일찍 시장에 나아가 재화를 매매하며 몸을 바쁘게 하여 스스로를 잊는, 일 속에 숨는 것이 과연 은둔일까? 대은은 눈으로 가리기 힘들다. 생각을 숨겼기 때문이다. 대은은 마음의 눈으로 보는 자의 세상 속에 숨는다. 이 엄숙하고 처연한 행위는 유위有爲를 끌어들여 무도한 세상에 출사하지 않고 몸과 마음을 온전히 보존하려는 적극적 은둔이었다. 이름마저 숨겼으므로 역사에도 보이지 않는다. 아이를 씻기고, 요리하며 장작을 패는 일상의 생활에서 마음을 들키지 않는 자의 경지를 알기 어렵다. 그의 현현한 세계는 깊은 침묵으로 관찰자를 이끈다. 그가 거처하는 곳은 멀지도 않고 가깝지도 않으며, 산속이기도 하고 도시이기도 하다. 장소에 구애받지 않고 자유롭게 거처한다. 그러므로 딱히 "장場의 이론"에 가두어 심리를 해부할 수 없는 무주처無駐處이다.

우은과 전은은 다소 생소하지만 공통점이 있다. 모두 대은의 한 부류이고, 남의 눈을 속이는 데는 같다. 능력과 덕이 너무 뛰어나 군계일학群鷄一鶴의 상황에서 권력자의 시선을 피하기 어렵다. 더구나 질시와 모략은 더 견디기 힘들다. 언제 소인들의 덫에 걸리거나 인재 유출을 염려한 제후諸侯의 손에 죽을 수 있다. 우은愚隱은 그러므로 언행을 어리석은 바보처럼 한다. 조정에는 흉사凶士들과 소인들이 우글거리는데 이들은 군주의 총애를 받고 안 보이는 비선 권력으로 "형벌과 살인을 전횡하고 위세와 복을 제멋대로 만들어 어진 이들을 수탈하고 죽인다. 得顓刑殺, 擅作威福, 賊殺良"[12] 이런 상황에서 능력과 명성이 있어 주목받는

---

[12] 《明史》〈刑法志〉三 명나라 무종 시기 1506~1510년의 기록. 황제의 측근 환관 유근劉瑾이 비밀 정보기관 내행창을 설립 국정을 농단했다.

사람은 진퇴가 곤란하다. 잘못하면 왕양명王陽明처럼 내행창內行廠에 끌려가 환관들이 보는 앞에서 볼기를 맞는 수모를 겪는다. 그러므로 살생부, 영책另册에 오르기 전에 정치 패거리에 가담하여 휩쓸려 지낸다. 조정은 어쩌면 은둔하기 가장 좋은 곳일 수 있다. 다만 패가망신하지 않으려면 환국換局의 때를 잘 가늠해야 한다. 우은은 절묘하다. 권모술수를 쓰나 누구나 알아차려 위험하지 않으니 원한도 없다. 결국 바보 취급받게 되며 천명을 다한다.

우은의 은자는 가치가 절하되어 상처투성이인 자아를 돌아보며 소멸되었다. 은둔의 어려움은 그것이 자아와의 투쟁이고 결국 자아의 악마성을 식별하는 데 있다. 이를 고립시키거나 무력화하지 못하면 파멸에 이르고 만다. 은둔을 고립으로 잘못 이해하거나 새로운 것에 낯을 가리고, 현실 도피 또는 생활에 굴복으로 보면 잘못이다. 은둔자는 대개 강렬한 자아의식을 갖고 있다. 유자가 가진 자아의 큰 범위를 차지하는 은둔 의식에서 오히려 현실에 대한 강렬한 반사 색채를 보는 것은 자연스럽다. 이 글의 유자 연구에서 발견된 언어로 표현하면 이는 '지나친 공감 능력〔過仁〕'이다. 이들이 과거시험을 통해 이기적 얼간이가 되기 전에, 유자의 세계에서는 반드시 넘어야 할 고독한 관문을 두었다. 이렇게 '은둔의 독선獨善'을 사색하면서 그는 권력의 공허를 응시하고, 백성의 고통과 경험〔民之故〕을 이해한다. 실천하여 체득하지 않고는 허위를 면치 못했다. 그리고 공감 능력이 희미해지면 그는 강렬한 현실감이 있는 장소에 뛰어들었다. 군대와 전쟁 속에 숨는 전은(戰隱 隱於役)이 그것이었다.

전쟁에서 숨을 곳을 찾는다는 것은 이해하기 힘들다. 'Deep State'의 비밀경찰이 'Big Data'로 그를 추적한다. 많은 유자들이 전장으로 도망쳤다. 투필 종군投筆從軍한 사례는 근대적 인간에서도[13] 찾을 수 있지만, 기원전 2세기 전국시대의 경험을 물려받은 한漢의 유자들은 독특한 흔적을 남기고 있다. 전국 말에서 진秦의 통일, 초한楚漢 패권 전쟁을 거치면서 중국의 인구는 크게 줄어들었다. 백 리를 가도 사람 그림자가 없는 시대에 시장이 서고 도시를 이루는 곳은 군대가 있는 곳이었다. 전한前漢의 한예체漢隸體에서 보이는 시市와 사師는 서로 가차자假借字로 쓰여 군대의 사師가 시市에서 연변한 것임을 알 수 있다. 인간이 귀했다. 유학이 한漢제국 시대에 일어선 것은 사람의 참모습을 찾으려는 각성에서였다. 서로 잡아먹으며 인피人皮로 화살 전대箭袋를 하고 인육人肉을 전투식량으로[14] 썼던 과거를 반성했다. 1972년 산동성 은작산에서 발견된 《죽간 손자병법》의 실제 저자는 논외로 하고, 그 죽편의 기록자는 분명 노예(戰民)로 끌려와 하급무사가 된 사람이었다. 이들은 실제의 전투에 참여하지 못하는 꼽추나 난쟁이 유학자(侏儒)와 함께 병법을 발전시켰는데, 《손자 죽간본》에는 전쟁에 염증을 가진 군인이 마지못해 참전하여 얻은 반전反戰 사상이 담겨 있다.

그들은 도망친 자(孫者)였다. 손孫의 발음은 둔遯/遜과 같아 고대에 가차자로 쓰였다.[15] 전쟁을 암흑과 야만에서 예측 가능한 확고한 인문의

---

[13] T. E. Lawrence(1888~1935)가 옥스포드에서 아랍 사막의 게릴라전에 이르른 여정을 서술한 *Seven Pilars of Wisdom*(1925)과 E. Hemingway(1899~1961)의 스페인 내전 참전은 모두 자아로부터 도피하여 전장에 이른 은둔 기록과 행동이다.

[14] 중국의 식인 문화는 신해혁명(1911년) 이전까지 계속되었다. 宋대에는 인육을 상육想肉이라고 불렀고 이를 전문적으로 파는 흑점黑店이 있었다. 전국 시대의 식인 전투는 《左傳》의 "肉食者 謀之"라는 기록으로 보아 춘궁기인 봄에 벌이는 당연한 싸움이었다.

[15] 《설문해자》 "손이란 피하여 숨는 것. 孫, 遁也"《春秋》 莊公元年(BC 693년), "3월 부인이 제나라로 도망쳤다. 三月 夫人孫于齊"

세계로 끌어들인 것은 이들이었다. 더불어 나라(國)라는 체제를 개인(民)의 실존實存과의 비교에서 하위 개념에 두었다. 손자라는 전쟁 학파는 그렇다면 전쟁 속에 숨어 전쟁으로 도망친 것이다. 'Deep States'는 이 지점에서 추적을 멈춘다. 군대 내에 초월적 은둔이 가능한지는 T. E. 로렌스나 헤밍웨이의 실험적인 예에서 보이기도 한다. 옥스포드에서 아랍의 사막으로 도망친 "아리비아의 로렌스"는 그의 저서 《지혜의 일곱 기둥》에서 유학적 은둔 세계관이 담긴 말을 다음과 같이 하고 있다.

> "세상에는 더 배울 것이 없고, 사람들을 놀라게 할 발견도 없다. 부분적으로 역사에는 실수가 없고 세계는 무가치한 것들로 가득하다. Here are no lessons for the world, no disclosures to shock peoples. It is filled with trivial things, partly that no one make mistake for history …"
>
> (T. E. Lawrence, 〈Seven Pillars of Wisdom〉 Introductory Chapter)[16]

로렌스의 환멸과 불만은 분명 도통이 은둔해 버린 '망국의 아라비아' 사막에서 찾을 길 없는 제국주의의 가치관 때문이었다. 배울 것 없는 세상은 세상의 무도함에 근거한다. 헤밍웨이는 전쟁에 참가하여 전쟁에 대한 반동으로 표출한 은둔의 행태를 보였지만 실상은 더 개인적인 감정, 그의 첫 번째 소설 *The sun Also Rises*가 평론가들로부터 "도대체 평가할 가치가 없다. 영어에 대한 모욕"이라는 혹평을 받으면서,[17] 혁신적인 미국식 말투에 대한 몰이해와 공감이 없는 세계에서의 탈출로 스페인 내란에 참전했다. 공감(仁)에 대한 지나친 욕구와 내면에 안착한 비현실감은 어울리지 않는 군복을 입은 "아웃사이더"를 만든다. 결국 현실 안에 공감할 수 없는 것이 누적되고 충분한 시간과 환멸을 쌓아 놓

---

16 T. E Lawrence, *Seven Pillars of Wisdom*, First Anchor Books Edition, July 1991.
17 "The sun Also Rises" Oct 31, 1926 *The New York Times*.

지 못했다면 은둔은 실패한 것이다. 이것은 신념의 결여 때문이 아니라 진정 숨을 권리를 찾지 못해서였다. 그럼에도 불구하고 세상은 넓고 숨을 곳은 많다. 숨는 것은 장소의 문제가 아니었다. 거짓 봉화烽火에 몇 번 속았고 이미 나라의 안위는 장사꾼에게 농락당했다. 전염병이 만연하여 사회적 거리를 유지하며 은둔마저 세상으로부터 감염되었다. "거리두기"에도 불구하고 오히려 빅데이터의 추적은 더욱 세밀하고 노골화되었다. 왕이 달아나고 없는 유린된 도성의 연기를 보면서 유자들은 말아 둔 갑옷의 곰팡이를 털고 은둔지를 나와 다시 '숨을 곳을 찾기' 위해 전장戰場에 나아갔다.

군유軍儒 비국가의 무장력

전쟁은 부득이했다. 전역戰役에 숨은〔隱於役〕 유자의 심경 편력은 은둔의 단순한 환멸 때문은 아니다. 망국이 전쟁의 연역적 결과인지는 알 수 없다. 뱃머리를 돌려 고국을 향하며 그는 망설였다. 도대체 군대가 왜 필요한가? 싸우지 않고 나라를 온전히 보전하는 최선이 방책〔全國爲上〕은 군대 없는 나라가 되는 것이었다. 그러므로 나라가 망했어도 역사 정통의 신주를 받들고 제기祭器를 국경 밖으로 옮기지 않았다.[18] 망국의 도통은 풍찬노숙風餐露宿하며 행리行李에 넣은 작은 문고판 책에 남아 있을 뿐이었다. 질 나쁜 정치가와 독재자들이 전쟁을 이익과 권력 유지의 수단으로 여겼지만 유자는 전쟁으로 세상이 바뀐다고 생각하지 않는다. 위기의 수위는 유자 스스로 결정하여 나부끼는 격문을 보고 전선의 부름에 응하게 된다. 그것이 '군유軍儒'였다. 그러나 공동체에 어떤 위기가 왔는지 살필 수 없이 군에 끌려갔다면 그런 국가에 도통이 있는지 의심할 수밖에 없었다. 공자는 군대〔兵〕를 온전한 사회를 유지하는 조건에서 가장 하위 가치에 둔다.

자공子貢이 정치에 대해 묻자 공자가 말했다. "식량이 족하고 군대가 충실하면 백성들이 정부를 믿게 되어 있다." 자공이 물었다. "부득이 버려

---

18 《禮記》〈曲禮〉下, "寓祭器 …. 去國, 踰景爲壇位"

야 한다면 이 셋 중에 어떤 것을 먼저 버려야 합니까?" "군대를 버려야지." 자공이 또 물었다. "부득이 버려야 한다면 이 둘 중에 어떤 것을 먼저 버려야 합니까?" "식량을 버려야지. 자고로 사람은 누구나 다 죽지만, 백성들은 믿음이 없으면 살아갈 수가 없게 되는 것이다. 子貢問政 子曰 足食 足兵 民信之矣 子貢曰 必不得已而去 於斯三者何先 曰 去兵 子貢曰 必不得已而去   於斯二者何先 曰 去食 自古皆有死 民無信不立"

(《論語》顏淵)

유자가 군대 속에 숨은 것은 어떤 초월감 때문이었을까? 지성 이입이 되지 않는 야비한 사람들 사이에서 이런 정신적 자살은 비현실감으로의 복귀를 위한 과정이었을까? 유도가儒道家를 초월한 노유老儒의 범유학적 관념에 "전쟁을 좋아하는 자는 망한다. 好戰者亡"였다. 그러나 "전쟁을 잊는 자는 위태롭게 된다. 忘戰者危"[19]는 경고를 잊은 것은 아니었다. 전통적으로 유자는 군대를 상존하는 전문 집단으로 보기를 꺼려했다. 비국가주의자의 무장력에 애초에 모순이 있었다. 공자가 국가의 설계를 군대 위에 두지 않은 것은 현실적이지 않았으나, 후학들은 위 말씀에 주를 달며 "믿음"이라는 비국가주의에 도달하려면 국방〔兵〕과 경제〔食〕의 국가 통제를 해결해야 하는 장애로 여겼다. 유자들이 은둔하는 동안 전쟁은 늘 과거의 이야기였다. 좋은 쇠로 무기를 만들지 않으며 건전한 사내는 군인이 되지 않는 것이 미덕이었다. 전쟁에서 살아 갑옷을 말아 들고 고향에 돌아오면〔卷甲歸來〕 전원을 가꾸며 살았다. 잔혹한 광경으로 얻은 외상증후군(PTSD)을 잊으려 남새밭에 등을 구부리고 땀을 흘렸고, 아내의 손톱에 봉선화물을 들이며 툇마루에서 하루를 마감했다. 가끔은 손가락 마디로 육갑六甲을 짚어 전국역戰國易의[20] 비밀을

---

19 《群書治要》〈政要論〉역시 같은 뜻의 말이 〈司馬法〉에도 있다. "國雖大 好戰必亡, 天下雖安 忘戰必危"
20 戰國甲이라고도 한다. 춘추 이전에는 군의 진퇴를 점에 의존하는 경우가 많았다. 서한

캐며 소일했으나 지나간 햇수는 세지 않았다. "도망쳐 숨은" 이래 유자들은 국가와 개인 사이의 갈등이 엄연히 보이는 《손자병법》을 읽고 또 읽는다.

천하를 내다보고 고사古事를 들춰 보아도 부득이한 싸움이 있던 적은 없었다. 언제나 포악한 권력이 일으킨 전쟁으로 백성은 어육이 되었다. 혼용무도昏庸無道한 자가 위에 올라 있으면 몸을 더 낮추고 무경武經을 숨겼다. 분수分數로[21] 사람을 나누고 용병술을 익힌다면 위험한 일이니, 오로지 자신과 가족을 지키는 무예로 국방의 주제가 변주變奏되었다. 망국도통의 흐름은 감지하였지만, 무엇을 지킬 것인지 분명한 적은 없었다. 수신내공修身內功을 이루고, 가치의 보존을 위해 살아남으려면 우선 제가무예齊家武藝를 습득해야 했다. 한나라 시대에서부터 내려온 십팔반十八般 무예를 정비한 것으로 보이는 남송 악비岳飛의 형의권形意拳, 명청 이후 다양한 분파로 발전한 팔괘장八卦掌, 태극권太極拳, 소림권少林拳 등 4대 내가권內家拳에는 유자의 인의예지仁義禮智를 내의內意로 하여 내경內經을 단련하는 절차가 보인다. 무술의 마음[心]과 뜻[意]과 기氣와 힘[力]은 병법에서 형形과 세勢, 허虛와 실實, 기奇와 정正과 대위한다. 강호에 숨어 있어 잘 보이지 않지만 이렇게 권술拳術을 통해 양생과 수양을 겸하니 국가가 폭력을 관리할 필요가 없었다. 바야흐로 유자의 무장력은 미국 건국 헌법에[22] 보이는 밀리시아Militia와 유사하게 역

의 焦延壽(본명 焦贛)가 지은 《焦氏易林》에는 64괘를 통변하여 4,096가지 점괘를 알 수 없는 술사로 적어 놓았다. 그러나 이는 전투의 단면으로 묘사할 수 있어, 점괘가 점차 군사운용과 작전계획으로 연변하였음을 알 수 있다.

21 《孫子》〈兵勢〉篇 분수, 군대의 편제, 병력을 나누는 편성의 병법 술어.

22 Constitutional Convention of 1787 and Article 1 Section 8 of the United States Constitution. The first legislation on the subject was the Militia Act of 1792.(2018년 8월 인터넷 접속)

시 비국가주의 사상에서 잉태했다.

　망국의 위기에 군유(Confucian Militia)의 탄생은 자연스럽다. 그는 말
아 두었던 갑옷의 녹을 벗기고 백의종군한다. 신주를 모신 당 아래는
검은 운모처럼 빛나는 갑옷 비늘이 가는 금실에 엮여 대갑帶甲에 얹혀
있었다. 군유軍儒란 포의袍衣를 갑옷으로 갈아입은 유자이다. 이런 외연
보다 군유의 정체는 긴 시간을 걸쳐 무력의 유학적 설계에서 무폭武暴
을 관리하고 군의 문민 통제를 위한 이론과 실제이다. 군유의 품속에는
병법이 숨겨져 있다. 기원전 2세기 한묘에 부장된 《죽간손자竹簡孫子》
행군편의 마지막 구절 "(군대를 다스림에) 그러므로 교交로써 적과의 대
치를 피하고, 무武로써 가지런히 한다. 故合之以交 齊之以武"는 가르침은
3세기의 권력자(조조)가 죽간에서 종이로 옮겨 적으며 뜻을 바꾸어 버
렸다.[23] 이는 한대漢代 유자들의 비전非戰 사상을 의도적으로 왜곡한 것
이다. 《죽간손자》의 합지이교合之以交는 앞 구절 교이불합交以不合을 재
진술한 것으로 적과의 대치[合]를 어긋나게 하여 피하며[交],[24] 군대의
사용을 그치어[武] 사회를 말쑥이 정돈하라는 뜻이었다. 정치적 위기를
피하려 안보 불안을 조성하지 말라는 경고였다.

　군의 지휘관[軍師]이 사용할 병서의 배포나 교정은 국가의 엄격한 통
제를 받았다. 물론 시대적 상황에 따라 군사 교리도 바뀌고, 무武를 천
시한 송대宋代에도 병학은 발전한다. 남송 시기에는 금과 몽골의 침공

---

23 후에 판각된 曹註本 《孫子》에서 "文으로 영을 내리고, 武로써 가지런히 한다. 令之以文
　齊之以武"로 變述한 것은 아마도 후한에서 삼국에 이르는 동란을 거치며 "文은 바로 仁
　이요 武는 바로 法이다."라는 曹操의 註 때문이었다.
24 交는 갑골문에 다리가 꼬여 어긋난 것으로 도로나 사람이 서로 만나지 못하는 뜻이었
　으나 후세에 합쳐 사귀는 것으로 의미가 도치되어 연변하였다.

이라는 엄중한 상황에서도 군사운용에 사력詐力과 인의仁義 사이의 병법 적용 개념 논쟁인 이른바 병유투쟁兵儒鬪爭이 자주 있었다. 군유를 불온하게 바라보는 권력자의 복시復視에서 용병用兵과 양병養兵의 방법이 논의되었다. 병법의 해석과 군비의 실천에서도 "군사운용에 병력의 수 兵非多益"보다는 "정예 군사를 선발하여 훈련에 집중 選鍊精兵"[25]하자는 주장은 실행과 퇴행을 거듭했다. 군유가 군사軍師로서 합법적인 교전권자로 인정되는 시점은 역사 정통의 교차점에서 확연하다. 구한말 의병과 동학군이 군왕의 이중적 태도에 따라 반역과 존왕의 애매한 중간지점에 있던 것은 유학의 확인할 수 없는 비국가주의 때문이었다. 뜻밖에도 애국의 극치에서 비국가가 나타났다. 국가의 군사력은 싸움에서 이기려는 필승의 신념을 벗어나 정치 상황에 맞게 재단되는 경우가 허다했다. 그러므로 병법을 왜곡한 것은 강호에 은둔한 군유가 아니라 오히려 권력자였다. 군유는 대부분 진영에서 백의白衣의 위장포로 몸을 감추고 있었다. 군유는 평범한 "백범白凡"이었기에 군유의 비국가주의가 전쟁을 온전한 승리로 몰아갈 수 있다는 것은 아이러니하다. 정치적 간섭이 없는 군대의 승리를 전사에서 수없이 볼 수 있기 때문이다.

유학적 밀리시아, 군유는 무학武學의 기반을 비국가적 작은 촌락에 두고 있다. '무武'의 어원은 갑골에도 발견되나 상형의 해석은 여러 설이 있다. 발과 창을 그린 갑골문은 무기를 들고 나아간다는 해석과 반대로 발 앞에 창을 내려놓아 싸움을 그쳤다는 해석으로 대립적이다. 춘추시대에는 이미 싸움을 그치는 것을 무武라고 일컬었다.[26] 전쟁은 언제나 부득이한 것이었다. 정전제의 주나라에서는 땅을 아홉으로 나누고

25 明代 何良臣, 陣紀의 주장.
26 《說文解字》"楚莊王曰 夫武 定功戢兵 故止戈爲武"

가운데 중원에서 조세를 취했다. 나머지 8구역은 경작자에 나누어 팔진八陣의 모태가 된다. 팔이라는 글자는 본래 나눔을 뜻했다. 후에 나누는 것 分은 八+刀를 합쳐 연변한 것이다. 우물 하나를 가진 마을에서 팔진은 군역을 진 여덟 구역의 가계家系에서 하나의 士(전사)가 나오고 나머지 일곱 가구는 식량, 전마戰馬, 전차戰車의 보급과 정비 등 전투 근무지원의 책임이 있었다. 제갈량諸葛亮은 전래한 팔진도八陣圖를 개선하여 자연 취락에서 발생하는 무력을 관리하도록 발전시켰다.[27] 퇴계 이황도 제갈량의 팔진도를 유생들이 공부하도록 권했다. 후세에 팔진도는 허황한 신화神話와 합쳐져 전투 진영으로 보기 힘든 비합리적 구도로 전해졌다. 민군의 경계가 없는 모호한 상태로 무장력을 유지하는 것이 국가에 유리하므로 문관 우위의 군사 관리 체제가 만들어졌다. 하나의 캠페인(戰役)이 발생하면 문관文官이 병마사兵馬使가 되어 전선에 나아가 무인을 통제해야 한다. 이렇게 군유는 정규군으로 상비常備하지 않고 전시에 동원되나, 한국민에게서 역사적으로 군유의 출현은 관군보다 의병義兵의 활동으로 나타났다. 《예기》〈빙의聘義〉에 "그러므로 굳세고 용기 있는 자는 천하가 무사할 때 예의에 쓰고, 천하에 일이 있으면 이를 전투 진용에 쓴다. 故勇敢强有力者 天下無事則用之於禮義 天下有事則用之於戰勝" 는 군유된 자가 가슴에 지닌 모토였다. 군유는 그러므로 군사력의 이론과 실제에서 한국민에게 폭넓은 이해가 필요한 중요한 명제이다.

우리나라에서 의병, 파르티잔Partisan은 역사의 질곡에서 나타난 대표적 군유였다. 현재 한국 군제가 비교적 성공적인 징병제를 유지한 것도 민간에 뿌리내린 군유 사상 덕분이다. 그러나 징병제는 전투력의 질적 향

---

27 陳世驤, "八陣圖" 圖論 To Circumvent "The Design of Eightfold Array" 國立淸華大學出版社, 1968.

상에 근본적인 의문이 있다. 더구나 군유는 군사 제도권 밖에 있으므로 높은 수준의 위기가 아니면 반응하지 않는다. 군유라는 병력의 "Round up"에는 늘 도덕 격문檄文이 붙어야 한다. 군유의 거병擧兵은 품팔이 싸움꾼인 용병傭兵과 다르게 무도한 침략 세력에 맞서 보상 없이 일어선 유자이다. 무도한 세상에서 자기 몸만 지키어 은둔한다고 도가 지켜지는 것이 아니었다. 유자의 공동체와의 공화 의식은 "군대는 민주주의 요람"이라는 엥겔스의 말처럼 군 내부에서 평등을 구현하고, 공을 세운 후에는 몸을 숨긴다(功成身退). 승패를 불문하고 싸움 속에서는 도道가 없었기에 병가의 도道는 잔도殘道이니 노장老莊의 비웃음이 부끄러웠다. 군유 정신이 사라진 군대는 찌꺼기 도만 남아, 뇌물로 무능한 자가 지위가 높아지고, 출신을 차별하며 인사 군기가 문란하다. 보안이라는 명목으로 부정부패를 숨긴다. 군대는 어쩌면 흉사凶士들이 모여 필요악을 행하는 곳이라 생각되지만, 이들이 외적은 보지 않고 도성 쪽만 바라보는 버릇을 고치려면 군종軍宗이 아닌 군유軍儒가 필요하다. 현대 한국의 유자가 유사시 틀림없이 동원세력인 군유가 되려면 구조적으로 모순된 양병 체제의 혁신이 필요하다. 용병用兵에서도 전시에만 필요한 작전 군단이 평시 상존하고, 불필요한 직위와 행정 소요에 힘이 낭비되는 부조리를 소거해야 한다. 그럼으로써 인간을 전장에 적응시키는 것이 아니라 인간에 맞는 전장 환경을 만들 수 있다. 그러나 최후에 군대 없는 나라가 되기 위한 전략 환경은 아이러니하게도 좋은 군대의 양성이 아니었다.

중남미의 코스타리카에서 1948년 오랜 내란과 군부 쿠데타가 종식한 후, 12월 1일 임시 대통령 호세 휘겨레스(Jose Figueres)는 사관학교와 군부대로 쓰이던 꽈르델 벨라비스타(Cuartel Bellavista 벨라비스타 막사)의[28] 벽을 부수며 "군대 없는 나라"를 선언했다. 군대의 '폐업'이 비교적 순조롭게 된 것은 인간 공동체의 미래 모습을 "절용애인節用愛人"의 정신으로 본 두 사람의 내각 지도자가 있었기 때문이었는데, 바로 국방장관인 에드가 카르도나(Edgar Cardona)와 내무장관인 알바로 라모스(Alvaro Ramos)였다. 라모스의 교육과 의료에 대한 재원 투입을 위해 카르도나가 국방비를 전액 없애는 데 동의하면서 사람을 사랑하는 군대 없는 나라와 환경을 보호하는 '절용節用의 이상'이 현실화될 수 있었다. 1986년 오스카 아리아스(Oscar Arias) 대통령은 12월 1일을 "군대 철폐의 날, Military Abolition Day"로 지정하며 소수의 경찰 병력을 제외하고는 군대의 사용을 헌법으로 금했다. 아리아스는 주변국과의 대결은 반드시 대화의 장에서 풀어야 한다며 중남미 지역 평화에 기여한 주목할 만한 말을 남겼다.

> "모든 협상에서 얻을 수 있는 것은 그대가 원하는 것이 아니라 그대가 할 수 있는 것이다. In every negotiation you obtain what you can, not what you want."
>
> (Oscar Arias, 레이건의 니카라구아 군사 개입에 반대하며)

라틴 아메리카의 작은 나라에서 유교적 이상의 실현을 보는 것은 《논어》에 보이는 공자의 병식론兵食論이 지극히 보편적이기 때문이다. 군대의 상존尙存을 거부한 용기는 정의와 진실에 대한 믿음이 대중의 연결점을 의로 모으는 집의集義가 있었기에 가능했다. 조선 유학에서도 발견한 변화의 시점에 하늘의 뜻을 잇는 계천입극繼天入極을[29] 다시 살

---

28 Cuartel Bella-Vista, 코스타리카 수도 산호세에 있었던 군사학교, 군병기창, 지금은 박물관으로 쓰이고 있다. 무너진 벽은 복원되었으나 남과 북의 벽은 군사력 사용의 잔인함과 쿠데타의 무모함을 전하기위해 총탄자국과 혁명과정을 전시하고 있다.
29 제2장 1. 유교 근본주의.

린다면 대한민국 또한 군대없는 아름다운 나라가 될 수 있을 것이다. 그러나 이런 나라들은 순진한 무장 해제 상태로만 있지는 않다. 코스타리카는 외부 침공 위기에 대응하기 위한 가용 인력 산출을 의회에 보고하며 16세에서 49세까지 남녀 각각 90여만 명이 마치 군유의 무장력 같이 대기하고 있다. 과연 무엇이 인간을 전장으로 이끄는가? 징병으로 끌려온 장정이 잘 싸우는 전사가 되는 것은, 평화를 사랑하는 자신이 속한 문명에 대한 확신에서 가능하다.

노화老化와 유자유종儒者有終

늙어감은 거울을 통해서 깨닫는 것이 아니다. 유자에게 노화는 더께 낀 자아가 아니라 매일의 새로움이 쌓인 것(日新又日新)이었다. 시인 이백은 구름 낀 봉우리에서 햇수도 모르고 사는 '불멸'을 노래하고, 소동파는 육체의 힘이 소진되는 노년에 진실을 볼 수 있다고 늙음을 예찬한다.[30] 사마천은 인생의 덧없음에 저항하며 몸은 썩지만 인간의 정신은 영원한 세계의 길로 갈 수 있다는 '불후不朽'라는 말을 남겼다. 그러므로 유자의 늙음은 거울로 알지 않고, 자기의식과 명료한 대면으로 알았다. 옛사람에게 머리털이 빠지고 "백발삼천장白髮三千丈"[31]이면 따라다닌 시름도 긴 것이어서 그 늙음의 본체는 맑은 거울 속을 들여다봐도 알 수 없는 것(不知明鏡裏)이었다. 머리가 빠져 상투 매지 않으니 의관이 편했으므로, 이렇게 새로운 '발견'에서 불편과 미추는 해석하기 나름이다. 그러므로 늙어감은 과거를 잃어버린 서러움이 아니고 새로운 것에 대한 각성이다. 민감함(仁)이 체력에 의해 뒷받침되었다는 생각을 버리지 못하면 늙어감에 노망老妄의 행태에 빠지게 된다. 망령되이 머리띠를 두르고 깃발을 들고 나가 살아온 방식을 반복하려 하니 생존 방법을 다

---

30 "脚力盡時山更好 莫將有限趁無窮" 북송 蘇軾의 詩, 〈登玲瓏山〉
31 李白, 秋浦歌 十七首中 其十五

시 사용하지 않는 "승자불복勝者不復"의[32] 가르침에 어긋난다. 이러한 노패老悖는 시간의 순환을 거스르고 다음 세대의 삶의 진작을 방해한다.

늙은이의 장유유서는 무엇일까? 노인을 배려하고, 살아온 장구한 날들을 존경해야 함은 마땅하나 위기에 처해서 어린아이를 먼저 구하고, 전투에서 정예병을 결정적으로 투입하기 위해 노병을 소모전에 쓰는 것도 장유유서이다. 늙어 이가 빠지고 망가진 얼굴이니 궂은일을 해도 욕되지 않는다. 그저 혼돈의 시대를 겪으며 막돼먹은 습관이 몸에 밴 노추老醜가 부끄러울 뿐이다. 늙을수록 성찰의 시간은 짧다. 성찰은 뒤를 돌아보는 것이지만 앞으로의 시간 장경에 따라 깊이를 가진다. 늙어 꿈이 희박해진 사람에게 자기 성찰을 기대하기 어렵다. 노년의 방종은 고독과 결핍에서 오는 것이 아니라 부족한 사색에서 왔다. 이미 죽은 것이다.

웅산인은 묻는다. 죽음 앞에 충분히 숙성되고 충만해 있는가? 유자는 사후의 일을 전혀 생각하지 않는가? 죽음은 아무도 거역할 수 없는 무한한 평등이다. 삶과 죽음의 관계를 잘 정돈하고 경계를 분명히 한 것은 공자였다. 그는 저승[幽]과 이승[明] 사이에 이치가 둘이 아니라며 유계幽界와의 소통을 거부했다. 유자는 죽음에 대한 공자의 태도에서 한 치도 벗어나지 않는다. 사후의 문제에 대한 쟁론은 은주지제殷周之際에서 이미 공론으로 굳어졌는데, 은상殷商의 멸망의 원인이 "현세에 대한 부정"에 있었다고 종주주의자들은 말한다. 은殷은 사후 세계를 위해 거대한 피라미드를 짓고 국력을 낭비하고 생사람을 매장했다. 신정神政의

---

32 《孫子》 전래본에는 "戰勝不復"이나, 죽간은 "勝者不復"으로 반전의식이 강하다. 勝은 승리의 뜻보다, 진영이나 '방법'의 뜻이 있다.

나라 은殷을 몰아낸 주周나라는 인문 체제를 정비하고 춘추 이후 신화神話를 정벌하여 '대천국 전쟁'에서 승리한다.[33] 신들은 망국의 역사 도통을 잇는 기자 조선을 찾아 동북 변방으로 쫓겨나 그곳에서 죽은 자의 피라미드 건설은 부여와 고구려로 계승되어 한반도에서 순장殉葬의 역사는 중원보다 길어졌다.

은殷의 후예였던 공자는 시詩 삼백 편을 산시刪詩하면서 "무덤에 들어 부르르 떠는 臨其穴 惴惴其慄" 대부의 아들들을 보며 탄식한다. 순장조로 편성된 성품이 방정한 엄식奄息, 중행仲行, 침호鍼虎 세 사람의 모습을 노래한 〈황조黃鳥〉를 편하며 사람이 산 채로 묻히는 야만을 비난했다.[34] 특히 정치적 역학 관계에서 당파가 교차하여 재능 있는 사람을 골라 순장한 것은 정치의 안정이 아닌 국가 멸망의 원인이었다. 죽음 너머에 무엇이 있는가? 아무도 본 사람이 없었다. 그러므로 유계幽界에서 어떤 도움이 올 것이라고는 전혀 생각하지 않는다.

> "공자가 병에 걸리자, 자로가 기도하기를 청했다. 공자가 말했다. 그런 예가 있었느냐? 자로가 대답하길 그런 것이 있었습니다. '뢰'에 상하의 신과 지신에게 기도한다 했습니다. 공자가 말했다. 그런 기도는 오래되었다. 子疾病 子路請禱 子曰 有諸 子路對曰 有之 誄曰 禱爾于上下神祇 子曰 丘之禱久"
>
> 《論語》〈述而〉

그런데 왜 공자는 그렇게 제사祭祀에 집착했을까? 이것은 그의 생사관이 집약된 《예기》의 단궁檀弓 상하 그리고 내칙內則편에서 잘 설명하

---

33 《孫子》〈行軍〉篇, "黃帝之所以勝四帝也" 황제(중화인문)이 주변 사제(신화)를 이긴 이유였다.

34 《詩經》〈國風〉, 陳風 黃鳥에 陳 穆公의 묘혈에 산사람177명을 함께 순장하는 장면을 묘사했다.

고 있다. 지극한 실존적 관점에서 제사의 본질을 이야기하며 제사란 유명幽明을 달리 한 사람과의 대화가 아니고 그의 몸이 종신終身토록 하는 의례라고 정의한다. 유학은 위기爲己의 학문이기 때문이다.

> "효자는 그 몸이 다할 때까지이며, 그 몸이 다한다는 것은 부모의 명이 다할 때까지가 아니라 그 자신의 목숨이 다할 때까지이다. 孝子之身終 終身也者 非終父母之身 終其身也"
>
> 《禮記》〈內則〉

그렇다면 귀신을 불러오지 않는 제사는 공허하지 않은가? 혼령의 참여 여부보다 더 관심을 두는 것은 '정성'이다. 그 정성의 대상은 인생에 대한 경건한 태도, 사람에 대한 사랑, 전통과 의례에 대한 존중이었다. 주자는 역易의 의리를 풀이하며 이를 "실을 상고하여 허를 기다리는 계실대허稽實待虛"로 압축하여 논했는데, 공허는 논할 수 없지만 실질에 근거하여 기다릴 수 있다고 위로한 것이다. 죽음이 주는 허무와 아픔, 망자의 그리움은 결국 모두 자기 자신에 의한다. 그러므로 종신終身하기까지 받들지 아니할 수 없었다. 유자의 죽음에 대한 태도는 공자에게서 분명한 지도를 받는다.

> "삶을 모르는데 어찌 죽음을 아는가? 未知生 焉知死"
>
> 《論語》〈先進〉

생사를 언급한 이 대목은 아마도 공자가 송宋나라에서 일어난 반란인 환퇴의 난桓魋之亂을 겪고 진陳나라에 머물던 때로 추정되고 있다. 공자가 61세인 애공哀公 4년(기원전 491)에 당시 아홉 살이 젊은 제자 자로子路의 질문에 답했는데 "살지 죽을지 모르는" 급박함으로 해석하기도

한다. 유자에게는 뜻있는 마감인 군자유종君子有終이 있다. 끝이 있어야 하는 것은 시작이 있었기 때문이었다. 절제된 삶은 이를 하나로 일관한다.[一以貫之]35 그러나 문지방을 넘지 않는 죽음에 대한 탐구는 포기하지 않았다. 삶의 한 절차이고 통과 의례이기 때문이다. 죽음은 삶의 일부이며 적멸寂滅이 아닌 연계된 알고리즘 안에서 유교적 영생, 적연부동寂然不動이었다. 문묘에 배향되는 영광이나 세상에 흔적과 헛된 공명을 남기지 않는 멸절은 모두 같은 뜻에서 유종有終이다.

그러므로 각자의 위치에서 삶의 주제에 맞게 천자의 죽음 붕崩, 제후의 죽음 훙薨, 대부의 죽음 종終, 도인의 죽음 멸滅, 학생의 죽음 서逝, 보통 사람의 죽음 졸卒로 표현했다. 황제나 제후가 아닌 대부분의 사람들의 진성盡誠의 삶 끝은 그러므로 종終이라 할 수 있다. 장례 절차를 따시는 번쇄함은 후세의 일이다. 후사後嗣가 없는 두려움이 컸으므로 의례는 최선을 다하되 현실 조건에 맞추었다. 그러나 의례에 정성이 없고 허식에 빠지게 되면서, 사람을 끌어모으는 시끄러운 장례와 호화 분묘가 생겨나 자연을 더럽혔다. 왕릉과 공경대부의 묘 외의 무덤을 규제했던 조선시대에 비해 지금의 분묘 관리는 너무 안이하다. 사회의 풍요로움과는 관계없이 보통 사람의 무덤은 관리하지 않도록 하여 자연에 동화되도록 했다.36 고도의 소비사회가 일어난 명말明末에 오히려 정신세계인 도통의 문제가 다루어진 것은 아이러니하다. 왕부지, 고염무 등에게 죽음은 망국의 도통 영역으로 넓혀졌는데, 사치와 소비로 인한 신

---

35 《論語》〈衛靈公〉, "孔子가 말했다. 賜(子貢)야, 너는 내가 많이 배워 그것을 모두 기억하는 것으로 생각하느냐? 자공이 대답했다. 그렇습니다. 그렇지 않습니까? 공자가 말했다. 그렇지 않다. 나는 하나로써 꿰뚫었을 뿐이다. 子曰 賜也 女以予爲多學而識之者與 對曰 然 非與 曰 非也 予一以貫之"
36 《예기》〈檀弓〉 上, "무덤에 초목을 없애는 것을 옛날에는 하지 않았다. 易墓 非古也"

분차등의 붕괴에서 물성物性이 사회문화와 결합하여 조성된 부분을 정신 영역에서 찾으려 하였기 때문이다.[37] 이것은 정신이 유명幽明 간에 길을 잃은 망국의 때에 한 개인의 "유종有終"의 문제로 끝나지 않아야 한다는 바람이었다. 결국 타락한 주자학에 대항하여 유교적 위선을 경멸하는 풍조가 일어나고 모든 것이 마음에 달렸다는 심학心學에 사람들이 경도되었다. 임진왜란을 전후해 조선에 상륙한 양명학은 선가적禪家的 분위기의 사술邪術로 조선에서는 이단시되었으나 언더 그라운드 샌님들이 즐긴 토론거리였다.

16세기 양명 좌파의 한 사람, 주자학의 이단자 리지(李贄, 卓吾 1527~1602)는 한갑이 훨씬 넘은 나이인 75세에 절간에서 강론講論 후 대낮에 여염집 여자, 기녀들을 가리지 않고 질탕하게 놀았다고 알려졌으나 이는 사실무근이었다. 명말 출판업이 융성한 시기에 한 유명 아이돌을 이용 대중에 "재미"를 전달하기 위한 위작자들의 "가짜뉴스" 소행이었

다. 그러나 결국 통주通州 순검巡檢 장문달張問達에게 "창기와 놀며 도를 어지럽히고 세상을 미혹하고 백성을 속인 敢倡亂道惑世誣民" 죄로 탄핵되어 북경의 감옥에 갇히게 된다. 뒷날 장문달의 탄핵 상소를 논한 고염무는 "마성麻城에 기거하며 방자한 행동을 일삼고 있다는 점"[38] 등을 열거하며 그의 반주자학적 항거를 비난했다. 리지는 평소에 유자의 위선을 비웃고 반

이탁오(1527~1602, 명대 양명학자)

---

37 巫仁恕, 《品味奢侈-晚明的消費社會與士大夫》, 2019.
38 고염무, 《일지록》 권18, 李贄의 기사.

체제적 언행에 미움을 받던 터라 그 죄를 벗지 못하고 사형을 앞두었다. 만력萬曆 30년(1602) 3월 15일 옥문지기에게 머리 깎는 다고 속여 삭도削刀를 빌려 목을 찔러 자살한다. 한편에서는 그의 재능을 아까워한 황제의 측근이 그를 구할 수 있는 상황이었지만, 스스로 절대 유심론唯心論의 심학心學에 투철했기에 죽음이라는 취소불능의 행위를 통해 최후까지 그 시대 공맹孔孟의 위선을 비웃었다. 예禮를 번잡하게 하고 악樂을 화려하게 한 주자학은 이미 글렀다. 리지의 유종有終은 자신과 사회의 몸체[己]를 죽음을 통해 극복[克己復禮]하려는 항거抗拒였다.

몇 번의 장례식과 사회 공동체의 시제時祭를 집전한 유자들이 거만한 태도로 노동을 천시하며 노동에 기생해서 사는 모습은 전국시대 이후, 법가나 묵가, 도가의 공격 대상이었다. 진시황의 분서갱유焚書坑儒나 1974년 문화혁명 말의 "비림비공非林非孔" 운동은[39] 모두 유학의 공론과 허식을 표적으로 했다. 죽음에 관한 사유가 허황한 하늘 이야기로 번지게 되면, 道의 본질로 되돌아가지 못하고 유자는 안이한 현실에 붙들려 타락한다. 유학의 현실 왜곡에 적극 반항한 리지와 굴욕의 시대에 '정신 승리'의 비굴한 중화인 阿Q 같은 인물은 어쩌면 기형 유자奇形儒者의 상반된 양 극단에 마주 서 있다. 인물의 실허實虛를 떠나 그 시대의 사회에 거꾸로 비친 모습은 마치 《주역周易》의 방통괘旁通卦로 역전逆轉한 역사 진전 같다. 죽음은 어떤 문지방일까? 그것은 우주와 같지 않을까?

기원전 4세기에 묵자墨子는 우울하게 우주 공간의 끝을 이야기한다. 마치 파스칼의 우주와 같이 그는 현실이 어떻게 비현실과 접해 있는지 차분하게 말한다. 공간을 규정한 물리적 우주를 정리하며 놀랍게도 공

---

39 "비림비공"은 林彪와 공자에 반대한다는 모택동과 4인방의 문화혁명 모토였다.

간[宇]과 시간[宙]이 나누어지지 않았음을 논리화했다.[40] 20세기 들어 거론된 빅뱅을 향한 질문들이 이미 전국시대에 묵학의 교재에 출연했다. 한송 유학의 우주에 대한 근본 태도에도 태허太虛에 발생한 에너지가 우주의 주름을 만들고 이기理氣의 이원적二元的 하이퍼 스페이스가 있음을 가르친다. 조선 성리학의 이기호발理氣互發은 시공에 틈새가 있음을 엿보게 한다. 양계초는 묵자를 주해한 《묵경교석墨經校釋》에서 묵자의 "우주의 시작과 끝의 정리"의 궁窮을 극한으로 설명하며 "유궁有窮은 선분으로 측정할 수 없는 무한대이고 무궁은 무한소이다. 或不容尺, 有窮; 莫不容尺, 無窮也"라고 풀이한다. 죽음은 우주와 같으니 이름과 그 세계를 언어로 기술하려면 소통의 문제로 접근할 수밖에 없었다. 왕필王弼의 말대로 형形으로 맺어질 수 없어[不可以形結] 형용 불가한 죽음은 영원히 그 변邊에 도달할 수 없는 상황이었다.

---

40 王讚源, 《묵자의 窮地에 대한 이해》, 국립대만사범대학; 《墨子》〈經上〉"窮, 或有前不容尺也 - 或是域的本字, 有即又, 尺猶線"

귀鬼와 신神 그리고 유자의 대천투쟁對天鬪爭

"번지가 지혜를 묻자 공자께서 말씀하시길 '백성의 의로움에 힘쓰고 귀신
을 공경하되 멀리하면 지혜롭다 할 수 있다.' 仁을 묻자 '仁이란 어려운
일을 먼저 하고 얻음을 뒤에 하면 仁이라 말할 수 있다.' 樊遲問知 子曰 務
民之義 敬鬼神而遠之 可謂知矣 問仁 曰 仁者先難而後獲可謂仁矣"

(《論語》〈雍也〉)

얻음[獲]은 갑골문에 새를 잡거나 허황된 높은 것을 쫓는 모습의 상
형이 연변한 것이다. 어려움[難]은 진흙[堇], 즉 땅의 일에서 소득을 얻
는 것으로 갑골에는 없고 서주 시대의 금문金文에 처음 등장한다. 난과
획에는 모두 새[隹]가 들어 있어 현실과 공허를 대비시켰다. 그러므로
위 구절은 전통적 해석과는 달리 "인자는 현실을 먼저 알고 비현실은
뒤에 생각한다. 仁者先難而後獲"는 말로 앞의 문맥과 잘 통하게 된다. 바
람은 보이지 않으나 나뭇가지는 흔들린다. 귀신은 존재하는가? 웅산인
은 아직 한 번도 귀신을 보지 못했다. 귀신을 본 사람이 있어 그의 말
을 들어서 안다면 그는 현명한 사람일 것이다. 유학에서 정의한 귀신은
"일정한 거리에 두는 알 수 없는 존재가 신神이며 가끔 형形을 가진 것
이 귀鬼이다."로 요약할 수 있다. 귀신과 "영적인 존재" 사이에는 분명
표현하기 어려운 거리가 있다. 왕필은 주역을 주注하며 신神을 이렇게
규정한다.

"음양으로 측정할 수 없는 것을 일컬어 신이라 함을 왕필은 신神이란, 변화의 한계[極]이고 언어로 다루기 기묘한 만물이어서 형形으로 맺을 수 없는 것이다. 陰陽不測之謂神 王弼云 神也者 變化之極 妙萬物而爲言 不可以形詰"

(王弼註 《周易》 〈繫辭上傳〉)

바꾸어 풀이하면 변극變極에 이른 인간은 신을 만날 수 있다는 모순에 이른다. 그러나 이 우주 안에서 음양의 세계 밖의 존재를 인간이 인식할 수 없다. 그러므로 공자의 충고대로 모르는 것을 공경하되 안다고 말할 수 없었다. 공자의 사후 세계에 대한 NCND(No Confirm No Deny), 긍정도 부정도 하지 않음은 귀신에 대한 태도에도 같다. 통일 천하를 이룬 진한지제秦漢之際 이후 방사方士들은 새로운 세계를 개척하려는 사람들의 마음을 잡으려 귀신 이론을 전개한다. 그러나 인간의 이성은 잔혹한 전국시대를 거치고 초한전쟁楚漢戰爭으로 인구가 급격히 줄면서 더 합리적이고 예측 가능한 이야기에 귀를 기울이게 된다. 좀 더 구체적이고 공격적인 신과 인간관계의 적절한 토의는 이미 서한시대 이전에 이루어졌다. 마이클 퓨잇(Michael Puett)은 신과 격차를 줄여 우주의 신성에 도전하는 인간의 시도가 전국 시대를 거치며 중국에서 활발히 일어났다고 말한다.[41] 시간 또한 신성한 우주에서 분리하여 세속화한 것은 인간의 업적을 기전체로 쓴 사마천이었다. 인간의 위대함과 인간에 내재한 "그 무엇"은 유학에서 설명하는 "누구의 말[誰道]"보다, 스스로 길을 찾는 "Path Finder의 도[明道]"였다. 그 길은 내면의 깊은 곳에서부터 나와야 했다. 그러나 인간의 이성이 퇴조하는 동란의 시대를 겪으며 영혼에 대한 사색은 4세기 이후 더욱 구체화한다. 동진東晉의 도사道士 갈

---

41 Michael J. Puett, *To Become a God-cosmology, sacrifice, and Self-Divinization in Early China*, Harvard-Yenching Institute Monograph Series 57, Harvard University Press, 2004.

홍갈홍洪(283~363?)은 그의 《신선전神仙傳》에서 죽은 자의 영성은 혼魂과 백魄으로 나뉘어 음형陰形인 혼은 49일, 양질陽質인 백은 3년간 지상에 체류한다고 말한다. 그는 혼백의 귀착점도 지정했는데 혼은 천령天靈을 향하고 백은 지지地祇로 간다고 하며, 내세에 대한 인식을 공감[明知道] 하도록 했지만 신과 인간의 관계는 퇴행했다.

황허黃虛들의 말이 세간에 퍼져 인간의 상상을 자극한 것은 아마도 3세기부터 급격히 보급된 '종이'라는 전파 매체의 덕이었다. 그러므로 도사道士는 상상력의 보급이라는 점에서 오늘날의 작가作家와 유사했다. 갈홍 역시 그 시대에 인기 있는 도교 세계 이미지를 체계적으로 창조한다. 우주 안의 인간의 모습은 현무玄無한 것이지만 '하나'가 늘 전체를 감싸고 있다. 그러므로 공통의 사색 안에 하나로 포섭된다. 인생과 우주의 미스터리를 하나로 통일하여 견지하면[守玄一], 명상은 분신술分身術로 이를 통해 몸 안의 생명 요소를 구분하고 각각 모습의 실체를 밝혀낼 수 있다. 이러한 분형지도分形之道로 인간을 이해하고 사물을 객체화하여 숨어 있는 통일성으로 정신을 확장하는 통신通神의 경지에 이른다.

죽은 것도, 산 것도 아닌 신선술에서 혼백의 기착지는 이즈음에서 창조되는데 삼위三位의 흐릿한 음혼陰魂과 일곱 개소의 빛나는 양백陽魄인 삼혼칠백三魂七魄이 그것이다. 혼백으로 나뉜 하늘과 땅의 영지靈祇를 자유롭게 오가는 것이 바로 신선이다. 그는 결코 세상을 떠나지 않고 언제나 되돌아온다. 신선이 불멸의 힘을 계속 유지하려면 몸 안의 정精을 보호해야 한다. 그러기 위해 단약丹藥을 굽고 약초와 주사朱砂, 수은을 채집했다. 갈홍의 또 다른 저서인 《포박자抱朴子》 내편內篇에 보이는 금단金丹과 황백黃白에는 수많은 약재와 광물을 선약화 한 그의 경험을 기술하고 있는데, 좀 황당하지만 중국 화학사에 중요한 시작은 이러한 주사 수은의 연금술(alloying the cinnabar)에서 출발했다. 이 선약仙藥을 먹고 수은 중독을 일으킨 황제와 도사들이 영생을 찾아 영면하고 말았다. 유학에서 도의 초월은 곧 바로 타락이었지만, 도교와 현실이 혼합된 사건은 근래까지 이어졌다. 1877년 자금성 깊은 곳에서 이청운李淸雲의 200세 생일 축하연이 열렸다. 그는 1677년(강희 16)에서 1933년까지 무려 256년을 살았다고 전설처럼 알려져 있다. 사천을 떠나 베이징까지 긴 여행에도 그는 피로감이 없었다. 이화원의 넓은 뜰에 장년의 남자처럼 걸으며 읍揖을 세 번이나 하며 연회장에 들어섰다. 서태후의 측근으로 매관매직을 일삼던 경친왕慶親王이 축연을 주관했다고 하나 근거가 없다. 서구의 장수학자들은 그의 생년일이 조작되었다고, 이 믿기 어려운 장생을 인정하지 않는다. 사천성 개현開縣의 유성훈劉成勳이 그를 면담하여 기록을 남긴 《자술自述》에는 양생술의 정수가 담겨 있다.

"그대가 오래 살고 싶다면, 형形을 힘들게 하지 말고, 진정精을 흔들지 말며, 생각을 번잡게 말라. 사념을 적게 하여 신神을 기르고, 욕심을 적게 하여 진정精을 기르며, 말을 적게 하여 기기氣를 기르라."

위에 기술한 형形, 정精, 신神, 기氣는 모두 도교적 용어이며 성리학의 규제를 받지 않는다. 이청운은 신선술의 성공적 사례처럼 보이나, 이기理氣를 모호케 하여 유자들에게는 맹탕이다. 신선과 귀신 사이에도 설명할 수 없는 거리가 있다. 서구인의 생각에 신선(Deities)은 산과 강, 바다에 깃든 정령 같다. 올바른 번역을 기대할 수 없다. 신선은 죽음의 선을 넘지 않았고 그렇게 전능하지 않다. 수양을 게을리하거나 보정保精에 실패하면 필멸의 나락으로 떨어진다. 그의 혈관에는 따뜻한 피가 흐르는 것 같다. 신선은 유자가 수양을 쌓아 도달한 적연寂然의 경지는 아니다. 그가 도가의 '아이돌'이기 때문이 아니라 보통 사람이 실천 가능한 외단外丹 방법에서조차 국외자이기 때문이다. 신선神仙, 신귀神鬼가 자연현상이 아님에도 법가, 묵가, 병가를 포괄하는 범유학적 사상에서 비인간의 세계를 놀리는 '레토릭'에서 묵인되었다. 이런 도교 권역과 충돌하여 범유학적(Pan-Confucianism)이라는 말은 유학 없이 도道, 법法, 묵墨, 병兵을 설명하기 어렵기 때문이다. 이들 사상은 서로 대척하거나 합류하여 서로를 조명하거나 교섭했다. 묵자墨子는 귀신을 이용하여 사회도덕의 감시자로 세우기도 하는데 이는 서구 기독교의 "전능한 눈을 가진 신"과 같다.

> "만약 그렇지 않다면, 관리가 관부를 다스림에 깨끗지 못할 것이고 남녀의 행위가 구분되지 않을 것이다. (그러나 그렇지 않은 것은) 이는 귀신이 보고 있기 때문이다. 若以爲不然 是以吏治官府之不潔廉 男女之爲無別者 鬼神見之"
>
> (《墨子》〈明鬼〉 下)

이런 묵자의 조롱의 말에는 인간을 귀신을 통해 모니터링하면 거짓을 걸러 내기 어렵다는 반어법적 표현이 들어 있다. 그 많은 증거에도 귀신이 있다고 말하기 힘든 것은 왜일까? 무격巫覡의 입으로 사회를 말하면 그 진실은 불편하다. 춘추春秋 이래 천명天命이 인간의 마음에 내재한다는 인문의 발견이 인간에 대한 믿음을 고양했다. 창업 이래 상商(殷)시대부터 내려온 하늘의 제帝를 정치 영역에서 추방한 주나라는 인간을 향한 제사에서 인간의 예例를 찾기 시작했다. 이렇게 이성적인 예例는 예禮가 되었다. 그러나 천제天帝를 일반의 영역에서 모두 몰아냈다고는 보이지 않는다. 도통의 소재가 천지간 어디에 있어야 한다는 것은 비루한 일이었다. 유자의 대천전쟁對天戰爭은 망국과 개국지제開國之際에 벌어지곤 한다. 12세기 북송의 멸망을 현장에서 목도한 김부식은 역사 속에서 신화를 추방한 《삼국사기》를 기술했다. 조선 말에 나타난 동학 東學은 하늘을 땅으로 끌어 내리고 사람이 하늘임을 천명한다. 여말선초에 사인士人들은 타락한 불씨佛氏가 차지하고 난분蘭盆을 엎어 악취 나는 땅을 다시 그 뜻인 구도현求倒懸 대로 세상을 거꾸로 뒤집어엎어 걸어두었다. 이성과 광기, 역사와 신화, 왕도와 패도 등 주체적으로 수용할 권력의 주권 쟁의爭義가 하늘과의 전쟁이다. 폭력이 하늘의 뜻을 등에 업고 백성을 노예로 삼은 예는 다 열거하기 어렵다. 권력의 인신 공양을 막으려는 인문의 노력은 공자가 이덕대점以德代占의 시대를 열며 시작했으나, 아직도 침몰한 배처럼 인간 심연의 어둠속에 가라 앉아 있다. 민의民意 없는 곳에 권력과 법이 없듯이 현세의 삶과 이성 없이 죽음과 혼백 역시 없다.

지나친 사랑, 과인過仁

다정多情도 병病이라, 과민한 유자에게는 안식이 없다. 죽음 이후에 후사後嗣들이 허명虛名에 제사하지 않도록 이름을 지웠으나, 사람과 사람의 관계망關係網을 끊으면 안 되었다. 유학에서는 민감함의 의미를 따로 두지 않았다. 인간을 공감 능력의 유일한 존재로 규정했기 때문이다. 인仁은 사람관계를 망라한 적극적 사랑이므로 인간과 동물이 다를 게 없다는 심층 생태학(Deep Ecology)은 불인不仁했다. 인간관계는 진화와 과학으로 설명할 수 있으니 생태에 질서를 부여한 성리학은 이를 방해하지 않는다. 무도한 세상에서 공자는 민감함이 아무리 지나쳐도 과하지 않다고 말한다. 오히려 "상황을 공감함에 몸을 죽여도 좋다고 한다. 殺身成仁" 인仁이 질서 있는 생명의 의지라면 그 질서 안에 든 살의殺意는 정당한 것인가?

유자의 몸은 리理의 세계의 몸으로 정확히 규정하지 않으나 대개 순수純粹를 재현하는 주체로서의 몸이었다. 주자의 말을 빌리자면 계천입극繼天入極의 표현하기 어려운 "주체적 변화"라는 관념에 리理가 있다. 그 주체적 변화는 "의를 모아 기를 기르는 集義養氣" 역사관을 통해 후에 조선 성리학에 의해 더 보완되었다. 각 개인과 대중의 연결점을 의를 모으는 집의集義로 본 조선 유학의 탁월한 통찰은 뒷날 호된 국난의 상황에서도 유자들이 도통을 계승하는 사상의 보루가 되었다. 그러므로 의를 행함에 나와 몸의 관계가 분명해졌다. 몸의 분리는 요기(Yogi)들이 기공氣功의 수련을 통해 각성에 도달하여 얻는 분리감이 아니다. 그러나 그 현현玄玄함을 하나로 통일하여 지키려면[守玄一], 몸을 버리는 과인過仁은 도달할 수 없는 선택지가 된다. 유학의 리理는 의식되지 않는 순수성이다. 그러므로 리理가 마르크스처럼 과인하여 결국 소외됨으로써 사라지는 것이 아니라, 순수하지 않으면 애초에 존재하지 않는다. 도가道家에서는 형形의 분리를 통해 전체를 이해할 수 있다고 하나, 유가는 이를 되돌아올 수 없는 불가반不可返으로 여긴다. 힘의 근원이 의리義理인 성리학에서는 항상 통찰의 주체가 있어야 하고 실천이 불가하면 허망했다. 그러므로 하늘의 뜻을 이으려면 먼저 대중이 변화해야 하는 귀납적 방법이 오히려 실현 가능하다. 그래도 성리性理의 물적 토대인 기氣를 외면할 수 없다. 기학氣學에서 추구하는 정신의 확장 방법이 실체를 밝히려는 분신分身이라면, 이학理學에서는 합심合心하여 사람을 사랑하는 것이었다. 그러기 위해 사랑하지 않으면 안 되었다. 사랑은 안 해도 되는 것이 아니라, 사랑하지 않고는 하늘을 공경할 수 없고 삶을 유지할 수 없다. 사랑은 부족함을 채우는 간절한 목마름이다. 그 숙명적 결핍은 원하는 것을 채우는 것이 아니라, 할 수 있는 것으로 족하는 것이다.

사랑은 뉘우치지 않는다. 사랑의 실천은 확고한 결심에서 오는 것이 아니라 물질과 기운이 장악한 세계에서조차 리理의 손상 없는 통합으로 가능했기 때문이다. "사람이 사람답게 사는 세상"이 되려면, 그 "답게" 사는 욕망보다 깊은 정감을 자아내는 사람다움이 먼저일 것이다. 사람답기 위해서는 사람을 모아야 한다. "음악으로 사람을 한데 모으고 의례로써 서로 다름을 인정케 한다. 함께하여 서로 근친하고 다름을 인정하니 서로 공경한다. 樂者爲同 禮者爲異 同則相親 異則相敬"《예기》에 보이는 이런 방법론은 실천을 주도할 권위가 필요했다. 권위는 주권 쟁의를 통해 결을 달리하므로 그 사람다움의 모습은 제각기이다. "친하여 즐거움을 같이 나누고 의례가 다르다면 서로 공경하는 동락친 이례경 同樂親 異禮敬"을 극복하고 더 나아갈 수 있기 위해 사랑해야 한다. 사랑은 "즐거움을 같이 나누는 가까운 사이라도 공경함이 있고, 서로 풍속과 의례가 다른 낯선 사이에도 친할 수 있는 同樂敬 異禮親" 경지로 인간을 고양시킨다. 남녀유별男女有別이 페미니즘에 반하지 않은 것은 함께하여 공경함이 있었기 때문이었다. 음식남녀에 즐거움을 함께했으나 공경함이 없었다면 후에 도리를 따지고 원한이 생기기 마련이다. 이것은 국가와 나〔君臣〕의 의리가 친함으로 타락하고 부모와 자식〔父子〕의 친함이 의리로 살벌해진 패륜의 시대에 흔하여 무디어진 둔감한 인간상이다.

망국의 징조는 일문일질一文一質의 교체를 깨달을 수 있는 후세에서나 알아차리기 마련이다. 유자의 과민함은 지금 눈에 보이는 1919년 고종의 인산일因山日에 모인 유자의 애통함에는 지나치지 않는다. 도통은 회수되었고 바다 건너에서 낯선 공화국이 선포되었다. 그들이 해산한 광화문 빈 광장에 리理의 촛불과 기氣의 깃발이 지금 바람 앞에 서 있다. 바람이 불면 촛불은 위태하나 깃발은 펄럭이고 바람이 잦으면 촛불은 휘황하고 깃발은 조용하다. 바다 건너 보이는 망국은 부두에 모인 흰 띠를 두른 사람들처럼 말이 없다. 주민증은 찢었지만 품에 지녔던 망국노의 여권은 버릴 수 없는 일기장 같다. 세상은 여전히 무도하고 인간은 형편없다. 사랑에 이미 실패했고〔已經失戀〕, 스스로 차가운 세상에 빠졌다.〔自己冷落〕 그래도 우리는 사랑할 수 있는가?

후기

한국의 늙은 유자 미국의 속된 백성 되어 　　　　　韓之遺老 美之逸民
도통의 역사 한 편 지어 분단의 한 만대에 전하네 　　統史一篇 分恨萬傳

빅베어(大熊山)의 깊은 계곡 마가리를 나오며 나는 망국노亡國奴가 되어 있었다. 100여 년 전 바다 건너 망국이 보였다. 상하이上海와 자싱嘉興의 남북호에서는 김구와 황종희, 여유량의 망국을, 대마도에서는 최익현의 망국을 바다 건너 보았다.

수양이 되지 않은 불초한 몸으로 유자를 논하는 염치없는 일을 반성한다. 망국 유자들의 애통한 몸부림을 더듬으며, 그래도 성현에 이르는 통로를 추적하여 마침내 인간의 성性과 정情을 잊는 적연부동寂然不動의 자리에 있는 이들을 보았다. 과거를 이야기했으나 사실은 미래 담론이 되었다. 망국이 개인적으로 진행된 것을 아는 순간 나는 감히 유자 되었다 말할 수 있을 것이다. 관계를 끊고 사람과 관계하니 비로소 바다 건너 사람을 보았다.

두 개의 내부 국가(Deep State)는 여전히 유자가 용납할 수 없는 먼 거리에 있다. 국가, 사회, 이익집단, 이념, 종교 등을 벗어나 개인이 헤쳐 나아갈 길을 찾고 경經이 제시하는 백성의 경험[民之故]에 아직 충분한 환멸을 쌓지 못했다. 국가란 무엇일까? 지난 백 년 한국인이 살아온 국가는 무엇이었을까?

참고문헌

통행고전

《周易》,《論語》,《禮記》,《詩經》,《左傳》,《戰國策》,《老子(道德經)》, 王弼註 《老子》,
《周禮》,《孟子》,《韓非子》,《司馬法》,《長短經》,《中庸》,《小學》,《大學》,《莊子》,
《墨子》,《荀子》,《呂氏春秋》,《黃帝四經》,《馬王堆帛書黃帝四經》,《方言》,《潛夫論》,
《晏子春秋》(卷一, 二),《春秋左氏傳》·《春秋公羊傳》·《春秋穀梁傳》,《呂氏春秋》,《列
子》〈楊朱〉,《神異經》,《西荒經》, 孔穎達(正義),《淮南子》, 李贄《孫子參同》, 王夫之
《莊子通》,《鶡冠子》,《韓詩外傳》,《廣雅》〈釋詁三〉,《李白詩集》,《風俗通義》,《康熙
字典》,《晉書》〈刑法志〉, 諸葛亮〈便宜 十六策〉, 鄭厚 藝圃折衷,《漢書》 趙充國辛慶
忌傳, 王充《論衡》,〈昭明文選〉,《後漢書》〈文苑列傳〉 下, 葛洪〈神仙傳〉, 陸羽《茶
經》,《虎鈐經》, 孫子 竹簡本, 杜甫의 詩,《史記》,《近思錄》,《新唐書》,《三都賦》,《世
說新語》,《說文解字》,《明史》,《群書治要》

국내 문헌

강명관,《조선의 뒷골목 풍경》, 푸른역사, 2003.
강숙자,《한국 여성해방 이론》 지식산업사, 2005.
姜斅錫,《大東奇聞》漢陽書院, 1928.
姜希顔,《양화소록養花小錄》다수 통행본.
김구, 도진순 주해,《백범일지》, 돌베개, 2002년 개정판.

김만중, 《구운몽》 다수 통행본.

김시습, 《매월당집》, 잡저 〈服氣〉.

김언종 역주, 《字學》 국립국어원, 푸른역사, 2008.

김영근, 《경회집》, 〈景晦遺稿〉 강진군 문화제 관리 소유.

김응수 편, 《김삿갓 풍자시 전집》, 평양국립출판사, 1956.

김창숙, 《心山遺稿》, 《벽옹 73년 회상기》, 《심산만초心山謾草》 등 다수 통행본.

나혜석, 《삼천리 기고, 이혼 고백장》, 1934.

노무현, 《성공과 좌절》, 학고재, 2009.

모리펑莫礪鋒, 《詩意人生, Shi Yi Ren Sheng》, 2014, 《시의 격려》로 번역.

무라야마 지준村山智順, 《朝鮮の鬼神》; 노성환 번역, 《조선의 귀신》, 민음사, 1990.

박철상, 《서재에 살다》, 문학동네, 2014.

서울대 국제문제연구소編, 《중국정치경제사전》, 민음사, 1990.

徐有榘, 《林園經濟志 遊藝志》, 임원경제연구소, 풍석문화재단, 2017.

宋時烈, 《宋子大全》, 保景文化社, 1985.

세로세프스키, 안상호 외 옮김, 《코레야 1903년 가을》, 개마고원, 2006.

심경호 역, 《주역철학사》, 예문서원, 1998.

양계초, 최형욱 옮김, 《조선의 망국을 기록하다越南亡國史前錄》, 글항아리, 2014.

양뤼첸楊念群, 《何處是江南, 강남은 어디인가?》, 2010.

《연려실기술》 다수 통행본.

유흥준, 《완당평전》, 학고재, 2002.

육군대학, 《용병술어연구》, 병학사, 1992.

《윤치호일기尹致昊日記》, 1883~1943.

魏伯珪, 《寰瀛誌》, 1770 참조 Chi Lok Chu, 朝鮮天下圖與其天下意識, dergraduate student, Department of History, National Taiwan University. 2014. 6.

李能和, 〈朝鮮巫俗考〉, 《啓明》 19, 1927.

李商鳳, 《북원록北轅錄》 다수 통행본.

이창선, 《竹簡孫子論變》, 우물이 있는 집, 2015.

《李忠武公全書》 15권, 통행본.

이황, 〈甲辰乞勿絶倭使疏〉, 《퇴계집》, 1547. 7.

임병찬, 《대마도 일기》 1906(독립운동사 자료집, 독립운동사편찬위원회, 1970)

자오위안趙園, 《明淸之際士大夫硏究》, 북경대학출판사, 1999; 번역 《증오의 시대》·《생존의 시대》, 글항아리, 2017.

전경수, 〈무속 연구 백년의 대강과 굴곡－이능화 이후〉, 《민속학연구》 31, 2012.

정약용, 《牧民心書》 통행본.

정옥자, 《조선후기 조선중화사상 연구》, 일지사, 1998.

정학유, 허경진·김형태 옮김, 《詩名多識》, 한길사, 2007.

《조선왕조실록》 http://sillok.history.go.kr

조성산, 《조선 후기 낙론계 학풍의 형성과 전개》, 지식산업사, 2007.

John W. Chaffe, *The Thorny Gates of Learning in Sung China－A Socia History of Examinations*, 1995; 양종국 역, 《송대 중국인의 과거생활》, 신서원, 2001.

최창조, 《한국의 풍수지리》, 민음사, 1993.

최창조 역주, 《청오경靑鳥經》, 민음사, 1993.

친웨이핑陳衛平, 《일곱 주제로 만나는 동서비교철학》; 고재욱 옮김, 예문서원, 1999.

칸트, 《판단력 비판》 통행본.

푸코, Michel Foucault, 오생근 역, 《감시와 처벌》, 나남, 1994.

프래신짓트 두아라, 문명기·손승희 역, 《민족으로부터 역사 구하기》, 삼인, 2004.

프래신짓트 두아라, 한석정 역, 《주권과 순수성, 만주국과 동아시아의 근대》, 나남, 2008.

한국형사정책연구원 보고, 2018년 3월.

호치민, 《옥중일기》 지민지고전천줄, 2008.

홍대용, 이숙경·김영호 편역, 《醫山問答》, 꿈이 있는 세상, 2006.

황현, 《梧下記聞》, 《荀安室夜話》, 《梅泉野錄》 권5, 1907.

중화권 문헌

《簡帛研究中心編集》, 中國社會科學院, 2015, 2016.

顧炎武, 《顧亭林詩文集》, University of Michigan. Digitized April 22 2009.

《顧亭林詩文集》, 中華書局, 1959.

魯迅, 《阿Q정전》통행본.

戴震, 《孟子字義疏證》, 中華書局, 2008.

馬王堆帛書甲乙本《道德經》〈道經〉http://xqdoc.imedao.com/155824e6bd6c7a3fd921c004.pdf

巫仁恕, 《品味奢侈, 晩明的消費社會與士大夫》, 2007.

《思問錄》, 臺北船山學會重印《船山遺書全集》二十二册, 1971.

徐勇, 《尉繚子淺説》, 人民解放軍出版社, 1989.2.

王夫之, 《船山遺書》, 北京出版社, 1999.

岳南, 《天古學案》, 2001, 하상주 단대 공정 1996~2000으로 夏商周 연표 정식 공표.

梁啓超, 《論正統, 史學論著4種》, 岳麓書社, 1985.

梁啓超, 《梁啓超全集》詩〈朝鮮哀詞〉, 북경출판사, 1999.

呂留良, 《呂晩村先生古文》, 中國哲學書電子化計劃 ctext.org.

閻若璩, 《尙書古文疏證》, 中國哲學書電子化計劃 ctext.org.

閻學通, 《歷史的慣性》, 淸華大國際關係研究所, 中信出版社, 2012.

葉向皐, 《獄中自述》, 《明淸之際溫州史料集》, 上海社會科學院出版社, 2005.

王禕, 《國立臺灣大學哲學論評》第40期, http://esthersu.com/articles/PR040-pdf.pdf.

袁枚, 《小倉山房文集》, 中國哲學書電子化計劃 ctext.org.

《銀雀山漢墓竹簡》, 中國哲學書電子化計劃 ctext.org.

李樂毅, 《漢字演變五百例》, 中國社會科學院, 1994.

李零, 《孫子古本研究》, 北京大學出版社, 1995.

張同印 外編, 《歷代書迹集萃 篆書》, 湖南省美術出版社, 2008.

張履祥, 《楊圓先生全集》五十四卷 卷之一, 中華書局, 2002.

錢穆《先秦諸子繫年》, 北京: 商務印書館, 2001.

鄭思肖, 《心史》, 中國哲學書電子化計劃 ctext.org.

趙劍敏, 《竹林七賢》, 上海學林出版社, 2000.

中國國家數字圖書館, 華夏記憶, "吳問", nic.cn.

《淸顧亭林先生炎武年譜》, 臺灣 商務印書館, 1980.

馮友蘭, 《中國哲學史新編試稿》, 河南人民出版社, 1989.

夏葷生 《船月》, 人民文學出版社, 1999.

黃宗羲, 《黃宗羲全集》 第11冊, 〈明夷待訪錄〉, 浙工古蹟出版社, 1985, University of
　　California, Digitized September 25 2008.

일본 문헌

金谷治, 《秦漢思想史研究》, 日本學術振興會, 1960.

馬場辰猪, *Elementary Grammer of the Japanese Language, with Easy Progressive
　　Exercises*, Tribuner and Company, London, 1873.

武部善人, 《太宰春台》, 吉川弘文館, 1997.

白井 順, 《前間恭作の學問と生涯》, 日韓協約の通訳官, 朝鮮書誌学の開拓者, 風響社, 2015.

森三樹三朗, 〈王充の運命論のもつ歷史的意味－德と福の問題〉, 1959年 3月, 《大阪大學
　　文學部 記念論集》.

三省堂編輯所, 《最新世界年表》, 三省堂增訂改版, 昭和 5年(1930年).

森有禮, *Education in Japan*, D. New York: Appleton press, 1873.

石田雄, 《日本近代思想史における法と政治》, 岩波書店, 1976.

朝鮮總督府 刊, 《朝鮮の風水》 1931.

陳舜臣, 《紙の道》, 集英社, 1997.

太宰春臺, 《經齊錄》 1729, 滝本誠一編 《日本経済叢書》 第6巻 1914 所收, 《経済録》 1894, 経
済雑誌社, 国立国会図書館デジタルコレクション. https://dl.ndl.go.jp/info:ndljp/pid/950389.

《漢籍國字解全書》, 荻生徂徠講述, 早稻田大學出版部, 明治 43年, University of Toronto.

丸山政男と加藤周一の対話, 《翻訳と日本の近代》, 岩波新書, 1998.

黑龍會, 《西南記傳》 상권 1908, 중권 1909.

영어권 문헌

Amartya Sen, *Identity & Violence,* penguin Books, 2007.

Arco Editorial SA Barcelona, *MINIMALISM* Less is More, 2007 edition

Benjamin A. Elman, *On Their own Terms, Science in China 1550~1900,* Harvard University Press, 2005.

Benjamin A. Elman艾尔曼, 《朝鲜鸿儒金正喜与清朝乾嘉学术》, World Sinology Article, January 2015.

Carr, E. H. *What is History,* Fellow of Trinity College, 1961.

Carr. Michael, "The Shi 'Corpse/Personator' Ceremony in Early China"– *Julian Jaynes Society,* 2006.

Charls Hartman, *Han Yü and the T'ang Search for Unity,* Princeton University Press, Apr 19 2016 Hardcover edition.

Chen, Shih-Hsiang陳世驤, "八陣圖" 圖論 To Circumvent "The Design of Eightfold Array", 國立清華大學出版社, 1968.

Confucian and Emerson, Albany: State University of New York Press, 2007.

Duara, Prasenjit, *Rescuing History from the Nation : Questioning Narratives of Modern China,* University of Chicago Press, 1995.

Henry Morgan, *Ancient Society, 1877,* eBook gutenberg.org Release Date: June 13, 2014.

John C. H. Wu, *Tao Teh Ching, Lao Tzu,* New York: St. John's University Press, 1961.

Johns Hopkins Unv. Operation study, "Non-conventional Operation in Korean War", 1956.

Joseph Levenson, *Confucian China and it's Modern Fate: A Trilogy,* UC Berkeley Press, 1968.

Joseph Needham, *Science and Civilization in China,* Cambridge Univ. Press, 2007.

Judd, Donald(painter, and ended as a creator of objects), Seminal essay: "Specific Objects" published in *Arts Yearbook* 8, 1965.

Lawrence, T. E. *Seven Pillars of Wisdom*, First Anchor Books Edition, July 1991.

Lewis, Mark Edward, *China Between Empires: The Northern and Southern Dynasties* by the President and Fellows of Harvard College, Belknap Press of Harvard University Press, 2009.

Lincoln, *The Perpetuation of Our Political Institutions*, abrahamlincolnonline.org.

Luther Burbank, *Training of the Human Plant*, the Century Co., 1907.

Putte, Michael J. *To Become a God: cosmology, sacrifice, and Self-Divinization in Early China*, Harvard-Yenching Institute Monograph Series 57, Harvard University Press, 2004.

Raphael Patai *The Arab Mind*, second edition, Hatherleigh Press, 2002.

Robin D. Wang, "Dong Zhongshu's Transformation of Yin-Yang Theory and Contesting of Gender Identity", in *Philosophy East and West*, 2005.

Roger Penrose, *Cycles of Time*, Alfred A. Knopf, 2011.

Samuel Huntington, *The Clash of Civilizations?*, Simon & Schuster, 1997.

Seven Beckert, *Empire of Cotton*, Alfred A. Knopf, 2014.

Shakespeare, *Tempest*, *King Lear*, The Kittredge Players edition of the Complete Works of William Shakespeare, volume two.

S.M. Ikram, *A History of Muslim Civilization*, 6th edition, Lahore: MaktabaJadid Press, 1994.

Theodore de Barry, *Self and Society in Ming Thought*, NY: Columbia Univ. Press, 1970.

Thomas Hobbes, *The Levithan*.

Vo Nguyen Giap, *Military Art of Peopele's War*, 1970.

Wagner, Rudolf. *Language, Ontology, and Political Philosophy in China: Wang Bi's Scholarly Exploration of the Dark(玄學)*, Albany, NY: State University of New York Press, 2003.

William J. Duiker, *Ho Chi Minh: A Life*, Hyperion, 2001.

Wing tsit Chan陳榮捷 Trans, *Reflections on Things at Hand*, 近思錄 *The anthology compiled by*(朱熹), Columbia University Press, 1967.

Yuan Mei袁枚, 《策秀才文五道》 발췌 王紘久, 《袁枚詩論硏究》, 1973(University of Michigan Digital Book, Aug 31 2006).

참고인물 연표

인명	시대 文質의 흐름		生	卒	道統 인식의 흐름	
	文	質			理	氣
孔子	춘추		기원전 551	기원전 479	원시 유학 以德代占, 仁의 설계	
子思			기원전 483	기원전 402	유심주의 철학 구성	
孟子	전국		기원전 372	기원전 289	왕도정치	
董仲舒	전한		기원전 179	기원전 104?	천인감응론	
王弼	위진		226	249	儒道의 玄學 사변화	
韓愈	당		768	824	신유학 사고 시작	
李翺			774	836		
邵康節	북송		1011	1077	象數와 義理의 분리	
周濂溪			1017	1073	理氣의 통일과 분산	
張載			1020	1077		
朱子	남송		1130	1200	신유학 子派 성립 寂然不動의 경지 제시	
鄭思肖	원		1241	1318	빼앗긴 도통	
강희안	계유정난		1417	1464	隱遁, 理의 回歸	
김시습			1435	1493	佯狂, 氣의 回歸	
王陽明	명		1472	1529	심학 양명학	
이황	조선		1501	1570	理氣의 互發 退溪通路	
이이			1537	1584	氣發理乘一途說	
李贄	명		1527	1602	양명좌파, 여성해방	

임진왜란 1592~1598
병자호란 1636~1637

송시열	조선	1607	1689	정통의 유일한 계승 小中華
黃宗羲	명청 역사 도통 쟁의기	1610	1695	블랙리스트(另册)에 오른 침울한 結社
張履祥		1611	1674	
顧炎武		1613	1682	평온한 망국
王夫之		1619	1692	망국과 결절
呂留良		1629	1683	賣藝의 저항
김만중	낭만시대	1637	1692	여성속의 性理
荻生徂徠	일본의 중화문명 분리기	1666	1728	조선 성리학의 가공 중국어를 외국어로 인식
太宰春臺		1680	1747	物理와 道理
袁枚	治道合一 의 위기	1716	1797	도통의 부정
체제공		1720	1799	주자학 반동
戴震		1724	1777	禮治의 역사정통
黎貴淳	월남 黎朝	1726	1784	喃華의식
홍대용	文質의 교대와 착란기	1731	1783	중심의 변동 域外春秋論
翁方綱		1733	1818	理의 실질 체험
박제가		1750	1805	理의 불만
서유구		1764	1845	理氣의 콜라쥬
阮元		1764	1849	實質世用
김정희		1786	1856	미완의 초월
이항로	군신의리 상실기	1792	1868	心·專說
최한기		1803	1877	氣의 통일장론
김병연		1807	1864	자학의 유자

최익현		1834	1907	경건한 終身
福澤諭吉	명치유신	1835	1901	유학 언어의 제국화
한 일 합 방 1910				
유인석	망국	1842	1915	망국과 저항
임병찬		1851	1916	
황현		1855	1910	망국과 자결
강우규		1855	1920	의혈의 갈증
고능선		1860?	1910?	망국과 은둔
안중근		1879	1910	유자 천주교의 法法의 실천
김영근		1865	1934	망국과 유랑
윤치호		1865	1945	유자 기독교의 인지부조화
梁啓超	민국	1873	1929	變法의 유학
3·1 운동 1919				
이승만	대한민국 임시정부	1875	1965	도통의 제국 위탁
김구		1876	1949	실낱같은 도통
한국전쟁 1950~1953				
김창숙	냉전과 제국주의 대한민국 예봉락괴	1879	1962	法法의 유학
호찌민		1890	1969	주권 쟁의의 실천
이병기		1891	1968	뒤집힌 盆蘭
나혜석		1896	1948	성리학의 공평률

* 이 책에서 거론한 인물은 망국 유자의 삶에 중대한 지표를 제공한 사람들이다.
**文質과 理氣는 저자의 주장에 따르지만 반론의 여지가 있다.